[개정판]

보육과정

| 시옥진 강성순 김녹현 김재현 남은영 이용환 이우언 전대성 공저 |

Educare Curriculum

양성원

머리말

본 책이 처음 발행된지 2년이라는 시간이 흘렀다. 이번에 공동 저자들은 그동안 학생들을 대상으로 수업을 하면서 느꼈던 점들을 토대로 하여 개정판을 내는데 공감하고 최근의 자료를 보완 수정하는 작업을 하게 되었다.

이번 개정판에서는 주로 최근의 보육의 방향, 통계자료 및 이론을 보완하는데 초점을 두었다. 왜냐하면 최근 사회는 매우 빠르게 변화하고 있기 때문에 학생들에게 최근의 자료를 제시함으로써 기초 지식을 이해하는데 도움이 되었으면 하는 바람에서이다. 따라서 초판의 내용을 전반적으로 재검토하여 중복되거나 불필요하다고 생각되는 내용을 다소 삭제하였고, 최근의 이론과 자료를 추가하고자 노력하였다.

영유아의 보육과 관련된 전공에서 보육과정은 가장 핵심이 되는 과목 중의 하나이다. 왜냐하면 산업화를 거쳐 현대사회로 변화되면서 보육의 영역이 개별 가정의 과제가 아닌 사회적 책임이라는 인식이 공유되었으며, 보육의 확대에 따른 질적 개선을 위해 보육과정의 중요성이 대두되었기 때문이다. 이에 국가에서는 2005년 「영유아보육법」을 개정하였고, 질적 향상을 도모하는 노력의 일환으로 어린이집 평가인증제(2019년 평가제로 전환), 보육교사 자격관리제도, 표준보육과정 등이 도입되었다. 보육과정에 대한 국가적 관리가 도입된 것은 어린이집이 지역과 설립형태에 따라 질적 서비스의 차이가 나기 쉬우므로 지역이나 기관에 관계없이 영유아에게 국가 차원에서 일정 수준 이상의 보편적인 보육서비스 기준을 마련하고자 하는 데 목적이 있다. 또한 정부는 2011년 유치원과 어린이집으로 이원화되어 있는 교육 · 보육과정을 통합해 5세 누리과정을 제정한 이후 2012년 3~4세까지 누리과정을 확대하였고, 2013년부터 3~5세의 모든 어린이들이 새로운 공통과정을 배울 수 있도록 하였다. 그리고 2019년 누리과정이 개정되면서 누리과정 개정 방향 및 내용을 고려하여 2020년 9월부터 제4차 어린이집 표준보육과정(0~2세)을 개정하여 적용하고 있다.

위와 같이 보육에 대한 국가의 책임 강화와 지원 확대 등 정치 · 경제 · 사회적 변화와 요구에 대해 어린이집 또한 교육의 질을 향상시키기 위한 책무성이 증대되고 있다. 그러나 영유아를 대상으로 하는 교육은 초등학교 이상의 학교에서 하는 교육과 본질적으로 다른 측면이 많다. 즉, 교사의 능력과 노력에 따라 교육의 질이 현저하게 차이가 있고, 이 차이를 극복하고 보육의 질을 향상할 수 있는 열쇠는 보육과정 구성과 운영이라고 해도 과언이 아니다.

이에 저자들은 각 대학의 예비유아교사를 대상으로 교사로서 필요한 보육과정 구성과 운영의 기초를 형성하는 데 도움을 주고자 집필을 계획하였다. 그리고 이 책은 현장의 교사들도 보육과정 구성 및 운영 시 기본적인 내용을 이해하고 현장에 적용하는 데 활용할 수 있도록 구성하려고 노력하였다.

이러한 목적으로 본 책은 총5부로 구성하였다. 1부 보육과정의 기초에서는 2개의 장으로 구성하였는데, 1장 보육과정의 개념에서는 보육과정의 정의, 보육과정의 특성 및 보육과정의 변천에 대해 소개하였으며, 2장 보육과정의 이론적 기초에서는 보육의 철학적 기초, 발달심리학 이론과 보육과정 및 사회적 변화와 보육과정에 대해 기술하였다.

2부 보육과정의 구성에서는 4장으로 구성되었는데, 3장 보육과정의 구성과 목표에서는 보육과정 구성의 이해, 보육과정의 구성체계 및 보육과정의 목표에 대해 기술하였으며, 4장 보육과정의 선정과 조직에서는 보육내용의 선정과 보육내용의 조직에 대해 소개하였으며, 5장 교수 · 학습지도에서는 영유아의 발달적 특성과 학습과 교수 · 학습지도의 원리와 방법에 대해 기술하였으며, 6장 보육평가의 이해에서는 평가의 개념, 평가의 중요성, 평가의 내용, 평가의 방법 및 어린이집 평가제도에 대해 소개하였다.

3부 보육과정의 운영은 2장으로 구성되었는데, 7장 영아반 보육과정 운영계획 및 운영에서는 영아반 보육과정의 특성, 영아반 보육과정의 운영계획, 영아반 하루일과의 운영 및 영아반 환경구성에 대해 기술하였으며, 8장 유아반 보육과정 운영계획 및 운영에서는 유아반 보육과정의 특성, 유아반 보육과정의 운영계획, 유아반 하루일과의 운영 및 유아반 환경구성에 대해 소개하였다.

4부 보육과정의 실제에서는 4장으로 구성되었는데, 9장 어린이집 표준보육과정의 이해에서는 2020 개정 표준보육과정의 배경 및 특성, 표준보육과정의 구성방향 및 표준보육과정의 운영에 대해 기술하였으며, 10장 어린이집 표준보육과정의 영역별 내용범주와 내용에서는 0~1세 표준보육과정의 영역별 목표 및 내용, 2세 표준보육과정의 영역별 목표 및 내용, 3~5세 누리과정의 영역별 목표 및 내용에 대해 소개하였으며, 11장 어린이집 표준보육과정의 영역별 내용(1)에서는 기본생활, 신체운동 및 의사소통을 기술하였으며, 12장 어린이집 표준보육과정의 영역별 내용(2)에서는 사회관계, 예술경험 및 자연탐구에 대해 소개하였다.

5부 국내 · 외 보육과정은 1장으로 구성되었는데, 13장 국내 · 외 보육과정 프로그램에서는 국내 영유아 프로그램과 국외 영유아 프로그램에 대해 자세하게 소개하였다.

이 책을 통해 예비유아교사 및 현장에 있는 전문가들이 보육과정에 대한 이해와 더불어 보육현장에서 요구하는 실제적 지식을 습득하는 데 많은 도움이 되기를 기대해 본다. 그리고 이 책이 나오기까지 애써 주신 양성원 강철원 사장님과 편집을 도와주신 직원 여러분께 감사의 마음을 전한다.

2022년 8월

저자 일동

차례

PART

1

보육과정의 기초

Chapter

01

보육과정의 개념

배울내용

1. 보육과정의 정의
2. 보육과정의 특성
3. 보육과정의 변천

학습목표

1. 보육과정의 개념을 정의할 수 있다.
2. 보육과정의 관점과 현대사회 보육과정에서 요구되는 관점의 변화를 설명할 수 있다.
3. 보육과정의 특성을 설명할 수 있다.
4. 보육과정의 변천에 따라 보육과정 개발의 필요성과 변천과정을 안다.

보육과정은 어린이집에서 영유아의 전인적 성장과 발달을 위하여 체계적으로 계획된 보육목표를 달성하고자 보육내용의 선정과 조직, 실행, 평가하는 과정 모두가 포함된 보육의 설계도라고 할 수 있다. 따라서 본 장에서는 보육과정의 개념을 바탕으로 보육과정의 특성, 보육과정을 바라보는 관점의 변화를 구체적으로 살펴봄으로써 보육과정에 대한 전반적인 이해와 중요성을 알고, 아울러 우리나라 보육과정의 개발 및 변천과정을 이해하고자 한다.

1. 보육과정의 정의

1) 보육과정의 개념

보육과정을 이해하기 위하여 보육에 대한 기초개념부터 살펴볼 필요성이 있는데, 보육의 개념은 시대적 환경변화에 따라 그 의미가 변화되고 발전되어 왔다. 구체적으로 1991년 「영유아보육법」이 제정되기 전까지는 아동을 '위탁한다'는 의미의 '탁아'라는 용어가 보편적으로 사용되었다. 즉, 아동을 '위탁한다'는 기존의 탁아개념은 전통적으로 어머니의 역할로 여겨지는 아동 양육을 개별적인 사유로 어머니가 아닌 다른 대상에게 위임시키는 것으로, 어머니가 자녀를 양육할 수 없는 경우 보호자의 위탁을 받아 아동을 보호하는 보충적 · 개별적 서비스를 의미하는 것이었다.

보육의 개념이 현대사회에 들어오면서 사회 · 경제적인 변화 속에 여성의 경제활동 참여 증가, 가족유형의 변화 등 사회문제가 대두되면서 더 이상 자녀 양육이 한 개인과 가정의 문제가 아닌 국가 및 사회적 책임으로 인식되어지면서 보편적 서비스로 변화되기 시작하였다. 또한 보육이 단순히 보호적 개념이 아닌 영유아를 건강하고 안전하게 보호, 양육하고 영유아의 발달특성에 적합한 교육을 제공하는 의미로 확대되었으며 질 높은 보육을 수행하기 위해서는 영유아의 발달 수준과 개별적 요구에 맞는 체계적인 보육과정을 요구하게 되었다.

이러한 보육과정은 영유아를 대상으로 어린이집에서 이루어지는 교육과정을 의미하는 것으로 흔히 커리큐럼(curriculum)이라고 하며, 어원은 라틴어의 '쿠레레(currere)'에서 찾아볼 수 있다. 이는 경주로에서 '말이 달리는 길'이라는 의미로 보육과정이 순간적이고 즉흥적으로 일어나는 것이 아니라 계획성, 목적성, 공공성을 바탕으로 영유아들에게 무엇을, 어떻게, 왜 가르칠 것인가에 대한 방향을 제시하는 계획된 틀이라고 볼 수 있다. 즉, 보육과정은 보육에 대한 철학적 신념과 이론에 기초하여 보육목표를 설정하여야 하고, 이를 달성하기 위해 무엇을 가르칠 것인가에 대한 보육내용을 선정하고, 어떻게 가르칠 것인가에 대한 교수·학습방법을 구성하고, 활동에 대한 평가가 이루어지는 전과정을 포함하며 상호연계성을 가진 순환적 과정으로 볼 수 있다.

지금까지 살펴본 보육과정의 개념을 정리해 보면, 보육과정은 어린이집에서 보육종사자가 영유아를 보호하고 교육하면서 보육철학과 이론을 바탕으로 보육목표를 계획하고 그에 맞는 활동내용의 선정과 조직, 실행하고 평가하는 체계적인 설계도라고 할 수 있다. 아울러 영유아들의 성장과 발달에 영향을 미치는 가정과 지역사회와의 연계를 통한 심리적·정서적·사회적 포괄적 서비스를 통해 사회·환경적 요구 또한 보육과정에 반영해야 하는 것을 의미한다.

2) 보육과정의 관점

(1) 전통적 보육관점

고대사회는 원시 부족사회로 아동은 타 부족과의 전쟁에서 생존을 위한 종족보존의 도구로 여겨졌으며, 그것에 맞게 양육되었다. 고대 스파르타에서는 아동이 태어나면 부족의 보존이나 생산에 기여하는 존재로 간주되었기 때문에 강한 신체를 요구하였다. 또한 이 시기는 부모나 부족의 연장자로부터 생존과 안전을 위한 훈련을 받았으며, 전투를 위한 훈련과 기술 습득 등 실생활 중심의 교육을 받으며 성장하였다.

중세는 봉건제도의 사회로서 신분적 계급을 중시하였고 종교의 사회적 영향이 강했던 시대로 아동의 존재는 경제력과 군사력의 확보 수단으로 인식되었고 가치를 부여하였다. 따라서 농노와 고아의 경우, 자식이 없는 농노나 빈집에서 양육되어 일찍부터 공동체 사회의 노동력으로 활용되었고 공동체가 보살피지 않는 장애아동은 교회나 수도원에서 길러졌다. 도시의 수공업자 아동들은 보통 5~6세가 되면 도제가 되어 엄격한 훈련을 받았고 영주나 관리인 무사계급의 아동은 가업을 이어받기 위한 엄격한 교육이 이루어졌다.

이와 같이 전통적 보육관점에서의 교육은 생존과 생활의 안전 획득을 위한 교육, 실생활 중심의 교육, 종족 보존의 훈련교육, 절대적인 신에 순종하는 교육 등으로 이루어졌다. 따라서 전통적 관점에서는 영유아의 교육 또한 개별적 특성이나 심리적 욕구가 반영되지 않은 채 성인의 축소판으로 보았으며, 가정 및 부족 집단이나 사회에서 정한 강한 규칙에 따라 교육되었으며, 영유아를 수동적 존재로 인식하였다.

(2) 진보주의의 보육관점

진보주의 보육관점은 19세기 후반부터 대두된 실용주의 철학을 이론적 배경으로 하여 등장하였으며, 대표적 학자는 듀이(Dewey)를 들 수 있다. 진보주의 관점에서 지식은 정지해 있는 것이 아니라 끊임없이 변화하기 때문에 절대불변의 완전한 지식은 있을 수 없고 시간과 장소에 따라 그 지식도 변할 수밖에 없다고 보았다. 따라서 영유아들에게 절대불변의 진리를 가르치는 것보다는 환경에 적응하면서 환경과의 능동적인 상호작용을 통하여 경험을 재구성해 나가며 성장해야 한다고 경험을 강조하였다.

여기에서 경험의 재구성이란 영유아들이 자신의 활동 성과를 스스로 비판적인 사고 과정을 통해 검토하는 반성적 사고로써 자신이 가지고 있는 생각을 재구성하여 보다 새롭고 확충된 개념을 형성하는 것이다. 따라서 이러한 진보주의 관점의 보육은 영유아를 성인의 축소판이 아니고, 영유아 나름의 고유한 특성을 가진 독립된 객체로 보았으며 아동 중심, 경험 중심, 흥미 중심, 생활 중심이라는 특징을 가진다고 볼 수 있다.

진보주의 보육관점에서는 영유아를 능동적인 존재로 바라보고 영유아가 가진 경험과 흥미를 바탕으로 주도적이고 자발적인 참여과정을 통하여 지식을 구성한다고 보았다. 따라서 교사는 영유아의 발달수준에 적합하고 영유아들의 특성과 욕구 및 흥미를 고려하여 일상생활 중심의 보육환경을 구성하여 영유아가 자유롭게 환경을 탐색하고 놀이를 주도하고 경험을 재구성해 나가면서 학습의 주체자가 되어 발달할 수 있도록 지도하는 것을 강조한다.

(3) 보상교육의 관점

보상교육의 관점은 저소득층 자녀를 대상으로 이들의 문화적 결손을 보충해 줌으로써 중류계층 이상의 아동과 동등하게 교육을 시작할 수 있도록 하기 위해서 시작되었다. 즉, 19세기 후반부터 20세기 초반에 걸쳐 강조되었던 진보주의 관점의 아동 중심, 경험 중심, 생활 중심, 흥미 중심 교육이 1929년 미국의 경제 공황에 대한 사회적 문제 해결에는 도움이 되지 못한다는 비판 속에서 보상교육 관점이 대두되었다. 이러한 보상교육 관점에서의 보육과정은 영유아들이 속한 가정이 극빈하거나 해체되는 등 다양한 상황 속에서 영유아들의 성장과 발달에 요구되는 적합한 경험과 자극의 부족, 열악한 환경으로 인한 부적절한 양육과 영양결핍으로 오는 발달적 위협을 최소화 하고 보충해 주는 보육과정으로서 신체, 인지, 언어, 사회, 정서적인 결손을 보충해 주는 프로그램을 제공하여 결손된 환경으로부터 벗어날 수 있도록 보육하자는 것을 의미한다.

1965년 당시 미국의 존슨(Johnson) 대통령이 '위대한 사회', '빈곤퇴치' 등의 슬로건을 내걸고 이 운동을 시작했으며, 이 운동으로 결손 아동에 대한 사회의 관심이 높아졌고 국가 차원에서 예산을 투입하여 보상 교육을 제공하게 되었다. 대표적인 교육 프로그램으로는 '헤드스타트(Head start) 프로그램'으로 1964년 불우 아동에게 빈곤이 되물림되지 않게 하기 위하여 유아들에게 인지적, 언어적, 사회 · 정서적, 신체적 발달에서의 잠재적인 능력을 성취하게 함으로써 사회적 유능감을 촉진시키는 것이다. 여기서 사회적 유능감이란 유아들이 매일의 생활 속에서 그들 주위에 있는 환경을 효과적으로 조정하여 학교생활 동안이나 일생 동안 책임감 있게 생활하는 능력을 의미한다.

보상교육은 이와 같은 발달상의 문제 가운데 주로 학업달성에 필요한 지적 기능의 결함을 보장하기 위한 것으로 특별한 프로그램에 의한 계획적 · 조직적인 학습훈련을 내용으로 한다. 다시 말해 보상교육 관점에서는 저소득층 자녀를 대상으로 부모가 양육할 수 없을 때 국가가 대신하여 자녀를 대리 보호해 주는 성격을 가지고 있다.

(4) 상호작용의 관점

상호작용의 관점은 영유아의 성장과 발달이 영유아 주변의 물리적 · 사회적 환경과의 상호작용을 통해 이루어진다는 철학에 기초하고 있다. 상호작용 관점의 대표적 학자는 피아제(Piaget)와 비고츠키(Vygotsky)가 있으며, 그들은 인간의 인지체계에 대하여 상호작용을 강조하였다.

피아제의 인지체계모형은 지식의 구성과 전개에서 내적 · 인지적 요인과 외적 · 환경적 요인과의 계속된 상호작용을 강조하면서, 이 두 요인은 지식의 구성과 전개에 중요한 요소로 작용한다고 보았다. 즉, 피아제의 인지적 상호작용은 영유아가 주변 환경과의 상호작용을 통해 사물과 사건을 탐색하고 조작하면서 자신의 사고를 구성해 나갈 때, 영유아가 가지고 있는 인지의 구조에 도식(지식 · 개념)이 구성된다고 주장한다.

비고츠키도 '근접발달지대'를 통한 발달을 주장하면서 사회문화적 상호작용 이론을 강조하였다. 즉, 아동이 독립적으로 문제를 해결하는 실제적인 발달 수준과 교사, 성인이나 자기보다 유능한 또래의 안내나 협력하에 문제를 해결할 때 보여주는 잠재적 발달 수준 간의 간격인 근접발달지대의 형성을 위해서 사회문화적 환경과의 의도적인 상호작용이 필요하다고 보았다. 또한 교육은 발달에 선행하여 주어져야 한다고 보았으며, 영유아가 성인 또는 유능한 또래와의 사회적 상호작용을 하면서 발달해 가야 한다고 주장하였다.

상호작용관점의 관점에서의 보육과정은 영유아를 자신의 발달을 이끌어가는 능동적인 존재로 보고 흥미와 자발적 동기를 통해 발달을 증진시킬 수 있도록 끊임없이 환경과의 상호작용을 유발시켜야 한다는 것을 강조하고 있다. 아울러 영유아의 사회문화적 배경을 고려하는 동시에 유아의 개인차에 대한 배려와 인지, 언어, 사회, 정서, 지각 영역의 발달이 각각 분리되어 있지 않고 상호 연결되어 이루어지도록 해야 한다는 것을 강조한다.

3) 보육과정의 관점에 대한 패러다임의 변화

보육과정에 대한 관점의 패러다임의 변화는 그 시대의 지배적인 철학적 사조와 사회문화적 특성을 반영하여 변화되어 왔다. 우리나라의 보육과정의 관점에 대한 패러다임의 변화를 살펴보면 다음과 같다.

(1) 교사 중심에서 영유아 중심으로의 변화

전통적 보육과정의 관점에서는 영유아를 성인의 축소판으로 보았으며, 가정 및 부족, 집단이나 사회에서 정한 강한 규칙에 따라 수동적으로 지식을 받아들이고 사회가 요구하는 교육이 이루어졌다. 이러한 관점에서 영유아들은 성인과 다른 발달적 특성과 독립된 객체로서 인정받지 못하면서 성장하였다. 그러나 현대사회에 들어와서 진보주의 교육 관점에 의해 영유아들의 고유한 특성과 발달 경험이 중시되면서 교수자에 의해 구성하고 계획한 주입식 지식 중심교육을 비판하게 되었고, 진정한 교육은 영유아의 능동적이고 주도적인 놀이활동 참여를 통한 경험의 재구성이라는 관점에서 발달이 이루어진다고 강조하게 되었다.

교육에 대한 관점의 변화는 보육과정을 구성함에 있어 중요한 의미를 준다. 교사에 의해 계획되고 설계된 내용을 바탕으로 지식을 주입식으로 전달받는 교사 중심 보육과정에서 영유아 스스로 흥미와 관심을 바탕으로 놀이 환경에 주도적이고 능동적으로 참여하며 지식을 얻어가는 영유아 중심 보육과정으로 변화되고 있다. 이러한 변화는 보육과정에 있어서 교사의 역할 변화도 가져왔다. 교사는 영유아 발달을 위한 지식전달자로서 교육 주체자가 아닌 영유아가 스스로 교육의 주체자가 되어 환경을 탐색하고 상호작용을 할 수 있도록 협조자, 안내자, 촉진자가 되어야 한다. 특히 발달에 있어서 환경과의 상호작용이 강조되면서 교사는 영유아 개개인의 발달과 흥미를 고려한 환경을 구성하고, 탐색을 통한 경험이 재구성될 수 있도록 하는 역할을 강조하고 있다.

(2) 보상적 보육과정에서 보편적 보육과정으로의 변화

보육의 시작은 보상적 보육 차원에서 빈곤가정과 위기가정을 위한 구빈적 성격이 강하였다. 즉, 가정에서 빈곤으로 인하여 자녀의 양육이 어렵고 부모가 보호할 능력이 없을 때 국가가 부모를 대신하여 영유아들에게 성장과 발달을 위하여 가정과 부모로부터 받게 되는 환경적 박탈과 결핍을 보호해 주는 보상적 형태에서 시작하였다.

보상적 관점의 보육과정은 빈곤, 부모의 실직, 별거, 이혼 등 부적절한 자녀 양육환경은 영유아의 영양 공급과 정서, 인지 및 사회성 발달 등 모든 영역의 정상적 발달을 위협하기 때문에 이들 가정을 국가가 대신하여 보호해 주고 발달을 지원해 주는 데 초점을 두고 있다. 그러나 현대사회는 이제는 더 이상 보육이 각 가정의 문제가 아닌 국가적 차원에서 다루어야 할 사회적 문제로 대두되었고, 보상적 차원에서 벗어나 국가 차원에서 보육의 공적 책임을 강화하는 보편적인 보육과정으로 받아들여지고 있다.

보육과정은 이러한 사회적 요구에 부응하여 구성되므로 단순히 부모의 빈곤, 양육의 어려움 등으로 인한 선별적 차원에서의 보호가 아닌 모든 영유아들에게 공통의 보육과정을 통한 민주시민으로 건강하게 성장하는 데 필요한 발달적 경험을 제공해 주어야 한다는 보편적 차원으로 변화하게 되었다.

(3) 지식의 양 중심에서 지식의 질 중심으로의 변화

보육과정에서 교사 중심의 수동적 학습활동에서는 교사가 계획한 지식을 전달하는 양에 초점을 두었다면, 영유아를 능동적 학습의 주체자로서 바라보는 관점의 변화에서는 영유아들의 자율적인 놀이참여를 통해 경험이 이루어지는 과정을 중시하며 지식의 질에 초점을 두고 있다.

이러한 변화는 영유아의 활동에 있어서도 영향을 주는데 수동적 학습활동 교육과정에서는 계획된 개념적 지식을 전달하기 위하여 구조화된 교구활동과 인공물을 통한 학습교육이 이루어졌다면, 영유아의 관심과 흥미를 바탕으로 한 경험활동에서는 놀이를 바탕으로 창조적 지식을 습득하고, 자연물을 통한 자연스러운 활동과 자연에 대한 이해를 돕기 위한 과정으로 이루어지고 있다.

(4) 영유아 초점에서 가족 초점 보육과정으로의 변화

생태체계적 관점으로 변화되면서 그동안 영유아에게 초점이 맞추어진 보육과정이었다면 영유아가 소속되어 있고 1차적 영향을 미치는 가족에 초점을 둔 보육과정으로 변화되고 있다.

영유아 초점 보육과정의 관점에서는 영유아에게 초점을 두고 영유아의 고유한 특성과 개별 발달적 특성에 맞추어 보육과정을 구성하고 운영하여 왔다. 그러나 현대사회에 들어와 보육에 대한 사회·환경적 욕구 변화와 다양한 가족유형의 증가에 따라 영유아에게만 초점을 두는 보육과정에서 벗어나 가족을 비롯한 지역사회 및 사회문화적 특성과 요구도 함께 고려하여 구성하고 운영하고 있다.

이제는 보육과정이 영유아들에게 영향을 미치는 가족–지역사회–문화와의 상호작용을 중요시하며 보육내용을 구성하고 계획하는 방향으로 변화되고 있다. 즉, 영유아를 보호하고 교육하는 보육적 서비스에서 확대되어 부모교육, 자녀양육에 관한 정보제공, 가족문제 상담 등 가족 및 지역사회연계를 바탕으로 심리, 정서, 사회서비스 등 영유아의 건강한 성장 발달을 위한 포괄적 보육서비스 지원으로 변화되고 있다.

2. 보육과정의 특성

영유아 보육과정은 영유아의 전인적 성장과 발달 및 효율적 학습을 도모하기 위하여 전체적으로 계획하고 조직하는 것으로 보육시설의 종류, 설립목적 및 설립주체, 대상 영유아의 연령과 발달 수준에 따라 다양하고 복잡하게 운영되고 있다. 또한 보육과정은 부모의 사회, 경제적 수준에 따른 부모의 보육 욕구에 맞추어 변화되고 있어, 이에 보육과정의 대상, 목적, 내용, 운영시간, 설립 주체 등을 바탕으로 보육과정의 특성을 살펴보면 다음과 같다.

1) 보육대상의 범위

영유아 보육의 대상은 유아교육과 다르다. 「유아교육진흥법」에 따라 유치원 교육과정은 만3~5세까지 3년의 교육과정으로 편성되는데 반하여, 어린이집 보육과정은 대상 연령이 출생 후부터 만5세의 취학 전 영유아뿐만 아니라 방과 후 초등학교의 만12세 이하까지 연장할 수 있어 보육과정의 연령별 대상 범위가 매우 넓다고 할 수 있다. 또한 장애아, 일반아동 및 보호가 필요한 요보호 아동을 모두 포함한다.

영유아는 연령 간 발달특성 및 수준별 차이가 크고, 동일 연령일지라도 타고난 기질과 성향에 따라 차이가 있다. 따라서 보육과정을 구성하기 위해서 영유아들의 다양한 연령, 계층 등에 의한 특수성과 개별성을 반영한 보육활동으로 차별되어야 된다.

영유아를 위한 보육은 대상연령의 범위가 넓고, 발달적 특성이 독특하고, 보육에 대한 수요자들의 요구 또한 다양하여 매우 복잡하게 이루어지는 특성을 지닌다.

2) 일상생활 중심의 종일 프로그램

어린이집 보육과정은 종일반을 기본으로 하는 보육과정으로 영유아의 발달 단계에 맞는 교육뿐만 아니라 일상생활을 포함하는 보호가 함께 계획되어야 하며, 영유아의 개별적 요구를 반영한 보살핌과 가정과 같은 충분한 영양과 휴식을 취할 수 있어야 한다. 특히 영아(0~세)의 경우, 일상생활의 기본생활을 강조하며, 수유시간과 배변시간, 취침시간 등 개별 욕구가 충분히 반영되어야 한다.

0~1세에 비해 2세는 특정한 활동 여부보다는 경험하기, 시도하기에 중점을 두고 다양한 경험을 갖도록 하고, 경험 시 대상에 대한 관심을 갖도록 유도하며 어린이집 운영시간에 맞추어 놀이가 충분히 이루어지도록 편성 · 운영하고, 교사는 개별 영유아의 흥미와 관심을 고려하여 놀이를 지원해야 한다.

유아의 경우는 실내 · 외 놀이 활동 및 대 · 소집단 활동, 식사, 간식, 낮잠 등 기본생활을 포함한 하루일과 중 놀이가 충분히 이루어지고, 놀이를 통한 배움을 강조한 보육과정이 계획되어야 한다. 특히 교사 주도적 교육에서 벗어나 일상생활 안에서 아동 중심의 아동 주도적이고 자발적인 놀이를 권장하고 있다(보건복지부, 2020).

3) 보육프로그램의 다양성

보육과정은 영유아들의 발달 단계에 따른 교육 및 부모의 경제적 활동 지원을 위한 가족복지서비스 측면에서의 기능이 확대되고 있다. 따라서 종일 보육 위주의 특성에 따라 많은 프로그램을 요구하고 있고, 필요성 또한 증대되고 있다.

영유아들은 오랜 시간 어린이집에서 보내야 하기에 신체적 성장, 건강과 영양 및 안전, 기본생활습관에 관한 보육과정이 운영되어야 한다. 또한 영아의 경우는 개별 욕구가 반영된 개별 수유, 음식섭취, 휴식, 취침, 대 · 소변 등 일상생활 중심 프로그램이 균형 있게 계획되어야 하며, 유아의 경우는 신체 · 인지 발달을 위하여 개별 흥미를 반영한 놀이 중심 프로그램이 개발되고 제공되어야 한다.

4) 보육유형의 다양성

보육과정은 지역사회의 환경과 수요자 특성에 따라 다양한 형태로 운영되고 있으며, 수요자의 요구나 환경변화에 민감하게 반응하여 변화되고 있다. 즉, 운영주체, 대상의 특성, 보육시간 등 수요자의 요구에 따라 보육유형이 다양화되는 만큼 보육과정 또한 보육유형에 따라 변화되어야 된다. 예를 들어, 장애아통합이나 장애전담 보육시설의 경우 장애아동의 장애유형과 정도, 특성에 맞는 개별보육과정이 마련되어야 하며, 가구유형에 따른 다문화, 조손 가족 등에 따라서도 개별 특성과 요구에 맞추어 보육과정이 마련되어야 할 것이다.

보육은 가정의 기능을 보완해 주는 역할을 수행하므로 가정 및 부모와의 연계서비스를 통하여 영유아를 위한 포괄적 보육서비스 제공 및 가족의 양육지원서비스가 함께 강화되고 있다.

3. 보육과정의 변천

'보육'이란 의미는 시대와 사회 환경 변화에 따라 함께 변화되어 왔으며 보육과정 또한 함께 변화되어 왔다. 즉, 한 시대의 인구, 가족구조, 경제, 문화, 교육, 가치 등에 따른 여성의 경제활동과 그 시대에 아동을 바라보는 지배적인 철학과 아동관은 보육과정에 영향을 미치고 변화하게 되는 계기가 되었다.

오늘날 보육은 단순히 한 가정의 문제만이 아니다. 우리나라의 최고 국정과제가 '저출산 고령화 정책'이 되었듯이 '보육정책'은 더 이상 영유아를 위한 보육과 교육의 정책 범위를 넘어섰다고 볼 수 있다. 이제 보육은 건강한 가족의 기능회복을 위한 보충적 가족복지 증진의 문제이고, 여성인력 활용을 극대화하여 국가 경쟁력 강화를 해야 할 국가 원동력이며, 지역사회와 국가 존속의 가장 중요한 정책적 과제인 '저출산' 문제를 해결하기 위한 과제인 것이다.

보육을 이해하기 위하여 보육과정의 변천을 크게 2005년 「영유아보육법」 개정을 통한 '표준보육과정' 개발 이전과 이후로 나누어 살펴보면 〈표 1-1〉과 같다.

표 1-1. **보육과정의 변천**

구분	시기	변천 내용	세부 내용
표준보육과정 이전	1921	태화기독교사회복지관	• 빈곤 가정의 자녀를 위한 탁아프로그램을 실시 → 단순한 돌봄 개념의 빈민 구제적 성격
	1961	아동복리법이 제정	• 탁아사업이 아동복지서비스임을 최초로 법제화
	1962	아동복리시설기준령	• 아동복리증진과 보장을 위한 내용을 명시
	1968	미인가 탁아시설 임시 조치령	• '어린이집'이라는 명칭을 사용
	1981	아동복리법 개정	• 아동보육시설의 형태, 운영주체, 유형 등이 변화 확대
	1991	영유아보육법 제정	• '탁아'라는 명칭이 '보육'이란 명칭으로 전환 → '보육사업'으로 확대발전
	2005	영유아보육법 개정	• 표준보육과정 개발, 보급 법적 근거 마련
표준보육과정 이후	2007	제1차 표준보육과정	• 여성가족부 표준보육과정 개발하여 고시 (2008년 적용)
	2011		• '만 5세 공통과정'을 도입
	2012	제2차 표준보육과정	• 5세 누리과정 제정 (이원화된 유치원, 어린이집교육 통합) • 0~4세를 포함하여 제2차 표준보육과정을 고시
	2013	제3차 표준보육과정	• 표준보육과정 앞에 '어린이집'을 추가하여 용어를 개념화 • 5세 누리과정을 3~5세로 확대하여 고시 • 3차표준보육과정 개정 0~1세, 2세 보육과정, 3~5세 보육과정(누리과정) • 3차 표준보육과정 개발 보급
	2019		• 누리과정개정
	2020	제4차 표준보육과정	• 표준보육과정 놀이중심, 영유아 중심으로 개정

1) 표준보육과정 개발 이전(1921~2005)

'보육'의 역사적 뿌리는 1921년 서울의 태화기독교사회복지관에서 빈곤 가정의 자녀를 위한 탁아 프로그램을 실시한 것에서 찾아볼 수 있다. 그러나 이 시기 보육은 단순한 돌봄 개념의 빈민 구제적 성격이 강한 것이었고, 1961년 「아동복리법」이 제정되면서 탁아사업이 아동복지서비스임을 최초로 법제화하였다. 또한 「아동복리시설기준령」(1962)이 발표되어 아동복리증진과 보장을 위한 내용을 명시하였다. 이 시기 정부에서는 제도적으로 탁아소의 질적 수준을 향상시켜야 할 필요성이 대두됨에 따라 「미인가 탁아시설 임시 조치령」을 공포하였다. 이 조치령에는 탁아소의 명칭도 단순히 보호하는 곳이 아닌 어린이가 집처럼 생활하는 곳이며 생활을 통하여 배우고 자라는 것임을 강조하는 '어린이집'이라는 명칭을 사용하였다.

이후 경제성장과 함께 보육시설의 수요 증가에 맞추어 1981년 「아동복리법」이 개정되고 아동보육시설의 형태, 운영주체, 유형 등이 변화 · 확대하게 되었다. 특히 1991년 「영유아보육법」이 제정되면서 보육사업이 본격적으로 활성화되기 시작하였고, '탁아'라는 명칭 또한 '보육'이라는 명칭으로 전환되면서 돌봄의 개념 보호와 교육을 통합한 '보육사업'으로 확대 · 발전하였다.

1990년대에는 여성의 사회 진출이 증가 · 확대되면서 보육수요가 급격히 증가하게 되었다. 그 결과 보육시설의 양적 증가로 정부는 '보육시설 확충 3개년 계획(1995~97)'을 발표하였고, 동기간에 8,928개의 보육시설이 증가하였다. 그러나 이 시기 보육정책이 시설의 양적 확대에만 치중되다 보니 보육현장에서는 영유아의 보육서비스에 대한 질적 수준의 문제점과 서비스 향상의 필요성이 대두되기 시작하였다.

2000년대에 들어와서는 '보육'이 사회적 이슈로 부각되면서 보육의 문제만이 아닌 다각적인 측면에서 수요자의 욕구를 반영한 가족복지 증진을 위한 국가책임을 인식하고 제도적 서비스 개선을 요구하기 시작하였다.

2) 표준보육과정 개발 이후(2005~현재)

(1) 표준보육과정의 개발 배경 및 필요성

보육은 한 나라의 기초이고 미래라고 주장한다. 즉, 보육은 단순히 영유아를 돌보는 것만이 아닌 가정의 자녀 양육기능을 보충해 주는 것이며, 그러한 기능을 통하여 가족의 경제활동을 지원하는 기능을 한다. 아울러 영유아들을 단순히 돌보아주는 '보호'만이 아닌 영유아의 발달 수준에 적합한 보육프로그램을 통하여 정서 · 신체 · 사회적으로 전인적인 통합적 발달을 제공하는 것이다.

이러한 보육은 결국 영유아 개인의 돌봄과 교육 서비스 및 부모의 경제활동을 위한 가족지원서비스, 나아가 사회 존속을 위한 사회적 기여라고 볼 수 있다. 2005년 「영유아보육법」이 마련되었을 당시 핵가족화로 인한 자녀 양육지원 체제의 약화, 여성의 사회진출 증가, 자녀 조기 교육의 인식 증대 등으로 인한 사회적 요구에 의하여 보육시설 수요증대와 보육시설의 질적 서비스의 향상이 필요성으로 대두되고 있었다.

아울러 급증한 어린이집이 「영유아보육법」의 법적 조항에 근거하여 '영유아의 조화로운 성장과 발달을 지원'하기 위해 영유아의 연령 및 발달 수준에 적합한 보육과정의 필요성에 대해 논의하게 되었다. 이러한 시대적 현실 속에 표준보육과정의 개발은 사회적 요구이며 일차적인 영유아들의 보육현장인 어린이집에서의 절실한 목마름이었다.

국가 수준의 표준보육과정이 개발되기 이전의 우리나라 영유아들에게 '무엇을, 어떻게' 제공해 주어야 되는지에 대한 지침이 없었기 때문에 유치원 교육과정 활동지침을 사용하거나 보육시설 운영자의 철학에 따라서 보육과정이 개발되고 보육목표와 내용이 아무런 근거나 지침 없이 제공되고 있었다.

표준화된 국가 수준의 보육과정이 없으니 보육의 질적 수준이 보육기관마다 차이가 나고, 이러한 합의되지 않은 파편적이고 개별화된 보육과정은 영유아의 발달단계에 적합한 것인지에 대한 평가도 없이 제공되면서, 그로 인하여 학부모나 사회에 보육시설은 전문성을 주지 못하고 불신을 더욱 가중시키는 상황을 만들어 가고 있었다. 이에 국가 수준에서 모든 영유아에게 공통의 발달단계에 적합한 보편적 내용 수준을 결정하고, 시대적이고 문화적인 가치나 태도 측면에서 적절한 국가 수준의 보육과정을 개발하게 되었다.

(2) 제1차 표준보육과정

- 2007년: 여성가족부령으로 고시
- 2010년: 보건복지부령으로 재고시

2007년에 개발된 표준보육과정은 국가 수준에서 제시하는 보편적 활동들의 사례로 영유아의 발달 연령에 기초하여 영유아들의 흥미와 요구 및 성장환경 등을 고려하여 개발하였음을 총론에 제시하였다. 보육과정의 목적은 유아의 전인적 성장과 발달을 돕고 민주시민으로서의 자질을 길러 영유아가 심신이 건강하고 조화로운 사회구성원으로 자랄 수 있도록 하는 데 있다. 따라서 영역별 내용에서 각 영역은 영유아가 건강하며 안전하고 바르게 생활하는 데 필요한 내용과 신체, 인지, 언어, 정서 등 전인 발달을 위해 갖춰야 할 지식, 태도, 기능을 포함하도록 하였다. 또한 총론에 연령별 보육계획 및 연령별 신체발달, 정서발달, 사회성발달, 언어발달, 인지발달의 특징을 설명하고 이에 대한 상세한 지표를 제시하였다.

2011년 5월 2일에 '만5세 공통과정'을 도입하여 9월 5일에 고시하였다. 현재 이원화되어 있는 유치원과 어린이집의 유아교육·보육과정을 통합하여 만5세에 해당하는 모든 유아가 공통과정을 배울 수 있도록 하고, 아울러 유치원과 어린이집 학부모에 대하여 유아 학비 및 보육료 지원을 순차적으로 늘려 이들의 경제적 부담을 경감시키는 데 의의가 있다.

(3) 제2차 표준보육과정

• 2012년 2월: 0~4세 표준보육과정 개정 고시

만5세 누리과정과 연계하기 위하여 제1차 표준보육과정을 수정 · 작업하여 2012년 2월 29일에 5세 누리과정 제정과 더불어 0~4세를 포함하는 제2차 표준보육과정을 고시하였다. 2012년 2월 제2차 표준보육과정 고시와 함께 2013년 누리과정이 전면 확대되어 실시하게 되었다.

교육부와 보건복지부의 두 부처가 우리나라의 만5세 유아들의 동일한 보육과 교육 출발선의 평등을 보장하고자 하는 취지에서 '만5세 교육 · 보육과정'을 개정하게 된 것이다. 제2차 표준보육과정은 교육과학기술부와 보건복지부가 육아정책연구소에 위탁하여 2012년 3월부터 「3, 4세 누리과정 제정 TF」를 구성하여 기존의 교육 · 보육과정을 근간으로 하여 3, 4세 누리과정을 제정하였다. 이후 교육과학기술부장관과 보건복지부장관이 3~5세 대상의 교육과정과 보육과정을 동일하게 「3~5세 연령별 누리과정」으로 고시하였다.

제1차 표준보육과정과 목적 및 보육영역은 동일하며 만2세 미만의 보육내용은 4수준, 만2세는 2수준, 만3~4세는 2수준으로 구분하였다. 제2차 표준보육과정에서의 목적은 제1차 표준보육과정과 동일하며, 추구하는 인간상에서 '자연'이 추가되고 강조하였다. 또한 보육과정운영의 편성에서는 '어린이집은 영유아의 발달 수준과 연령, 흥미, 장애 등 개인차와 가정환경을 반영하여 수준별 보육내용을 편성하되, 어린이집과 지역사회의 특성을 고려한다'는 내용을, 보육과정 실시에서는 '어린이집은 보육목표 및 보육내용에 적합한 다양한 활동을 선정하여 통합적으로 운영하고, 영역별 활동이나 경험을 균형 있게 제공한다'로 제시하였다. 또한 제2차 표준보육과정의 아동관에서는

'영유아는 연령에 따라 성장, 발달'해가며 '발달과 학습은 연속적으로 이루어진다'고 명시하였으며, '영유아는 개별적 특성을 지닌 독특한 존재'임을 밝히고 있다. 뿐만 아니라 '영유아는 직접 경험에 참여할 때 가장 의미 있는 학습과 지식 및 기술, 바람직한 성향을 형성해 간다', '영유아는 반응적이고 민감성 있는 성인과의 신뢰로운 관계 속에서 자신의 지식 및 태도, 기술을 가장 잘 형성해 간다' 및 '영유아의 생활이 놀이 중심으로 이루어질 때 새로운 학습과 경험을 의미 있고 지속적으로 해 나간다', '영유아는 어린이집은 물론 가정과 지역사회의 생태학적 환경과 직·간접적으로 영향을 주고 받으며 성장하고 발달해 간다'는 내용으로 아동관을 밝히고 있다.

(4) 제3차 표준보육과정

- 2013년 3월: 3~4세 누리과정 도입 시행고시(보건복지부는 교육과학기술부와 합동)

2013년에 발표된 누리과정의 도입 시행고시는 우리나라 유아교육에 있어서 보육과 교육의 일원화를 통한 공통과정이 완성되었다는 것을 의미한다. 즉, 이를 통해 제2차 표준보육과정의 재개정이 요구되었고, 이에 0~1세 보육과정, 2세 보육과정, 3~5세 누리과정의 구성체계를 갖춘 제3차 어린이집 표준보육과정이 탄생하게 되었다.

제3차 표준보육과정의 두드러진 특징은 명칭에서부터 나타난다. 구체적으로 1차, 2차는 바로 '1차 + 표준보육과정'이라고 불렸는데, 3차는 '3차 + 어린이집 + 표준보육과정'이라 불리며, 표준보육과정 앞에 '어린이집'을 추가하여 용어를 개념화하였다는 것이다. 이것은 유치원 교육과정과 어린이집 교육과정을 구분할 수 있도록 하였다.

2013년에 고시된 제3차 표준보육과정은 정부가 2012년 7월 기존에 개발된 5세 누리과정을 3~5세로 확대하여 고시함에 있어 주요 개정 내용을 살펴보면, 제2차 표준보육과정에서는 5세 누리과정 시행을 감안하여 보육과정을 0~4세로 하였으나 3차에서는 0~1세, 2세 보육과정, 3~5세 보육과정(누리과정)을 포함하여 전체적으로 구성하였고, 누리과정을 넓은 개념으로 정리하여 개정된 내용을 반영하고 3세와 4세 보육프로그램과 0~2세 영아용 보육프로그램을 추가로 개발하여 보급하였다.

제3차 표준보육과정에서 추구하는 인간상에는 '자신과 다른 사람을 존중하고 배려하는 인성'을 추가하고 보육과정 전반에 자율과 창의를 강조하였으며, 연령별 보육과정의 목표를 구체적으로 명시해 어린이집에서 보육 · 교육 시 추구해야 할 사항을 명확하게 이해하기 쉽도록 제시하였다. 또한 영유아 심신의 건강과 전인적인 발달을 도와 행복을 도모하여 민주시민의 기초를 형성하는 것에 목적을 두었으며, 영유아의 전인적 발달 및 우리 문화에 적합한 내용을 일관성 있게 연계적으로 실천하며, 궁극적으로는 사회에서 추구하는 바람직한 인간상을 구현하고 전국의 어린이집 질적 수준을 높이는 데 기여하고자 하였다.

(5) 제4차 표준보육과정

• 2020년 4월: 보건복지부 고시 제 2020-75호로 고시
교육부 고시 제 2019-189호 고시

제4차 표준보육과정은 2019 개정 누리과정의 고시에 따라 3월 12일 개정안을 발표하였으며, 2020년 4월 9일 고시, 2020년 9월 1일부터 시행하게 되었다. 제4차 표준보육과정은 개정 누리과정과 같은 방향으로 놀이 중심, 영유아 중심, 현장 자율성 확대, 보육수준의 적정화를 통한 영유아의 전인적 발달 및 창의성 신장을 골자로 한다. 또한 구성방향, 추구하는 인간상, 구성의 중심 및 교수 · 학습도 개정 누리과정과 동일하게 제시하여 맥락을 같이 하고 있다.

개정 누리과정은 인간 중심·경험 중심의 교육과정 철학에 기반을 두고 놀이와 학습이 서로 연계된 유아에게 의미 있는 배움이 일어난다는 놀이 중심 교육과정의 실천이다. 그동안의 교사 중심 수업을 지양하고 유아의 주체성과 능동성을 바탕으로 의미 있는 경험을 통해 스스로 배움을 주는 유아 중심·놀이 중심 교육과정을 추구한다. 충분한 놀이 경험을 통해 유아가 몰입과 즐거움 속에서 자율 및 창의성을 신장하고, 전인적 성장과 행복을 추구할 수 있도록 하고 있다.

Chapter

02

보육과정의 이론적 기초

배울내용

1. 보육의 철학적 기초
2. 발달심리학 이론과 보육과정
3. 사회적 변화와 보육과정

학습목표

1. 보육과정에 영향을 준 철학적 이론에 대하여 설명할 수 있다.
2. 영유아의 발달을 정확히 인식하여 발달적 요구를 반영한 보육과정의 중요성을 안다.
3. 사회환경 변화에 따른 보육에 미치는 요인을 알고 보육과정의 변화를 모색한다.

보육과정을 효과적으로 이해하고 운영하기 위해서는 보육의 이론적 기초에 대한 체계를 확립하여야 한다. 그 이유는 그 시대를 지배하는 철학에 따라 아동을 바라보는 '아동관'이 달라졌고, 아동을 어떻게 바라 보느냐에 따라 그 사회에서 아동에 대한 보육과 교육이 달라지기 때문이다. 따라서 본 장에서는 보육과정 구성 시 영유아를 어떤 존재로 바라보고 있는가에 대한 보육사상에 영향을 미친 철학자들의 사상과 영유아가 어떤 발달을 통하여 성장하고 학습하는가에 대한 아동발달심리학 이론을 살펴보고자 한다.

1. 보육의 철학적 기초

1) 근대

(1) 코메니우스

Johann Amos Comenius

근대교육의 창시자인 코메니우스(Johann Amos Comenius, 1592~1670)는 17세기 실학주의의 대표적인 교육사상가로 '근대교육의 아버지'로 불린다. 당시 잔존하였던 중세의 낡은 가치와 근대과학 정신이 빠르게 대치해 가던 때에 코메니우스는 논리적이고 분석적인 근대과학 정신의 영향을 받아 과학적 방법론을 도입하여 '감각적 실학주의'를 토대로 새로운 교육이론과 방법론을 정립하였다. 또한 신학자이며 철학자로 자연을 탐구하고 해부하여 얻어낸 자연 원리를 신앙과 결합시켜 하나의 통합적인 교육사상으로 완성하였다. 그는 삶의 궁극적 바람이 신을 향한 동경, 즉 그리스도를 통해서 영혼에 귀입(歸入)하는 것이며, 교육은 인간이 신과 같이 될 수 있는 최초의 단계이며 모든 사람들은 만물을 배워야 한다는 범교육 사상을 주장하였다.

코메니우스는 교육의 목적을 이러한 사상과 기독교적 신앙을 바탕으로 내세(來世)를 위한 준비에 두고 지성적 지식, 도덕적 · 심미적 지식, 경건과 신앙의 지식이 조화된 전인적인 인격의 형성을 이루어야 한다고 주장하였다. 모든 국민 누구에게나 균등 교육을 해야 한다는 코메니우스의 '범교육' 주장은 근대적 의무교육 제도의 이념을 역사상 처음으로 선언하였다.

코메니우스는 교육에 있어서 지식획득 과정을 직관주의 교육, 합자연주의 교육, 인간 중심 교육으로 주장하였는데, 직관주의 교육이란 자신의 감각기관으로 직접적인 사물(事物)을 통하여 교육하는 것이고, 합자연주의 교육은 아동을 자연의 원리 안에 자연 속에서 모든 지식을 가르치며 배우는 것이며, 자연의 적시성, 점진성이 인간의 교육에도 함께 적용된다는 교육이다. 인간 중심 교육은 인간은 태어날 때부터 지식을 습득하는 능력을 가졌고 인간 본성을 중시하고 새로운 인간성 회복의 과정을 교육이라고 주장하였다.

코메니우스는 세계 최초의 교육학서인 〈대교수학〉을 통하여 교육의 단계를 출생에서부터 성년기까지 자연의 원리에 따라 사계절에 비유하여 4단계로 설명하였다. 특히 봄에 비유한 1단계 어머니 무릎학교 단계는 가정에서 어머니로부터 교육받는 가정교육을 말하는 것으로 외적 감각 기능을 훈련시키는데, 사물 분간 능력과 일생을 위해 필요한 지식, 곧 변증법, 문법, 수사학, 과학의 기초를 익히는 기초교육의 중요성을 강조하였고, 교육은 아래 단계에서 시작되어 위 단계로 심화 확장해 나간다는 보편적 교육을 주장하였으며, 아동의 심성은 생의 초기에 형성되며 초기 학습은 어른이 된 이후에까지 영향을 미친다고 하였다.

- 1단계: 0~6세까지의 유아 시절(어머니의 무릎학교)
- 2단계: 7~12세까지의 소년 시절(모국어 학교)
- 3단계: 13~18세까지의 청소년 시절(라틴어 학교)
- 4단계: 19~24세까지의 성년기 초기 시절로 구분(대학 및 외국을 여행하는 시기)

코메니우스는 이에 따른 교육방법으로 아동을 위한 세계 최초의 그림책 〈세계도회(1657)〉를 저술하여 조기교육에 이바지하였다. 〈세계도회〉는 그림을 그려 직관을 지식의 기초로 삼은 감각적 직관 교재이다. 또한 코메니우스는 아동에게 종전의 글자나 낱말을 주입식 교수법에서 벗어나 사물에 대한 인식을 그림이나 실물의 직관을 통하여 인식시키고, 그 이후 언어를 배우게 하여 아동들이 자율적이고 능동적으로 자연스럽게 언어를 습득하게 하는 가장 효과적인 방법으로 학습자 중심의 교수법을 제시하였다.

표 2-1. 코메니우스(Comenius)의 교육사적 의의

- 전인 교육: 지식, 덕성, 신앙의 조화로운 발달
- 합자연주의 교육: 자연의 순리대로 아동이 행복한 교육 현장, 아동의 자율성, 능동성에 초점
- 직관주의: 경험 중심 교육, 놀이 중심 교육
- 범교육사상: 차별 없는 장애아 교육 강조, 평생교육
- 교육내용의 일관성
- 우수한 교재의 가치: 〈대교수학〉, 〈세계도회〉

(2) 로크

John Locke

유아교육사에서 로크(John Locke, 1632~1704)는 아동을 성인의 축소판이며 성인의 소유물이라고 생각하던 시대의 가치관에서 벗어나 최초로 아동을 교육의 주체자로 보고 아동중심 교육을 주장하였다는데 큰 의의를 두고 있다. 로크는 '백지설'을 주장하였는데, 아동의 마음은 마치 백지와도 같이 깨끗하여 경험 하나 하나가 아동의 성격형성에 중요한 요소가 된다고 보았다.

로크는 교육에 있어서 '건강한 신체에 건전한 정신'으로 신체의 기본적 요건을 강조하였으며, 주입식 교육보다는 지식을 탐구할 수 있는 능력을 길러주는 방식으로 이루어져야 한다고 주장하였다. 그는 〈교육에 관한 고찰〉이라는 저서에서 아동기 지 · 덕 · 체 교육의 가능성을 인식하고 주입식 교육이 아닌 몸에 베인 좋은 습관을 통하여 익히는 것이라고 하여 아동기 습관 교육과 경험을 제공하는 성인의 역할을 중요하게 여겼으며, 이 시기를 올바른 습관형성 시기로 보고 강조하였다.

로크의 아동관은 성인에 의해 제공되는 환경과 경험적 자극에 따르는 수동적 학습자로 바라보았으며, 학습에 있어서 소질보다는 경험과 후천적 교육의 역할을 중시한 점에서 학습이론의 이론적 기초를 마련하였다.

표 2-2. 로크(Locke)의 교육사적 의의

• 최초로 아동을 교육의 주체자로 보고 아동중심 교육을 주장 • 아동기 일상생활을 통한 기본적 습관교육 강조 • 후천적 경험과 환경적 자극 – 학습이론

(3) 루소

Jean-Jacques Rousseau

루소(Jean-Jacques Rousseau, 1712~1778)의 교육사상은 그가 아동을 어떤 존재로 파악하고 바라보느냐라는 가장 기본적 아동관에 있다고 볼 수 있는데, 1762년에 발간한 〈에밀〉에서 '자연주의 교육', '아동 중심 교육', '소극적 교육' 사상을 주창하였다. 〈에밀〉에서 루소는 "모든 것은 창조주의 손에서 나올 때에는 더없이 선하지만 인간의 손 아래서 타락하니 자연으로 돌아가라"라고 말하며 인간은 자연적인 선성(善性)을 지니고 있고, 그 선성을 타락시키는 것은 일체의 인위적인 제도라고 하는 그의 핵심적 사상을 전하고 있다. 그의 인간관은 성선론(性善論)의 입장이라고 주창하였다.

루소는 자연으로부터 인간은 착하고 선하게 창조되었는데, 인간에 의해 만들어진 사회 제도 및 학문 · 예술 등이 인간 영혼의 선한 상태를 무시하고 황폐화하도록 부추겼다고 보았다. 루소가 말하고 있는 자연이란 외형의 자연이 아니라 인간 내면의 심리적이고 정신적인 자연을 의미한다. 인간이 인간에 의해 만들어진 외부적 환경과 사회 제도에 의해 선에서 악으로 변질되어지기 이전의 인간 내면의 도덕적으로 선한 힘, 즉 순수한 인간 본성의 모습을 루소는 '자연'이라고 표현하였다. 그렇기 때문에 루소는 아동은 태어나면서 선하게 태어나고 아동이 선하지 못한 것은 성인에 의해 만들어진 환경에 의한 것이고 교육을 통하여 아동 본연의 선한 모습으로 돌아가야 한다는 자연주의 교육론을 주장하였는데, 자연주의 교육의 특징 중 하나는 교육이 자연적인 절대불변의 법칙, 즉 인간의 발달단계에 알맞게 전개되어야 한다는 것이다. 또한 루소는 아동의 교육에 있어서 소극적인 교육론을 펼쳤다.

그는 조기교육과 외부로부터의 강제적이고 인위적인 주입식 교육에 반대하고 아동이 가진 자유성과 활동성을 중시하는 것에서 비롯되었다. 소극적 교육은 교사의 주도에 따라 이루어지는 교육이라기보다는 교사의 지배와 간섭이 최소화되는 교육을 말한다. 교사의 역할은 아동에게 무엇을 가르치려고 하기보다는 아동의 잠재성과 능동적 존재로 보고 스스로가 판단하고 경험할 수 있는 교육환경을 마련해 주는 것이고 아동 스스로 판단하고, 하고 싶은 일을 할 수 있도록 안내자가 되어주는 것이라고 하였다. 또한 소극적 교육론에서는 아동을 자연적인 생활의 상태로 두라고 주장하고, 자연을 관찰하고 자연이 제시하는 길을 따르는 교육을 강조하였다.

표 2-3. 루소(Rousseau)의 교육사적 의의

- 성인 중심, 교사 중심 교육에서 아동 중심 교육으로의 전환을 가져옴
- 아동을 성인의 축소가 아닌 하나의 인격체로 인정하여 아동의 자주성 강조
  — 영유아를 보호하고 교육해야 할 독특한 존재로 인식
- 자연주의 교육 — 학습을 강제하는 것이 아닌 자발적 학습 강조
- 소극적 교육의 중요성 강조 — 아동 스스로 판단(자유놀이), 흥미의 교육

(4) 페스탈로치

Johann Heinrich Pestalozzi

페스탈로치(Johann Heinrich Pestalozzi, 1746~1827)의 교육사상은 합자연의 원리를 바탕으로 인간의 본성을 자연에 맞게 교육시켜야 한다는 이념을 바탕으로 인간 중심 교육을 강조한 자연주의 교육사상가이다. 교육사상으로 '삼육론 3H'를 강조하였는데, 정신을 상징하는 Head(머리), 도덕력을 상징하는 Heart(가슴), 신체력을 상징하는 Hand(손)을 의미하는 것으로, 이 세 가지 요소가 고루 개발되고 조화로운 발달과 힘의 조화를 이루도록 돕는 것이 교육이라고

전인교육을 강조하였다.

교육은 내재되어 있는 소질을 계발하는 것이며, '인간성의 조화로운 발전' 곧 전인교육이 목적이며 아동이 가지고 태어난 잠재된 자질과 능력, 내적 힘을 갈고 닦는 것, 즉 '자아실현'이 교육의 목표라고 주장하였다. 따라서 교사의 역할은 아동의 내적 능력을 외부로 끌어내 발휘하고 꽃 피울 수 있도록 보살펴 주는 것이며, 교육의 원리는 자연의 원리와 직관의 원리와 노작의 원리에 따라야 한다고 주장하였다. 자연의 원리란 아동으로 하여금 자연의 순리처럼 자신의 발달에 스스로 맞추어 자신에게 적합한 교육을 자발적으로 익히도록 하는 것이며, 직관의 원리란 직관을 인식과 교육·학습의 기초로 삼아 실물교육을 강조하는 교육이다. 그리고 노작의 원리는 생산 활동을 교육의 기초로 삼아 노동을 교육의 방법적 원리로 중요시한 원리이다.

페스탈로치의 교육사상과 교육원리는 아동의 능력이 외부로부터 주어지는 것이 아니라 내부로부터 발현된다는 입장을 취함으로써 현대 유아교육에서 강조하고 있는 자발성의 원리, 아동 중심 교육, 흥미와 놀이 중심의 교육으로 이어지고 있다.

표 2-4. 페스탈로치(Pestalozzi)의 교육사적 의의

- 전인교육 강조
- 아동의 발달 단계에 맞는 자발적 교육(자연의 원리)
- 실물 중심 교육 강조(직관의 원리)
- 감각을 통한 경험 중심 교육
- 아동의 능력은 외부에서 주어지는 것이 아닌 내부로부터 발현 — 자발성 원리, 아동 중심, 흥미, 놀이 중심 교육

(5) 프뢰벨

Friedrich Fröbel

유아교육의 아버지라고 불리는 프뢰벨(Friedrich Fröbel, 1782~1852)은 '어린이 정원'이라는 세계 최초의 유치원(킨더가르텐, 1840)을 설립하였다. 그의 교육사상의 기본 배경은 '만유신재론'으로 신은 만물을 지배하고 만물은 신 가운데 존재한다는 것으로 인간 내면에는 선천적인 잠재력을 의미하는 '신성'이라는 것이 있으며, 교육의 목적은 이러한 신성이 개화할 수 있도록 도와 주는 것으로 보았다. 즉, 신은 모든 만물에 내재되어 있으며 신성이 인간에게 깃들여 있다는 것은 곧 프뢰벨이 인간을 신과의 불가분의 관계(=통일성)로 보았다는 것이다.

프뢰벨은 유치원의 성공을 위하여 놀이를 통해 신과 만물의 통일성을 익힐 수 있는 교구를 고안하여 제작하였으며, '은물(하나님으로부터 받은 은혜로운 선물)'이라고 하였다.

교육은 아동의 타고난 본성을 자연스럽게 전개시켜 주는 것인데, 이를 위해 '은물'을 가지고 놀이함으로써 신과의 통합을 이루고 아동의 타고난 신성을 길러준다고 보았다. 프뢰벨은 은물을 통하여 '통일의 원리', '연속적 발달의 원리', '자기활동의 원리', '놀이의 원리', '노작의 원리'를 깨우칠 수 있다고 보았다. 은물은 자연의 발달 단계처럼 1은물에서 10은물까지 정해진 단계와 순서에 따라 연속적으로 이루어지며 자발적 자기활동 놀이로 이루어진다. 은물 활동을 통하여 아동들이 자신의 내적 세계를 스스로 표현하며 자율적인 놀이가 이루어지고, 이것은 노작이 인식활동을 넓혀준다는 '노작의 원리'를 인간 삶의 의미로 받아들이며 신과의 통합을 깨닫게 된다.

표 2-5. 프리벨(Fröbel)의 교육사적 의의

• 영유아의 자발적 활동 중시 • 유아를 위한 교육과정을 계획하고 적용하였다는 데 의의 • 세계 최초의 교육용 교구 '은물' 고안

2) 현대

(1) 듀이

John Dewey

20세기 교육철학의 변화와 발전에 중요한 역할을 한 미국의 철학자로 루소의 자연주의와 프뢰벨의 상징주의를 비판하였다. 듀이(John Dewey, 1859~1952)의 교육사상은 진보주의 교육사상으로 경험주의에 뿌리를 두고 있다. 진보주의 교육이란 영유아의 흥미와 관심을 존중하는 아동 중심 교육으로 아동의 인지적 갈등을 유발시킬 수 있는 교육환경을 제공함으로써 아동의 발달을 도울 수 있다는 입장으로 아동의 경험을 조직하고 발달시키는 힘은 창조적 사고에서 비롯된다고 보았다. 듀이의 사상은 그의 〈민주주의와 교육〉이란 저서에서도 엿볼 수 있다.

그의 저서에 따르면 '교육이란 경험의 연속적인 재구성으로 아동의 교육적 경험을 실제 삶과 상호작용하며 지속적으로 성장할 수 있도록 이끄는 것이다'라고 교육에 대하여 설명하며 그러한 과정이 원활하고 자연스럽게 이루어질 수 있도록 교육자는 환경 조건을 마련하는 것이라고 하였다. 그의 교육철학은 아동 중심 교육, 활동 중심 교육, 생활 중심 교육, 상호작용적 교육을 들 수 있다.

아동 중심 교육은 아동이 교육의 객체가 아니고 주체가 되어 자신의 흥미와 관심에서 시작되는 것으로 교사는 권력자가 아니며, 아동의 성장을 돕는 조력자, 조언자, 안내자로서의 역할을 요구받는다. 활동 중심 교육은 영유아가 학습의 주도권을 가지고 직접적인 학습활동을 전개하여 경험을 쌓아야만 올바른 지식이 된다는 것이다. 그리고 생활 중심 교육은 영유아가 접하는 일상적인 모든 경험이 영유아의 발달에 직결되어 구체적인 경험을 쌓을 수 있도록 실제 생활과 밀접한 생활경험을 제공해 주어야 하며, 또한 이들은 영유아들의 발달과 흥미에 알맞게 재구성할 것을 제안하였다. 즉, 교육이란 이상이나 관념의 추구가 아니라 실생활 그 자체라는 것이며 예측하기 어려운 미래를 위한 준비라기보다 현재 생활의 일부가 되어야 한다는 것이다. 또한 교육은 아동의 경험과정을 돕는 것이며, 아동의 성장은 경험의 부단한 재구성이며, 인간의 활동성과 환경과의 상호작용에서 나온다고 주장한다. 그렇기 때문에 아동 스스로가 환경과의 상호작용을 통한 경험 속에서 성장을 이루기 위해서는 자발적으로 흥미 있는 활동에 적극적인 참여를 해야 하며 교사는 경험의 재구성을 위한 교육과정을 제시해야 한다고 주장한다.

표 2-6. 듀이(Dewey)의 교육사적 의의

- 진보주의 → 아동 중심의 자유놀이를 시행
- 자유로운 교구의 탐색(자발적 흥미 중심 교육 강조)
- 프래그머티즘(=실용주의) → 교육의 실용성 강조
- 경험주의 → 경험의 재구성을 통한 성장
- 새로운 교사의 역할의 제시(아동 중심 안내자, 조력자 등)

(2) 몬테소리

Maria Montessori

몬테소리(Maria Montessori, 1870~1952)는 이탈리아 여성으로 의학박사 학위를 취득한 최초의 여성이며 지적장애 및 저소득층 유아를 위해 교육의 방향을 정립한 유아교육자이다. 정신장애아동의 교육에 남다른 관심을 가지고 그들을 위한 체계적인 교구와 교수방법을 개발하였다.

몬테소리의 교육사상은 유아의 인격존중, 개별지도, 개인차 인정 등으로 요약할 수 있다. 즉, 아동을 무한한 잠재성을 가진 능동적인 존재이며, 자발적이고 계속해서 주변의 환경으로부터 자극을 받고 정보를 얻으며 스스로 탐색하고 학습하는 존재로 보며, 누구나 그 자신을 발달시킬 수 있는 능력을 가지고 있으며, 발달은 단계적으로 이루어진다고 보았다. 따라서 몬테소리교육의 목적은 정상화에 이르는 것이다. 정상화란 아동이 교구를 선택하여 흥미를 가지고 집중하여 만족감을 느끼는 상태를 의미하는 것으로 아동의 자기활동의 존중을 강조하였으며, 이러한 교육목적을 달성하기 위하여 교구 및 준비된 환경을 통해 아동 스스로 탐색하고 학습하여 상호작용할 수 있도록 해야 한다고 주장하였다.

아동은 천부적으로 민감성, 감수성(흡수정신), 자율성을 가지고 태어난다는 것이 몬테소리 유아관의 중심이다. 민감성은 아동이 특정한 측면에서 두드러지게 나타나는 연속적인 특성을 지니는 시기(0~6세경)가 있다는 것으로 환경으로부터의 인상을 흡수하여 자기 것으로 만드는 능력이 왕성한 시기이다. 감수성(흡수정신)은 아동이 내부에 잠재해 있는 흡수하는 정신능력을 통해 환경을 받아들이고 스스로 경험하고 배우게 되는 특성을 말한다. 자율성은 능동적 정신, 자기형성에의 강렬한 동기를 지니고 있는 것으로 아동의 독립된 인격, 창조적 정신을 가진 존재를 뜻한다. 즉, 몬테소리는 아동은 개별 고유의 민감성과 감수성, 자율성을 지니고 태어나기에 그러한 고유한 특성에 따라 발달은 개별 차이가 있다는 것이다. 그렇기 때문에 아동은 단계별 독특한 특성에 따라 발달적 차이는 존중해 주어야 하며, 각 시기마다 적절한 교육적 활동과 프로그램이 제공되어야 한다고 보았다.

표 2-7. 몬테소리(Montessori)의 교육사적 의의

• 아동 중심의 자유놀이를 시행 • 감각교육을 통한 지적 발달 • 준비된 환경을 통한 자율적 탐색 학습(아동을 자기-교정적 존재로 인식) • 과학적 사고를 통한 영유아의 존중사상 • 발달에 적합한 교구제작 및 프로그램에 활용

2. 발달심리학 이론과 보육과정

20세기에 들어오면서 인간의 발달에 관한 과학적 연구가 이루어지면서 영유아 발달 연구가 함께 이루어졌고 많은 발달심리학자들은 많은 이론들을 제시하였다. 이러한 이론들은 어떤 한 가지 학문만으로 아동발달을 완벽하게 설명하고 이해할 수 없으며, 아동발달에 관한 축적된 지식체계는 다 학문적 접근법에 의한 통합으로 이루어져야 된다고 본다.

보육과정은 이러한 발달심리학의 이론에 기반을 두고 영유아들의 발달적 특성과 연령, 흥미, 수준, 환경 등을 충분히 고려하고 반영하여 구성하여야 한다. 영유아의 성장과 발달이 어떻게 이루어지며, 영향을 미치는 요인이 무엇이며, 발달을 촉진시킬 수 있는 양육방법과 영유아들의 개별적 특성에 대한 이해 등 발달심리학적 이론은 기초적 지식을 제공해 주고 있다. 발달심리학 이론으로 정신분석 이론, 행동주의 이론, 구성주의 이론을 살펴보면 다음과 같다.

1) 정신분석 이론

정신분석 이론에 의하면, 인간발달은 무의식적이며 우리의 행동은 단지 표면상 특성으로 나타나는 것으로 본다. 따라서 아동발달을 이해하기 위해서는 행동의 상징적 의미를 분석해야 하고 마음속에 무슨 일이 일어났는지를 이해해야 한다. 정신분석 이론은 또한 부모와의 초기경험이 아동발달에 영향을 미치는 것으로 보았으며, 대표적인 학자로 프로이드(Freud)의 심리성적 이론과 에릭슨(Erikson)의 심리사회 이론이 있다.

(1) 프로이드의 심리성적 이론

Sigmund Freud

프로이드(Sigmund Freud, 1856~1939)는 인간의 의식을 빙산에 비유하여 물 위에 떠 있는 부분을 의식, 물속에 잠겨있는 큰 부분이 무의식, 파도에 의해 물 표면으로 올라왔다가 다시 잠기기도 하는 부분이 전의식이라고 하였다. 즉, 의식은 자신이 순간에 알아차릴 수 있는 정신작용의 부분이고, 전의식은 주의를 집중하고 노력하면 의식수준으로 올라와 기억할 수 있는 정신작용이고, 무의식은 자신이 전혀 의식하지 못하는 정신작용이다.

프로이드는 인간의 성격구조를 '빙산'에 비유하여 설명하였듯이 대부분 물속의 아래 잠겨 있는 무의식이 지배적으로 존재한다고 설명하고 있다. 프로이드에 의하면 성격은 원초아(id), 자아(ego), 초자아(superego)로 구성되어 있고, 원초아는 성격의 가장 본능적인 것이며 공격적이다. 전적으로 무의식 세계에 존재하며 쾌락원리에 의해 지배되는 것이다. 그러나 인간이 본능적 충동에 따라서 살 수는 없기 때문에 외부세계의 제약을 고려하면서 충동을 억제하고 현실을 고려하여 표현하도록 하는 것이 '자아'이다. 따라서 자아는 현실원리를 따른다. 초자아는 옳고 그름에 대한 판단역할을 하는 것으로 도덕적 양심, 자아이상이라고 한다. 자신의 잘못에 대한 죄책감을 느끼는 것이 양심이고, 자신의 잘한 행동에 대한 것에는 자부심을 느끼는 자아이상이다. 자아와 초자아는 의식세계와 무의식세계에 걸쳐 존재한다.

프로이드는 인간은 자아가 원초아의 본능적 요구와 현실 속의 압력, 초자아의 도덕적 규범 사이에서 갈등을 경험하게 되고 이러한 갈등은 불안과 긴장상태를 만들고, 이러한 불안을 해소하기 위해 '방어기제'를 사용한다고 하였다. 방어기제는 영유아들에게서도 많이 나타나는데 동생이 태어나면 부모의 사랑을 빼앗겼다고 생각되어 심한 스트레스 또는 좌절을 하여 현재의 발달 단계보다 더 이전의 발달 단계로 후퇴하는 '퇴행'이 대표적 방어기제이다. 예를 들어, 사랑을 독차지 하던 아이가 동생이 태어나 부모의 관심과 사랑이 동생에게 쏠리자 잘되던 대 · 소변 가리기가 안 된다든지, 더욱 심한 어리광을 부리는 것으로 본인이 이전 발달 단계로 돌아가면 부모의 관심과 사랑이 다시 돌아올 것 같은 심리적 기제이다. 또한 공격적 충동이 자신에게로 오는 '자기에게로 향함' 방어기제로 아동들에게 흔히 볼 수 있는 방어기제도 있다. 이것은 부모나 좋아하는 사람에게 꾸지람을 받거나 요구가 받아들여지지 않을 때 화풀이를 자신에게 향하는 것으로 자신의 머리를 벽에 부딪혀 자해하는 아이들이 그러한 예라고 할 수 있다.

프로이드는 성적에너지 리비도(libido)가 신체의 어느 특정 부분에 집중되느냐에 따라 심리성적발달의 5단계를 제시하였다. 처음에는 1단계 입(구강기), 2단계 항문(항문기), 3단계 성기(남근기) 순서로 집중되어 발달하고, 이 세 단계는 만5세까지의 시기이다. 이후

4단계는 잠복기로 성에너지 리비도가 잠복되어 있는 6세~사춘기까지, 5단계는 생식기로 사춘기~성인기로 인간의 발달 단계를 분류하였다. 영유아기 시기에 해당하는 세 단계 구강기, 항문기, 남근기의 발달 특징〈표 2-8〉을 바탕으로, 보육과정을 운영하고 구성함에 있어 유의점 및 지도방안을 살펴보면 〈표 2-9〉와 같다.

표 2-8. 프로이드(Freud)의 성격발달 단계

구분	시기	특징
1단계	구강기 (0~1세)	생후 1년까지의 단계로 입과 구강부위에 쾌락의 주된 원천이 집중되어 있으며 손가락을 빨거나 젖꼭지를 빠는 구강활동을 통하여 쾌락을 추구한다. 프로이드(Freud)는 각 단계별마다 추구하는 쾌락을 충분히 만족시켜야 다음단계로 넘어갈 수 있는데 발달단계에서 넘어가지 못하면 고착된다고 보았다.
2단계	항문기 (1~3세)	리비도가 구강에서 항문주위로 옮겨와 항문적 활동을 통하여 쾌락을 추구하는 단계로 이 단계의 영유아는 배설활동의 보유와 배설을 통하여 안도와 방출의 쾌감을 경험한다. 어린 영아기 시기에는 배변기능에 대한 스스로의 통제를 하지 못하다가 이 항문기 시기부터 배설기능을 지연시키는 법과 허용된 장소에서의 배출을 배운다. 배변훈련이 너무 엄격하면 배변훈련에 대한 저항으로 변을 방출하지 않고 보유하면서 부모의 마음을 애타게 하고 기다리는 수단으로 사용하며, 성격은 질서 정연하고 깔끔하고 체계적인 '항문보유적 성격'으로 나타난다. 반대로 유아는 일부러 지저분한 행동을 하기도 하고 성인이 되면 권위에 대한 불만을 불결, 무책임, 무질서, 고집, 인색, 난폭, 분노, 적개심을 보이는 행동으로 표출하는 '항문 공격적' 성격으로 나타나기도 한다.
3단계	남근기 (3~6세)	이 단계는 정신에너지가 항문으로부터 성기로 옮겨가서 생식기에 관심을 가지기 시작하고 남아는 오이디푸스 콤플렉스, 여아는 엘렉트라 콤플렉스를 경험한다. 남아는 오이디푸스 콤플렉스(아버지가 근친 상간적 행동을 거세를 통하여 벌할 것이라는 두려움)를 경험하며 이러한 불안을 극복하려는 방어기제로 아버지와 동일시하여 아버지의 태도, 가치, 행동 패턴을 닮으려고 노력한다. 반면 여아는 엘렉트라 콤플렉스로 인해 어머니와의 동일시를 통하여 엄마처럼 되고자 한다. 아울러 이 시기 부모의 도덕적, 사회적 가치를 내면화하면서 초자아가 발달되면서 사회적으로 해도 되는 일과 안 되는 일에 대한 가치체계를 형성한다.

표 2-9. 프로이드(Freud)의 보육과정 운영 시 유의점 및 지도방안

단계	연령	특징	유의점 및 지도방안
1. 구강기 (oral stage)	0~1세	• 리비도가 구강(입술, 입, 혀)에 집중 • 원초아가 지배적	• 구강기 입으로 가져가는 특성상 위생적(장난감 청결)이고 안전적인 환경조성 • 관찰을 통한 개별 영아의 수유 패턴 파악을 통한 욕구 충족
2. 항문기 (anal stage)	1~3세	• 리비도가 항문에 집중 • 성 만족의 근원은 배설물을 보유하고 배설 하는 것 • 원초아와 자아가 지배적	• 개별 발달시기와 욕구를 고려한 순차적 배변활동 지도
3. 남근기 (phallic stage)	3~6세	• 리비도가 성기 부위에 집중 • 생식기에 관심, 성 만족의 근원 • 오이디푸스 콤플렉스와 엘렉트라 콤플렉스를 가짐 • 원초아, 자아, 초자아가 지배적	• 다양한 역할놀이, 상상놀이 등 모방놀이를 통한 긍정적 감정과 정서 표현 • 도덕적으로 옳고 그름의 지도(초자아 발달)
4. 잠복기 (latency stage)	6~12세	• 성 만족에 대한 관심이 없어지고, 같은 성의 부모를 동일시 함 • 리비도의 지향 대상은 친구, 동성의 친구가 되고 동일시 대상도 주로 친구가 됨 • 원초아, 자아, 초자아가 지배적	
5. 생식기 (genital stage)	12세이후	• 병적인 애착과 퇴행을 제외하고 어른의 형태와 같은 성 만족에 관심을 가짐 • 성적 공격적 충동이 이성에 대한 흥미와 관심으로 나타나게 됨	

(2) 에릭슨의 심리사회적 발달이론

Erik Homburger Erikson

에릭슨(Erik Erikson, 1902~1994)은 인간발달에 있어서 심리사회적 맥락을 강조함으로써 프로이드의 심리성적 발달 5단계를 확장하여 8단계의 이론을 정립하였다. 이 이론은 주로 자아의 성장에 관한 것으로 자아의 기능을 강조했기 때문에 자아심리학이라고도 한다. 인간행동의 기초로서 원초아(id)보다 자아(ego)를 더 강조하여 인간행동이 무의식에 의하여 결정되는 것이 아니라 의식 수준에서 통제 가능한 자아에 의해 동기화된다고 하였다. 특히 인간 발달에 있어서 개인과 부모와의 관계를 비롯하여 가족에게 영향을 미치는 사회적 환경까지 강조하였고 사회, 환경과의 상호작용을 통하여 전생애를 걸쳐 발달한다는 '환경 속의 인간'이라는 관점 형성에 기여하였다.

에릭슨은 인간이 태어나 발달하는 과정을 8단계로, 즉 1단계 유아기(0~18개월), 2단계 초기아동기(18개월~3세), 3단계 학령전기(3~6세), 4단계 학령기(6~12세), 5단계 청소년기(12~20세), 6단계 성인초기(20~24세), 7단계 성인기(24~65세), 8단계 노년기(65세 이후)로 제시하였다.

각 단계마다 심리사회적 갈등 혹은 위기를 경험하게 되는데, 각 단계별 심리사회적 위기를 잘 해결하면 기본적 성격의 강점 또는 자아특질이 형성된다고 보았다. 즉, 발달 단계별 심리사회적 위기를 만족스럽게 해결하면 긍정적 자아특질이 강화되고 건전한 발달이 이루어지고 반대로 위기가 만족스럽게 해결되지 못하면 자아특질은 부정적으로 강화된다.

이러한 발달 단계별 위기에 따른 과업은 일정한 최적의 시기(optimal time)가 있고 각 단계의 발달과업은 이전 단계의 결과를 통하여 발달하는 점성원리를 따른다. 영유아기 보육과정의 대상이 되는 4가지 발달 단계의 주요 발달적 특성은 〈표 2-10〉과 같다.

표 2-10. 에릭슨(Erikson) 발달 4단계

단계	시기	심리사회적 위기	심리사회적 능력(자아특질)
1단계	영아기 (0~18개월)	신뢰감 대 불신감	희망
2단계	초기아동기 (18개월~3세)	자율성 대 수치심과 의심	의지(력)
3단계	학령전기 (3~6세)	주도성 대 죄의식	목적
4단계	학령기 (6~12세)	근면성 대 열등감	능력, 유능성 (학습과 행동강화)

① 1단계 신뢰감 대 불신감: 희망

출생에서 18개월까지로 프로이드의 구강기에 해당하는 시기이다. 이 시기 영아는 먹고, 자고, 배변 등을 통한 기본적인 생리적 욕구가 원활하게 충족되면 타인과 세상에 대한 신뢰가 생겨나고 그렇지 못하고 영아의 기본적 욕구에 대해 적절한 반응과 일관성 있는 양육이 지원되지 않을 때는 타인과 세상에 대한 불신을 얻을 수 있다. 이렇게 형성된 신뢰감 획득을 통하여 영아는 심리사회적 능력으로 '희망'이라는 자아특질을 얻는다. 이 시기 신뢰감을 형성하지 못하면 성장하면서 급성 우울, 성인은 편집증이 나타날 수 있다.

② 2단계 자율성 대 수치심과 의심: 의지력

프로이드의 항문기에 해당되는 단계로 18개월에서 3세까지의 시기이다. 이 시기 영유아는 신체 및 인지가 빠르게 발달하여 언어와 사회적 기준을 배우게 되는 시기이며 자율성을 발달시키는 단계이다. 특히 대 · 소변 과업이 이루어져야 하는 시기로 배변 훈련이 영유아의 개별적 욕구에 맞추어 성공적으로 이루어지면 자기통제 및 자율성을 획득하고 그렇지 못하면 수치심을 가지게 된다. 영유아가 이 단계를 성장하여 자율성 대 수치심의 위기를 잘 극복하면 의지력이라는 심리사회적 능력, 즉 자아특질을 얻을 수 있다.

③ 3단계 주도성 대 죄의식: 목적

이 단계는 대략 3~6세로 프로이드의 남근기에 해당된다. 유아의 주도적인 행동에 대해 잦은 처벌이나 훈육은 유아의 죄의식을 느끼게 하여 긍정적 성격형성을 방해하며, 죄의식을 느낀 유아는 자신에 대한 무가치감을 느낀다. 주도성 대 죄의식의 단계를 성공적으로 극복하면 목적이라는 자아특질을 획득한다. 즉, 삶에 있어 목적의식을 가지게 되고 용기를 얻는다. 주도성을 얻지 못하면 죄의식 속에 성장하게 되고 성인기에는 소극적 성격, 성적 무기력, 불감증, 정신병리적 행동 등을 유발할 수 있다.

④ 4단계 근면성 대 열등감: 능력

프로이드의 잠복기와 생식기 초기 단계인 대략 6~12세 시기로 자아성장의 결정적 시기로 인지 및 사회적 기술을 습득하는 시기이다. 이 시기 아동은 학습과 순응과정을 통하여 근면성을 발달시키고 반대로 실패를 하게 되면 열등감을 얻게 된다. 주어진 일들을 잘해 내고 성취하면 적절한 칭찬과 보상 속에 자신감과 능력을 갖게 되고 과업을 성공적으로 달성하지 못하면 열등감을 느끼고 실패를 경험하게 된다. 이 시기 부모 및 교사의 역할은 아동의 근면성을 성취하는 데 크게 기여한다.

(3) 정신분석 이론의 보육과정 시사점 및 영유아 지도법

영유아를 어떤 관점에서 어떻게 바라보고 보육과정을 구성하고 운영하며 지도하느냐에 따라 영유아의 성장과 발달은 달라질 것이다. 지금까지 살펴본 정신분석 이론인 프로이드의 심리성적발달과 에릭슨의 심리사회적 발달이론을 바탕으로 보육과정의 구성과 운영, 교사의 영유아 보육과 교육에 있어 지도법에 대하여 살펴보면 〈표 2-11〉과 같다.

표 2-11. 정신분석 이론의 사사점 및 영유아 지도법

구분	시사점 및 지도법
구강기 (에릭슨 1단계)	• 영아들은 발달 특성상 장난감이나 손에 닿는 사물을 입에 가져가는 행동을 보이는데 교사는 이러한 특성을 이해하여 안전하고 위생적인 보육환경을 제공하여야 하고, 수유시기에도 영유아의 개별적 관찰을 통한 욕구를 파악하여 충분한 수유 욕구를 충족시켜 주어야 한다. → 리비도가 입(구강)에 집중 • 교사는 영아의 심리적 · 신체적 욕구에 적절히 민감하게 반응하고 애정을 주며 안전을 제공해 주어 건강한 애착형성이 이루어지도록 하는 것이 무엇보다 중요하다. 이것은 타인과 세상에 대한 신뢰감으로 발전하며 친 사회적 행동을 증가시킨다. → 신뢰감 형성을 통한 '희망'이라는 자아 특질 획득
항문기 (에릭슨 2단계)	• 영유아의 개별적 욕구에 맞추어 순차적인 배변훈련을 통하여 자기조절, 자립, 자존 등을 경험하고 배울 수 있도록 지도하여야 하며 적절한 배변훈련은 창조성과 생산성의 기초가 된다. • 교사는 확고하면서 친절하게 영유아들의 개별 발달 욕구를 민감하게 관찰하면서 배변훈련을 실시하여 자존감을 잃지 않으면서 자기 통제 감각을 발달시켜 자율성을 획득하게 도움을 주어야 한다. • 이 시기부터 자율성이 발달되어 스스로 하려고 하는 행동이 늘어나는데, 교사는 영유아의 자율적 의지에 초점을 두고 격려와 지도를 해 주며 건강한 자기인식, 자아를 발달시켜 주어야 한다.

구분	시사점 및 지도법
남근기 (에릭슨 3단계)	• 오이디푸스 콤플렉스와 엘렉트라 콤플렉스를 건강하게 극복할 수 있도록 심리적 · 사회적 관계의 갈등을 놀이를 통하여 모방하고 경험할 수 있도록 다양한 놀이 환경의 제공과 이를 통한 건강한 성격형성을 이룰 수 있도록 지원해 주어야 한다. • 자율성 발달로 인하여 호기심이 많아지고 자기 주도적 성향을 보이는 시기이므로 영유아들의 자율적이고 능동적인 놀이 중심 교육을 지원하고, 호기심 자극을 통한 과학적 사고를 넓힐 수 있는 다양한 경험을 지원해 주어야 한다. 아울러 이 시기 아동들은 성인에 의하여 주도적이고 능동적인 행동이 통제되고 거부되어지면 죄의식을 느끼게 된다. • 같은 행동일지라도 유아의 주도적인 행위의지에 초점을 두고 격려와 칭찬을 받고 자란 아이는 목적의식을 가진 아이로 성장할 것이고 그렇지 않고 행위결과에만 치우쳐 질책과 통제를 받는다면 죄의식을 느끼고 목적의식이나 용기를 얻지 못하게 된다. • 다양한 역할놀이, 상상놀이 등을 통하여 타인의 생각과 감정을 이해하고 자신의 감정을 표현할 수 있도록 보육내용과 방법을 조직화하고 경험을 바탕으로 한 놀이 중심 교육을 구성하여야 한다. • 이 시기 아동은 자기 중심적 성향이 강하여 사랑하고 사랑받기를 원하며 이것을 바탕으로 자존감 형성의 기초가 되기 때문에 특히 칭찬을 많이 해 주어야 한다.

2) 행동주의 이론

행동주의 이론은 인간 내적인 동기와 욕구, 지각에 초점을 두기보다는 구체적으로 관찰할 수 있는 행동에 초점을 둔 이론으로 인간행동이 학습되거나 학습에 의하여 수정될 수 있다고 보기 때문에 학습이론이라고도 한다. 왜냐하면 학습을 통하여 언어를 습득하고 태도와 가치관을 형성하며 다양한 감정을 경험하기 때문에 인간의 행동을 사회적 맥락에서 이해하는 것으로 보았기 때문이다. 따라서 행동주의 이론에서는 인간은 보상과 처벌에 의해 유지되는 기계적 존재로 보고 인간행동은 관찰 가능하고 예측 가능하며 환경의 자극에 의해 동기화되며 강화에 의해 결정된다고 보았다. 그렇기 때문에 행동주의 이론에 있어서 아동의 행동은 자극－반응의 관계이고, 적절한 강화를 통하여 변화되고 발달한다고 주장하였다. 대표적 학자로는 파블로프(Pavlov)와 왓슨(Watson), 스키너(Skinner), 반두라(Bandura) 등이 있다.

(1) 파블로프의 고전적 조건형성

Ivan Petrovich Pavlov

파블로프(Ivan Pavlov, 1849~1936)는 개 실험을 통하여 고전적 조건반사 연구를 하였는데, 개에게 고기(무조건적 자극)를 주기 전에 매번 종을 울리면 그 개는 종소리(조건 자극)만 듣고도 침을 흘리게 되는 것(반응)을 보고 고전적 조건형성이라고 명명하였다. 강화한 행동에 뒤 따르는 자극 조건이 그 행동을 다시 일으킬 가능성을 증가시키는데 반응적 조건화 또는 고전적 조건화라는 표현을 사용하기도 한다. 고전적 조건화는 연상학습을 설명해 주며 자신이 속한 환경이나 문화에서 정상적인 감정이나 태도를 학습하지 못한 사람에게 재학습시키는 방법으로 많이 사용되고 있다.

(2) 스키너의 조작적 조건형성

Burrhus Frederic Skinner

스키너(Burrhus Frederic Skinner, 1904~1990)는 파블로프의 고전적 조건화 연구와 달리 행동을 일으키기 전 행동조건에 관심을 가지는 것이 아니라 행동의 결과를 강조하는 것으로 조작적 조건화라고 하였다. 행동의 결과에 따라 행동이 달라지는 것이며 행동결과가 긍정적이면 행동이 증가하고 부정적이면 행동이 감소한다는 것이다. 그러기 위해서 스키너는 행동결과를 '강화'란 행동 보상을 제공하여 긍정적 행동을 증대시키고 '처벌'을 통하여 부정적 행동빈도를 줄이면서 행동수정을 해나간다고 하였다.

(3) 반두라의 사회학습 이론

Albert Bandura

반두라(Albert Bandura, 1925~)는 인간행동은 외적강화 없이 관찰학습이나 모방을 통하여 학습되어지기 때문에 인간행동의 결정적 요인으로 사회적 요소를 중요하게 생각하였다. 인간행동의 발달은 개인과 행동 및 환경이라는 개념을 사용하여, 이들 요소들은 지속적으로 상호작용하며 서로 영향을 주고받고 발달한다고 보는 양방향성을 가정하여, 이를 상호결정론이라고 하였다. 여기에서 개인은 아동의 인지능력, 신체적 특성, 성격, 태도, 신념 등을 포함하며, 행동은 신체적 반응, 사회적 상호작용, 언어를, 환경은 물리적 환경, 가족, 친구, 사회적 환경을 포함한다.

사회학습이론에서 자기효능감 또한 중요한 요소이다. 자기효능감이란 자기가 어떤 일을 잘해 낼 수 있다는 개인적 신념으로 어떤 행동을 모방할지를 결정하는 데 도움이 되는 것이다. 사회학습이론에서는 사람의 행동이 강화로 표현하기에는 부족하며 대다수의 행동은 외적인 강화에 의존하지 않고, 다른 사람의 행동을 관찰함으로써 학습이 일어날 수 있다고 보았다. 즉, 관찰학습을 통하여 인간은 스스로 자신의 인지적 능력을 활용하여 다른 사람의 행동과 사고, 감정을 습득하고 재현한다고 믿으며, 관찰학습의 과정을 주의집중 과정–보존과정–운동재생과정–동기화 과정으로 설명하고 있다.

(4) 행동주의 이론의 보육과정 시사점 및 영유아 지도법

보육과정을 운영하면서 교사는 행동주의 이론을 바탕으로 〈표 2-12〉와 같이 영유아들의 지도에 유념해야 한다.

표 2-12. 행동주의 이론의 사사점 및 영유아 지도법

- 영유아들에게 바람직한 습관과 행동강화를 위하여 적절한 교수방법을 개발하고 행동빈도를 높여야 한다. 예를 들어, 칭찬 스티커, 물질적 보상, 격려와 인정 등 영유아에게 행동강화를 위한 강화물을 제시하여 행동빈도를 늘이는 교수법을 개발해야 한다.
- 바람직하지 않은 행동은 빈도를 줄일 수 있도록 소거, 처벌 등으로 바람직하지 않은 행동의 빈도를 줄여야 한다.
- 행동수정방법으로 영유아가 잘못을 했을 때 활동을 잠시 중단시키고 조용히 자신의 행동을 돌이켜 보게 하는 부적 처벌의 원리를 이용하는 '타임아웃'을 이용할 수도 있다.
- 외부환경과의 상호작용을 통하여 영유아는 발달한다고 보았기에 교사는 영유아들에게 발달 단계별 적절한 환경적 자극을 지속적으로 제공하여 발달을 촉진해 주어야 한다.
- 영유아는 부모, 교사, 친구의 관찰과 모방을 하기 때문에 부모역할에 대한 '부모교육'을 통해 부모가 자녀의 긍정적인 모델링이 될 수 있도록 지원해 주어야 한다. 아울러 교사 스스로도 영유아들에게 모범적이고 긍정적 인간상을 보여 주어야 한다.

3) 구성주의 이론

구성주의 이론은 인간이 개인의 흥미와 관심, 경험으로부터 지식과 의미를 구성한다는 이론으로 유아의 발달에서 인지의 중요성을 부각시키며 유아의 외적인 행동에 대한 관심에서 내적인 인지 과정으로 관심을 변화시켰다. 구성주의 이론에서 유아들은 환경과의 상호작용을 통한 경험의 재구성을 바탕으로 지식을 구성하며, 능동적이고 적극적이며 주도적인 활동의 주체로 보았다. 구성주의는 피아제(Piaget)를 대표로 하는 인지적(개인적) 구성주의와 비고츠키(Vygotsky)를 대표로 하는 사회적 구성주의로 분류

할 수 있다. 피아제는 발생적 인식론의 입장에서 지식은 개인과 환경의 상호작용을 통해 구성되는 것이라고 보았고, 비고츠키는 인간의 인지발달은 사회적 상호작용과 문화 활동에 대한 적극적 참여의 결과로 이해되어야 한다고 주장한다. 인지적 구성주의가 인간의 인지발달에 있어서 인지구성의 작용을 중시한다면 사회적 구성주의는 사회문화의 영향에 더 주목하였다. 피아제의 인지적 구성주의와 비고츠키의 사회적 구성주의를 살펴보면 다음과 같다.

(1) 피아제의 인지적 구성주의

Jean Piaget

피아제(Jean Piaget, 1896~1980)는 아동이 얼마나 많이 아는가 보다는 어떻게 사고하는가에 관심을 두고 1952년 큰딸의 출생 후부터 자녀들의 인지행동을 관찰했으며, 1980년 사망할 때까지 인지발달 이론에 큰 업적을 남겼다. 사고의 획득과 기능에 대해 설명하는 인지이론에서는 외적 행동을 가져오는 인간의 내적 정신과정을 객관적이고 과학적인 방법으로 연구하였고 인간을 매우 주관적인 존재로 규정하였다. 즉, 개인의 행동 결과는 객관적 현실보다는 주관적 현실, 즉 개인의 신념에 의한 것이라고 보고 개인이 인식하는 그것이 바로 현실이 된다는 것이다.

피아제는 인지이론을 통하여 한 개인의 생각(인지)은 그 사람의 행동과 감정을 만드는 중요한 요소가 된다고 보았으며 유기체가 사회 환경 간의 상호작용과 경험을 통하여 인지가 구성된다는 것을 강조하였다. 이것은 오늘날 보육과정에 있어서 아동의 인지발달이 아동의 정서적 · 신체적 발달에 영향을 미치고 아동을 둘러싼 환경과의 상호작용과 경험 속에 구성된다고 보았기에 보육현장의 교육자들에게 많은 시사점을 던져주고 있다.

'인지(cognition)'란 어떤 대상을 느낌으로 알거나 이를 분별하고 판단하는 의식적 작용으로 자신이나 주위에서 일어나는 일에 주의를 기울이고 지각하고 평가하는 전체과정을 의미한다. 인지구조는 주체가 대상과 상호작용하는 동안 형성되는데, 피아제는 발달과정에서 시행된 행동에 기초해서 인지의 주요과정을 도식과 동화와 조절, 평형화로 설명하였다. 피아제의 인지발달의 주요개념은 〈표 2-13〉과 같다.

표 2-13. 피아제(Piaget)의 주요개념

구분	내용
도식 (scheme)	유기체가 가지고 있는 '이해의 틀'로 사물이나 사건을 인식하고 이해하는 것으로 일종의 대상에 대한 청사진이라고 할 수 있다.
동화 (assimilation)	새로운 정보나 자극을 기존의 도식으로 받아들이는 과정으로 인간이 새로운 환경이나 사건을 접하면 그에 관한 정보를 받아들여서 자신의 사고방식으로 통합하는 것이다. 동화를 통하여 인지의 양적 변화를 얻는다.
조절 (accommodation)	기존 도식으로 이해할 수 없는 완전히 새로운 경험과 사물을 대하게 되면서 기존의 도식 자체를 변경하는 것으로 주어진 상항에 맞게 기존의 인지구조를 변화시킨다.
평형화 (equilibrium)	동화와 조절을 통하여 균형상태를 이루는 것을 말하는 것으로 모든 인지구조(도식)는 불평형 상태를 해소하고 평형화상태를 원하고, 이때 사고과정에서 환경과의 조화로운 관계 속에 동화와 조절을 통하여 평형상태를 회복하는 과정을 적응이라고 한다.

피아제는 인지의 발달단계를 인지를 중심으로 감각운동기(0~2세), 전조작기 (2~7세), 구체적 조작기(7~11세), 형식적 조작기(11세 이후)로 4개의 단계를 걸쳐 발달한다고 하였다. 피아제는 인간이 태어나면서부터 사회적 상호작용과 경험을 통하여 인지능력이 발달되며, 또한 자신이 받은 유전, 개인의 경험, 교육 등의 조화를 통하여 논리적 인지발달을 하게 된다고 하였다. 피아제는 인지발달의 각 단계의 성취 연령은 개인의 지능이나

사회 환경에 따라 개인별 차이가 있을 수 있고 모든 아동은 순차적 발달단계를 지나며 발달순서는 바뀌지 않는다고 가정한다. 각 단계는 전 단계의 심리적 구조가 통합되어 단계가 높아질수록 복잡성이 증가되며, 다음 단계로 이동하는 과도기에는 두 단계의 인지적 특성이 나타날 수 있다.

표 2-14. 피아제(Piaget)의 인지발달 단계

단계	내용	특징적 행동
감각 운동기 (출생~ 2세)	상징적 사고와 언어의 사용이 불가능하기 때문에 환경에 적응하기 위하여 신체적 감각 및 운동발달에 의지해야 하는 시기로 외부세계에 대한 정보를 습득하기 위하여 감각적 반사활동을 하며 주위에 호기심을 보이는 단계이다.	• 반사적 행동에 의존(잡기반사, 빨기반사, 잡기반사, 파악반사, 바빈스키반사, 모로반사 등) • 목적지향적 행동 • 대상영속성 시작(어떤 사물이 시야에서 사라지거나 들리지 않아도 계속 존재한다고 믿음)
전조작기 (2~7세)	감각운동적 인지구조에서 조작적 인지구조로 전환되는 과도기이다. 조작이란 어떤 논리적인 사고를 통하여 조작하는 행위를 의미하는 것으로 전조작기란 조작이 가능하지 않은 이전의 단계를 의미하며 이 시기에는 언어를 사용하면서 표상을 다양한 형태의 상징으로 표현한다.	• 자아중심성: 유아가 자신의 관점과 상이한 다른 사람의 관점이 존재한다는 사실을 알지 못하기 때문에 모든 사람이 자신이 보는 것과 같이 세상을 보고 있다고 생각하는 것 • 직관적 사고: 유아가 아직 사물이나 사건의 여러 측면에 주의를 기울일 줄 모르기 때문에 그 속에 내재된 규칙이나 조작을 이해하지 못하고 사물이나 사건이 갖는 단 한 가지 두드러진 지각적 속성만으로 그것들을 판단하는 것 • 물활론: 사물은 모두 살아 있고 각자의 의지에 따라 움직인다고 생각하는 것 • 상징적 사고: 유아가 눈에 보이지 않는 사물이나 행동을 표상하기 위해 상징을 사용하는 능력 • 타율적 도덕성: 유아가 성인들에 의해 부여된 규칙에 맹목적으로 복종하는 것 • 꿈의 실재론: 유아가 자신이 꿈꾼 것이 실제라고 생각하는 것

단계	내용	특징적 행동
		• 보존개념: 물체의 특정 속성(부피, 질량, 수)은 물체의 외관이 달라졌다 하더라도 변함이 없다는 사실을 말하는 것으로 보존개념을 어렴풋이 이해하기 시작하지만 획득은 하지 못함(구체적 조작기에 획득)
구체적 조작기 (12세~ 성인)	사고가 안정되고 일관성이 있으며 조작적이면서 논리적 추리력을 갖게 되는 단계로 이시기 아동의 사고능력은 구체적 수준에서 논리적 수준으로 발달하고 정신적 표상에서 벗어나 아동의 사고가 현실에 존재한다. 아동의 관점은 사물을 보고, 듣고, 만지면서 사물의 구체적인 부분에 머물러 있기 때문에 구체적 조작기라고 한다.	• 보존개념획득: 어떤 대상의 외적 형태가 변화되어도 그 양적 속성이나 실체가 바뀌지 않는다는 사실을 이해하는 것 • 분류화: 여러 사물과 현상들을 그 속성의 유사성에 따라 분류하여 이들의 공통적인 범주를 찾아내는 것 • 서열화: 어떤 특정의 속성이나 특징을 기준으로 하여 서로 간의 양립이 불가능한 유목으로 나누면서 동시에 상호관계에 따라 사물을 잘 어울리게 배열하는 것 • 탈중심화: 사물의 어떤 두드러진 특성이나 측면에만 얽매이지 않고 여러 가지 특성이나 측면을 고려하는 다면적 사고를 할 수 있는 것 • 자율적 도덕성: 규칙이 상호 합의에 의해서 제정되며, 서로가 동의하면 언제든지 자율적으로 변화될 수 있다는 것
형식적 조작기 (12세~ 성인)	가장 성숙된 인지적 조작을 할 수 있는 단계이다. 형식적 조작이란 논리적 사고 및 명제 사이의 논리적 관련성을 이해하고 활용 할 수 있는 추상적 사고 능력을 말한다.	• 추상적 사고: 실제적 · 구체적으로 경험할 수 없는 사물이나 사건을 머릿속으로 생각하는 것 • 가설 연역적 추리: 제시된 문제에 내포된 정보로부터 하나의 가설을 설정하여 일반적인 원리를 바탕으로 특수한 원리를 논리적으로 이끌어내는 것 • 조합적 사고: 하나의 문제를 해결하기 위해 여러 가지 가능한 해결책을 논리적으로 구성하여 문제해결에 이를 수 있는 사고

(2) 사회적 구성주의 이론

Lev Vygotsky

비고츠키(Lev Vygotsky, 1886~1934)는 사회문화적 요인이 인지발달에 중요한 역할을 한다고 주장한다. 사회적 구성주의는 지식의 형성에 관여한 사회적 역할을 강조하였으며 사회적 구성주의의 대표적인 학자이다. 오늘날 아동발달에서 문화적 요인의 중요성이 재고되면서 아동이 부모, 또래, 교사 및 성인과의 상호작용을 통해서 세계를 이해한다고 하였다. 이렇듯 인간은 타인과의 관계 속에서 서로 영향을 주고받으며 살아가는 사회적 존재로 인간의 사고기능은 아동이 속한 문화권에서 성인이나 유능한 또래와의 상호작용하는 과정 속에 발달하는 사회학습의 결과라고 주장한다.

모든 아동은 문화의 맥락 속에서 성장하고 발달하며 아동의 지식은 문화로부터 습득되며, 문화로부터 사고과정이나 사고수단을 습득한다. 즉, 문화를 통하여 아동은 무엇을 사고하고 어떻게 사고할 것인가를 배운다는 것이다.

① 근접발달영역

비고츠키는 발달수준을 실제적 발달 수준과 잠재적 발달 수준으로 나누었다. 실제적 발달수준은 남의 도움 없이 아동 혼자서 어떤 과제를 수행할 수 있는 능력 수준으로 현재 발달이 완료된 수준을 의미하며 잠재적 발달 수준은 혼자서는 할 수 없지만 교사나 더 유능한 또래의 도움을 받으면 과제를 해결할 수 있는 능력 수준을 말한다. 비고츠키는 실제적 발달 수준과 잠재적 발달수준 사이의 구간을 근접발달영역(zone of proximal development: ZPD)이라고 하였다. 즉, 근접발달영역이란 아동이 혼자서는 어떤 과제를 해결할 수 없지만 성인이나 더 유능한 타인의 도움을 받으면 과제를 해결할 수 있는 발달 구간으로 실제적 발달수준과 잠재적 발달수준 간의 차이의 구간을 말한다.

비고츠키의 근접발달영역을 도식화하면 〈그림 2-1〉과 같다.

그림 2-1. 근접발달영역

② 비계설정

비계설정(scaffolding)은 근접발달영역 내에서 학습자에게 적절한 도움을 주는 것을 말한다. 근접발달영역 내에서는 학습자의 인지능력을 향상시키기 위하여 타인의 도움이 필요하다는 것으로, 이때 도움을 주는 사람은 학습자의 수행 수준에 맞게 학습 수준이나 양을 적절히 조절함으로써 학습자 스스로가 과제를 수행해 나가도록 하여 새로운 인지구조를 발달하게 해 준다. 그 조절 방안을 비계설정이라고 한다. 비계설정을 촉진하기 위해서는 대화가 중요하며 학습자와 상호작용에서 이루어지는 것이 바람직하다. 비계설정은 단서제공 하기, 시범 보이기(모델링), 과제의 난이도 조절하기 등이 있다. 비고츠키는 인지 발달에서 사회적 상호작용의 중요성을 강조하였다.

(3) 구성주의 이론의 보육과정 시사점과 영유아 지도법

보육과정의 운영에서 교사와 영유아 및 환경 간의 상호작용을 강조한 구성주의 이론을 바탕으로 보육과정의 구성 및 운영에 있어서 〈표 2-15〉와 같은 사항을 유념하여 영유아들을 지도해야 한다.

표 2-15. 구성주의 이론의 보육과정 시사점과 영유아 지도법

- 교사는 아동의 근접발달영역을 넓히고 발달을 돕기 위하여 아동의 관찰을 통한 현재 발달 수준을 명확히 파악하고 이해하며 또래나 교사의 지지로 잠재능력을 발휘하여 발달을 촉진할 수 있도록 도와야 한다.
- 아동에게 새로운 지식을 가르칠 때에는 아동의 개별적 인지 발달 수준을 고려하여 아동에게 알맞은 양 조절을 통한 학습내용을 주어야 한다.
- 보육과정에서 소집단을 이루어 서로 협력하는 협동학습의 기회가 주어져야 하고, 그것도 좀 더 우수한 다른 학생들과 함께 학습하여 근접발달영역을 넓힐 수 있어야 한다.
- 부모나 교사가 자신의 위치에서 강압적 교육을 실시할 경우 아동은 죄책감을 느끼게 되고, 등교거부증, 학교공포증 등으로 나타나기 쉽다. 따라서 건강한 인지발달을 위한 정서적 지원과 발달단계에 적합한 점진적 인지발달 지원을 하여야 한다.
- 경험을 통한 학습을 강조하여 영유아 스스로 탐색할 수 있도록 기회를 제공해 주어야 한다.
- 영아에게도 오감을 통한 신체활동과 감각을 통한 환경과의 상호작용 속에서 정보 획득이 이루어지기에 탐색의 교육기회 제공이 강조되어야 한다.
- 교사의 역할은 일방적인 지식의 전달자가 되어서는 안 되고, 일정한 학습목표에 도달할 수 있도록 옆에서 조력하는 안내자 역할을 하여야 한다.

3. 사회적 변화와 보육과정

1) 현대 사회 · 경제 구조의 변화

(1) 저출산 문제

현재 우리나라의 최고 국정 과제로 제기되고 있는 문제 중의 하나가 저출산이다. 2020년 현재 한국의 저출산은 합계출산율이 0.84명으로 초 저출산 국가로 세계 최하위국가라는 불명예를 안고 있다.

오늘날 저출산 현상은 혼령기에 있는 젊은이들에게 새롭게 대두되고 있는 사회문화적 가치관인 결혼이 늦어지는 만혼화 현상, 결혼에 의미를 두지 않는 비혼화 현상, 결혼을 하고서도 출산을 원하지 않는 무자녀 가족주의 같은 현상과도 관련이 있다.

또한 현대사회 교육열 과잉으로 인한 사교육비의 증대, 여성의 사회진출, 일과 가정 양립이 어려운 노동시장의 고용 불안정의 심화, 자녀 양육에 있어서 핵가족으로 인한 가족 지원체제의 기능 약화, 믿고 맡길 수 있는 보육기관의 부족 등 시대적 사회 환경의 변화 속에서 더욱 증대되고 심각한 사회문제로 대두되고 있다.

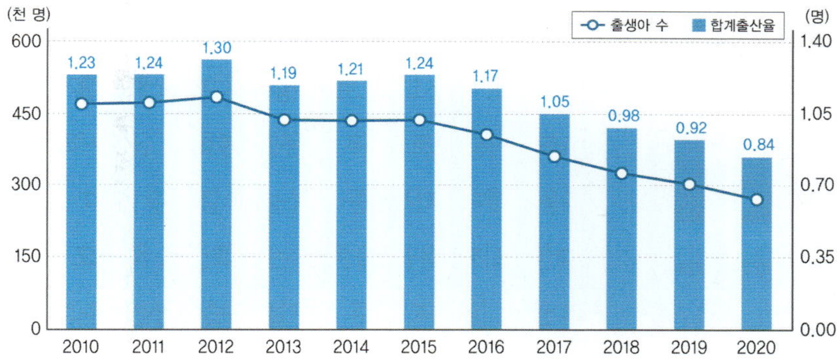

그림 2-2. 연도별 출생아 수 및 합계출산율 추이

출처: 통계청(2021). 출생아 수 추이.

이러한 저출산의 문제는 사회의 노동, 교육, 경제구조, 복지 등 다각적인 측면에서 복합적 원인으로 나타나고 있으며 더 이상 한 개인과 가정의 문제일 수 없고 지역사회, 나아가 국가의 미래이고 존립의 문제이므로 간과해서는 안 되는 일이다. 아동은 미래사회를 이끌어갈 주역이며 나라의 미래이다. 따라서 영유아들의 건강한 성장과 발달을 위해 보호하고 교육하는 것은 사회와 국가 발전의 뿌리를 세우는 것이다.

(2) 기혼여성의 경제활동의 증가

현대사회의 핵가족화 현상은 생애주기에 있어 자녀 출산과 양육기간이 줄어들게 되었다. 그로 인하여 기혼여성의 경제활동이 증대되고 있는 추세이며 출산과 양육 이후 경제활동 재진입을 하며 미혼여성보다 높은 경제활동 참여율을 보이고 있다. OECD 국가별 여성의 경제활동참가율 현황을 보면, 2019년 우리나라는 60%로 OECD 평균 65.1% 보다 낮았지만 2010년 이후 꾸준히 증가하고 있는 것으로 나타났다.

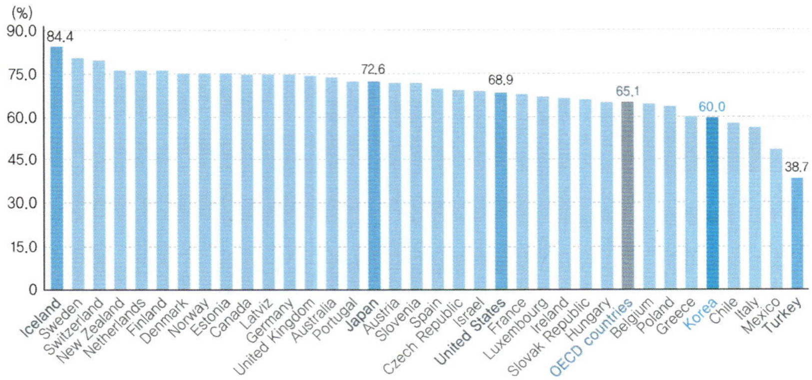

그림 2-3. OECD 국가별 여성의 경제활동참가율 비교(2019년 기준, %)

출처: OECD(2020). Labour Force Statistics 2020.

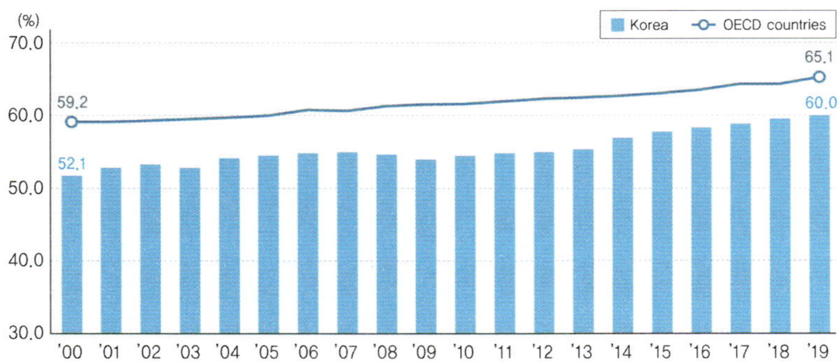

그림 2-4. 우리나라와 OECD 여성의 경제활동참가율 변화 추이(%)

출처: OECD(2020). Labour Force Statistics 2020.

과거에는 기혼여성의 일자리는 일시적 취업형태에 불과한 것이 대다수였지만 오늘날 산업화와 함께 경제구조의 변화 속에 일의 분화와 직업의 전문화로 노동력의 수요가 증대되고 여성인력을 필요로 하는 직업이 다양하게 개발되고 있다. 또한 여성들의 교육수준의 향상으로 가치관 변화에 따른 자아실현 의식이 강해졌고, 전문직으로서의 직업의식 변화 및 경제 수준향상으로 경제적 자립욕구의 증대, 가정생활에 있어서 여가 및 문화생활 확대로 소비문화가 증대되면서 기혼여성의 경제활동은 더욱 증가될 전망이다. 그러나 오늘날 우리 사회는 노동시장에 여성의 경제활동이 가족부양과 가족구성원의 삶의 질을 위한 선택이 아닌 필수 사항이 되어 가고 있으며 앞으로 계속 증가추세에 있을 전망이다.

기혼여성들이 결혼과 자녀 출산을 거치면서 일과 가정 양립을 유지하기에는 아직까지 우리 사회에 자녀 양육은 어머니의 몫이라는 가부장적 의식이 뿌리 깊이 남아 있고 노동시장의 불합리한 성차별적 고용구조 및 조직 문화의식, 여성과 가족복지지원을 위한 사회적 · 제도적 복지정책 미비 등은 기혼여성들의 경제활동에 걸림돌이 되고 이탈할 수밖에 없는 요인이 되고 있다.

(3) 보육과정의 시사점

오늘날 사회 · 경제 구조에 있어서 당면과제인 저출산 문제와 기혼여성의 경제활동 재진입 문제는 공통적으로 보육이라는 하나의 문제로 연관되어 해결점을 요구하고 있다. 이러한 문제가 보육과정 구성과 운영에 시사하는 바를 정리하면 〈표 2-16〉과 같다.

표 2-16. 현대 사회 · 경제 구조의 변화에 따른 보육과정의 시사점

• 국가적 차원에서 출산율을 높이기 위한 보육정책으로 부모가 자녀를 믿고 맡기며 일과 가정을 양립할 수 있는 공보육의 강화에 다각적 노력을 해야 한다. • 맞벌이 가정의 영유아는 어린이집에서 오랜 시간 머물러 있어야 하기 때문에 안락함과 편안함 등 정서적 지원이 함께 이루어져야 한다. • 여성의 경제활동으로 인하여 수요자의 욕구에 맞는 보육시간 보육서비스, 가족지원서비스 등을 고려한 보육과정을 구성하고, 필요한 시간에 보육서비스를 받을 수 있는 다양한 양육지원시스템 구축이 마련되어야 한다. • 핵가족화로 인하여 현대사회 부모님들의 자녀 양육에 대한 정보 부재로 어려움을 겪고 있기 때문에 어린이집과 부모와의 지속적 상담과 연계를 통하여 자녀의 성장과 발달을 지원하고 자녀의 발달에 맞추어 가정지원서비스 및 교육 정보 제공도 함께 보육과정에 마련되어야 한다.

2) 다양한 가족유형의 변화

(1) 가족유형의 다양화

가족유형은 사회가 변화함에 따라 전통적인 가족의 형태인 대가족에서 핵가족으로 변화되어 왔고 현대사회의 급격한 사회, 경제, 교육, 문화 변동에 따라 다양한 가족유형의 형태가 나타나며 변화를 가져왔다. 특히 최근 들어 여성의 가치관과 문화 변동에 따라 동거가족, 독거가족, 무자녀가족, 공동체가족 등 새로운 형태의 가족유형들이 나타나고 있으며, 요즘에는 우리 사회에 이혼율 증가로 인하여 가족이 해체되면서 한부모가족이 증가하고 있다. 또한 부모의 이혼, 실직 등으로 손자녀가 조부모에 의해 양육되는 조손가족, 국제결혼의 증가로 인한 다문화가족도 증가하고 있다.

전통사회에서는 대가족, 확대가족 속에서 가정 내에서 자녀양육기능이 강화되고, 가족양육지원체계에 의하여 가정에서 자녀양육이 이루어진데 반하여 현대사회에서는 가정 내 자녀양육에 대한 문제가 증대되어 단순히 한 가정의 문제만이 아닌 사회문제

로 파생되고 있는 실정이다. 핵가족화되고 가족유형 또한 다양하게 나타나면서 더 욱 전문화된 보육서비스의 필요성이 증대하고 있다. 최근 가족유형이 다양화되었다는 것은 우리사회에 통념적인 가족형태가 아닌 사회 · 경제적 위기에 따른 위기가정이 증대되었다고 볼 수 있다.

이혼으로 인한 한부모가족은 부나 모 혼자서 부모 역할을 전담해야 하는 어려움과 생계를 위한 경제적 책임을 혼자서 져야 하는 현실 속에 부모의 경제활동 시간 동안 자녀를 돌볼 여건이 되지 못하고 있다. 또한 다문화 가정도 타 문화와 언어 차이로 인한 자녀양육에 있어서 자녀가 한국어를 적절하게 배울 환경이 부족하여 또래에 비하여 언어습득능력과 문화 차이로 인한 한국음식 등 발달 단계에 따른 적절한 영양이 제공되지 못하여 신체적 성장도 지체되고 있는 문제점으로 나타나고 있다. 부모의 실직, 사별, 이혼 등으로 인한 조손가족은 세대 간 갈등 및 자녀 양육에 대한 정보부족, 경제적 어려움, 건강 악화로 인한 양육의 신체적 부담 가중 등의 지원을 필요로 하고 있다.

(2) 보육과정의 시사점

다양한 가족유형의 변화에 따른 보육과정의 시사점을 살펴보면 〈표 2-17〉과 같다.

표 2-17. 다양한 가족유형의 변화에 따른 보육과정의 시사점

- 자녀양육에 대한 보육정책은 획일화된 보육지원프로그램을 넘어서 이제는 개별 수요자의 욕구에 맞는 보육지원프로그램이 제공되어야 할 것이다.
- 보육은 가족복지적 관점에서 건강한 가족기능 회복을 위한 가정의 보충적 서비스 기능을 지원하는 역할이 더욱 증대되어야 된다고 사료된다. 더 이상 자녀의 양육은 개인과 가정의 역할만이 아닌 사회와 국가의 역할로 바라보아야 한다.
- 미래 국가의 인력이며 원동력인 영유아들의 건강한 성장과 발달을 위한 보육과 교육프로그램뿐

만 아니라 가족이 해체되지 않고 재기능을 할 수 있도록 맞춤형 양육지원 보육프로그램이 마련되어야 한다. 좀 더 구체적으로 보육 수요자들의 시간, 욕구, 서비스 내용으로 보육과정을 세분화하여 마련되어야 한다. 아울러 보육내용 또한 사회환경 변화를 반영하여 영유아들이 우리 사회를 긍정적으로 이해할 수 있는 보육과정으로 구성되어야 한다.

3) 4차 산업혁명 시대로의 환경 변화

(1) 4차 산업혁명 시대의 특징

우리 사회는 정보화 사회를 넘어 기계가 인간의 지적능력을 대신할 혁명이라고 불리는 4차 산업혁명 시대에 살고 있다. 교육에 있어서 인간의 암기식 지식습득은 로봇과 인공지능, 사물인터넷의 발전으로 무의미하게 되었고, 지식은 정보 검색을 통하여 어디에나 있는 것이 되었다. 4차 산업혁명은 우리 사회에 벌써 와 있는 현실이고 우린 우리가 인식하지 못한 사이 4차 산업혁명 시대 속에 살아가고 있다. 자율주행 자동차를 타고, 가상현실(VR)을 즐기고, 인공지능 로봇 비서의 서비스를 받고, 의료 케어 부분에 로봇이 들어와 있고, 전화기를 통해 음성인식으로 자동검색과 정보를 찾고 있다.

4차 산업혁명 시대에서는 시 · 공간을 넘어 온 · 오프라인으로 연결되고 국가 간, 사회 간 교류가 활성화되고 있으며 세계 인구의 교류, 생활권의 이동과 가치관의 다양화를 가져오고 있다. 이러한 다가올 미래의 현실은 영유아들의 보육현장에서도 빠른 변화를 가져와야 된다고 본다.

4차 산업혁명 시대와 함께 다가올 미래는 더욱 복잡하고 다양한 사회적 구조의 변화를 이해해야 하고 영유아의 교육현장에서는 미래사회가 필요로 하는 인간상을 추가하여 교육목표를 설정하고 교육과정을 구성해야 할 것이다.

미래사회는 인공지능으로 대체될 수 있는 지식중심 교육과 인지중심 교육이 아닌 로봇, 인공지능으로 대체할 수 없는 인간의 유일한 능력인 정서와 감성역량을 기르는 교육이 강조되어야 한다. 구체적으로 제3차 표준보육과정에서의 인간상은 심신이 건강하고 행복한 사람, 자율적이고 창의적인 사람, 자신과 타인을 존중하고 배려하는 사람, 자연과 우리 문화를 사랑하는 사람, 다양성을 인정하는 민주적인 사람을 추구하고자 하는 것이었다. 그러나 새롭게 개정된 제4차 표준보육과정(2020년 9월 시행)에서는 미래사회에서 필요로 하며 추구하고자 하는 인간상을 개정하였다. 즉, 제4차 표준보육과정의 인간상으로 건강한 사람, 자주적인 사람, 창의적인 사람, 감성이 풍부한 사람, 더불어 사는 사람으로 제시하여, 제3차 표준교육과정에서 제시하지 않았던 더불어 사는 사람, 감성적 사람을 인간상으로 새롭게 제시하였다. 4차 산업에서는 지식보다는 소통과 창의성, 비판적 사고, 문제해결능력 등을 필요로 하며, 영유아는 보육과정을 통하여 자연스럽게 미래 사회에서 추구하고 필요로 하는 인간상을 통합적 놀이 활동 속에서 익힐 수 있도록 하고 있다.

이러한 사회변화에 따라 보육현장과 보육과정은 변화되어야 되고, 사회와 환경 나아가 시대가 요구하는 인간상을 추구하기 위하여 보육과정을 구성하고 개발하여 미래 인재 양성을 위해 함께 나아가야 할 것이다.

(2) 보육과정의 시사점

빠르게 변화되는 4차 산업혁명 시대를 살아가며 앞으로 미래사회에서 요구되고 있는 인간상을 보육과정에 반영하며 사회적 요구에 맞게 보육과정이 구성되고 운영되어야 할 것이다.

표 2-18. 4차 산업시대 환경 변화에 따른 보육과정의 시사점

• 4차 산업사회의 흐름 속에 표준보육과정의 개정을 통한 인간상의 새로운 제시는 미래 사회가 요구하는 인간상으로 우리가 교육을 통하여 추구해 나가야 할 방향이다. 4차 산업혁명 시대의 인공지능, 로봇, 빅데이터 등으로 대체될 수 있는 지식과 인지 중심 교육이 아닌 로봇으로 대체할 수 없는 인간의 유일한 능력인 정서와 감성역량을 기르는 교육이 강조되어야 한다. 개정된 표준보육과정에서 새롭게 제시된 감성이 풍부한 사람은 미래사회에 요구되는 인간상의 반영이다. • 지식 중심 교육에서 벗어나 지식을 연계한 창의적 사고가 요구되고 있다. • 아동 중심, 놀이 중심의 통합적 교수법을 바탕으로 융합적 사고와 자기주도적 놀이 중심 학습이 이루어져야 하며, 놀이를 통한 문제해결능력을 익히고 통합적 사고능력을 키워나가도록 교사는 관찰자, 놀이지원자의 역할을 해야 한다.

PART

2

보육과정의 구성

Chapter

03

보육과정의 구성과 목표

배울내용

1. 보육과정 구성의 이해
2. 보육과정의 구성체계
3. 보육과정의 목표

학습목표

1. 보육과정의 구성의 필요성과 원리들을 숙지한다.
2. 보육과정의 구성체계 전 과정을 설명할 수 있다.
3. 보육과정의 목표를 이해하고 다양한 유형으로 목표를 진술할 수 있다.

1. 보육과정 구성의 이해

1) 영유아보육과 유아교육의 의미

우리나라 「영유아보육법」 제2조(<표 3-1>)에 의하면, 영유아란 "6세 미만의 취학 전 아동"을 의미한다. 그리고 제2조 제2호에 보육이란 "영유아를 건강하고 안전하게 보호·양육하고 영유아의 발달 특성에 맞는 교육을 제공하는 어린이집 및 가정양육 지원에 관한 사회복지서비스"라고 정의하고 있다.

표 3-1. 「영유아보육법」 제2조

제2조(정의)
이 법에서 사용하는 용어의 뜻은 다음과 같다.
1. "영유아"란 6세 미만의 취학 전 아동을 말한다.
2. "보육"이란 영유아를 건강하고 안전하게 보호·양육하고 영유아의 발달 특성에 맞는 교육을 제공하는 어린이집 및 가정양육 지원에 관한 사회복지서비스를 말한다.
3. "어린이집"이란 보호자의 위탁을 받아 영유아를 보육하는 기관을 말한다.
4. "보호자"란 친권자·후견인, 그 밖의 자로서 영유아를 사실상 보호하고 있는 자를 말한다.
5. "보육교직원"이란 어린이집 영유아의 보육, 건강관리 및 보호자와의 상담, 그 밖에 어린이집의 관리·운영 등의 업무를 담당하는 자로서 어린이집의 원장 및 보육교사와 그 밖의 직원을 말한다.

「영유아보육법」은 「사회복지법령」으로 운영되고 있고, 이에 따라 영유아보육기관인 어린이집은 사회복지기관에 속한다. 또한 보육(educare)은 보호(care)와 교육(education)이 합쳐진 분리될 수 없는 개념이다(김연진 외, 2015). 즉, 보육이란 영유아들의 보호 및 교육받을 권리를 보장해 주기 위해 신체적으로나 정신적으로 영유아들이 건강하고 안전하게 성장할 수 있도록 돕는 보호의 측면과 영유아들의 전인적인 성장 발달을 위하여 다양한 교육적 경험을 제공하는 교육의 측면 모두를 포함하고 있기 때문이다. 실제로 보육교사들은 현장에서 보육과정을 수행함에 있어 보호와 교육을 명확히 구분하기보다는 보육과 교육을 통합적으로 운영하여 영유아들에게 보육서비스를 제공하고 있다.

그리고 「영유아보육법」 제29조(〈표 3-2〉)에서는 "영유아를 보육하는 보육시설의 장은 제2항의 표준보육과정에 따라 영유아를 보육하도록 노력하여야 한다"고 명시하고, 이에 대한 주무부처인 보건복지부장관은 표준보육과정을 개발 · 보급하여야 하고, 필요한 경우 그 내용을 검토하여 수정 · 보완해야 하며, 보육과정의 구체적인 내용은 보건복지부령으로 정하고 있다. 또한 보육과정은 영유아의 신체, 정서, 언어, 사회성 및 인지적 발달을 도모할 수 있는 내용을 포함하여야 한다고 명시하여, 보육은 보호의 역할뿐만 아니라 교육적 측면도 강조하고 있다.

표 3-2. 「영유아보육법」 제29조

제29조(보육과정)

① 보육과정은 영유아의 신체, 정서, 언어, 사회성 및 인지적 발달을 도모할 수 있는 내용을 포함하여야 한다.

② 보건복지부장관은 표준보육과정을 개발 · 보급하여야 하며 필요하면 그 내용을 검토하여 수정 · 보완하여야 한다.

③ 어린이집의 원장은 제2항의 표준보육과정에 따라 영유아를 보육하도록 노력하여야 한다.

④ 어린이집의 원장은 보호자의 동의를 받아 일정 연령 이상의 영유아에게 보건복지부령으로 정하는 특정한 시간대에 한정하여 보육과정 외에 어린이집 내외에서 이루어지는 특별활동프로그램(이하 "특별활동"이라 한다)을 실시할 수 있다. 이 경우 어린이집의 원장은 특별활동에 참여하지 아니하는 영유아를 위하여 특별활동을 대체할 수 있는 프로그램을 함께 마련하여야 한다.

⑤ 제1항에 따른 보육과정, 제4항에 따른 특별활동 대상 영유아의 연령 및 특별활동의 내용 등에 필요한 사항은 보건복지부령으로 정한다.

한편 유아교육의 정의는 「유아교육법」 제2조(〈표 3-3〉)에 제시되어 있는데, 유아란 "만 3세부터 초등학교 취학 전까지의 어린이"를 말한다. 즉, 넓은 의미의 유아교육의 개념은 출생부터 8세(초등학교 저학년)까지의 유아들을 대상으로 가정 · 사회에서 이루어지는 비형식적인 교육과 어린이집, 유치원 등 유아교육기관을 비롯하여 초등학교 저학년에 이르기까지 체계적으로 실시되는 형식적인 교육을 모두 포함하는 개념이다(홍인혜, 2006).

표 3-3. 「유아교육법」 제2조

제2조(정의)

이 법에서 사용하는 용어의 뜻은 다음 각 호와 같다.

1. "유아"란 만3세부터 초등학교 취학 전까지의 어린이를 말한다.
2. "유치원"이란 유아의 교육을 위하여 이 법에 따라 설립 · 운영되는 학교를 말한다.
3. "보호자"란 친권자 · 후견인 그 밖의 자로서 유아를 사실상 보호하는 자를 말한다.
4. 삭제[2012.3.21]
5. 삭제[2012.3.21]
6. "방과후 과정"이란 제13조 제1항에 따른 교육과정 이후에 이루어지는 그 밖의 교육활동과 돌봄활동을 말한다.

지금까지의 보육과 유아교육의 정의를 종합해 보면, 보육과 유아교육은 공통적으로 아동을 대상으로 보호적 측면과 교육적 측면을 포함하고 있는 개념이라는 것을 알 수 있다. 따라서 보육이란 영유아들의 보호 및 교육받을 권리와 어머니들의 일할 권리를 보장해 주기 위해 영유아의 건강, 안전, 영양을 고려한 보호적 측면과 전인적 발달을 돕고 유능하고 존중받는 사람으로서 자아존중감을 형성할 수 있도록 다양한 교육적 경험을 제공하는 교육적 측면을 모두 포함하고 있다고 할 수 있다. 그러므로 보육을 보호적 측면과 교육적 측면으로 이분화하여 수행하기는 어려우며, 실제에 있어서도 이분화할 필요성이나 이에 대한 실익이 없기 때문에 보호와 교육은 상호작용하면서 통합적으로 수행되고 있는 활동으로 볼 수 있다(김연진 외, 2016).

2) 영유아보육과정의 이해

보육과 교육의 정의를 학자들에 따라 조금씩 다르게 정의하고 있지만 보육의 개념 안에 교육의 개념이 포함되어 있으므로 이를 통합해 보면, 영유아보육이란 0~8세의 아동을 대상으로 아동의 건강, 안전, 영양을 고려하여 신체적 · 정신적 건강을 도모하고, 전인적인 성장과 발달을 위하여 형식적 · 비형식적 교육의 경험을 제공하는 것이라 할 수 있다. 이에 따라 영유아를 대상으로 한 교육과정의 정의를 학자들의 견해에 따라 분류해 보면 〈표 3-4〉와 같다(전찬경, 2015).

표 3-4. 영유아를 대상으로 한 교육과정의 정의

구분	정의
한국유아교육학회 (1996)	유아의 전인적 성장과 발달을 돕기 위하여 유아가 학습할 내용 및 교육과정, 유아의 목표를 돕기 위한 교사의 역할과 교수와 학습이 발생하는 상황에 관해 계획되고 조직화된 틀
미국유아교육협회 (NAEYC, 1991)	설정된 목표를 달성하기 위해 유아가 학습할 내용과 목표를 성취해 가는 과정과 교사의 역할, 교수와 학습이 일어나는 맥락에 대해 기술한 조직화된 틀
Williams(1987)	일반 교육과정과 구별되는 특징으로는 영유아교육과정이 교사, 행정가, 부모들에게 여러 가지 의미를 불러일으키지만, 가장 강력한 하나의 연상은 전인유아(the whole child)의 이미지로서 영유아교육과정은 지적(인지적) · 정서적 · 사회적 · 신체적 능력의 전인발달을 위한 통합적 접근이 필요한 교육과정
Spodek과 Saracho (1994)	학교 환경에서 아이들의 학습을 위해 공식적 · 비공식적 기회를 제공하도록 고안된 조직화된 경험

구분	정의
김명순 등(2005)	보육과정은 출생부터 만5세까지 모든 영유아의 성장과 발달을 촉진하고 전인적인 인간 형성 및 기본생활형성을 위해 유아교육기관에서 영유아가 경험하는 모든 내용의 총체
Almy(1975)	유아교육에서는 교육과정을 프로그램이라는 용어로 자주 대치하여 사용하며, 프로그램이란 유아교육기관 안에서의 모든 계획적인 경험뿐만 아니라 가정과 지역사회에 이르기까지 연장될 수 있는 교육적 경험
Bredekamp와 Rosegrant(1992)	유아가 배워야 할 내용(content), 확인된 교육과정 상의 목적을 달성하기 위해 거쳐야 할 과정(process), 유아가 이러한 목적을 달성하도록 돕기 위해 교사가 해야 할 것, 그리고 교수와 학습이 일어나는 상황에 관해 상세히 기술한 조직화된 틀
양옥승(2009)	유아의 전인적인 발달과 삶의 질 향상을 목적으로 준비된 사회 · 문화적 환경
방인옥 등(2009)	유아의 전인적인 성장과 발달을 돕기 위해 유아교육기관이 유의미한 교육적 상황을 마련하고 모든 종류의 교수 · 학습 경험을 체계적으로 구성한 설계도

영유아의 보육을 위한 교육과정(이하 영유아보육과정)은 영유아를 대상으로 교육하는 것(대상이 갖는 특수성과 다른 연령대의 보육과정과는 다른 독특하고 포괄적인 개념)이라고 정의할 수 있다. 그러나 다른 연령대의 일반 교육과정에서처럼 계획적인 교과목을 적용하는 것이 아니라 영유아의 발달과 흥미에 따라 다양하게 실행되어야 한다. 그러므로 영유아보육과정은 실천적이고 응용적인 면이 강조된 교재 및 교구와 유아와 교사 간의 상호작용이 중요하다. 즉, 영유아에게 제공되는 교재 · 교구를 비롯한 환경이 중요하며, 교사—교구—유아 간의 상호작용이 중요한 교육활동이다. 따라서 교과목 중심의 교육과정처럼 미리 계획되고 조직된 교육내용으로서의 교육과정과는 확연한 차이를 보인다.

또한 영유아보육과정은 의도와 계획성 없이 영유아의 발달과 흥미에 따라 훨씬 더 다양하고 융통성 있게 교육과정을 운영함으로써 영유아가 교사와 교구 간의 상호작용을 통해 경험하는 모든 것을 교육내용으로 포함한다. 다양한 영유아보육과정에 관하여 슈바르츠와 로비손(Schwartz & Robison, 1982)의 저서 〈유아를 위한 교육과정 설계

(Designing Curriculum for Early Childhood)〉의 내용을 중심으로 영유아교육과정을 다섯 가지 유형의 범주로 나누어 살펴보면 〈표 3-5〉와 같다(전찬경, 2015).

표 3-5. 영유아교육과정의 유형

범주	내용	특성
우연히 일어난 것으로서의 교육과정	교육과정을 미리 계획하는 것이 아니라 유아의 요구와 흥미를 기초로 한 발현적 교육과정	영유아를 중심으로 하는 개별화된 교육이라는 장점은 있지만 교육과정의 범위가 모호하고 유능한 교사가 아니면 진행하기 어렵다는 단점이 있음
교수요목(syllabus)으로서의 교육과정	문서화된 일련의 포괄적이고 장기적인 계획, 주로 행정부처에서 중요하게 다루며 전통적인 교과 중심의 교육과정	짜여진 교수요목에 맞추어 학습경험을 제공하므로 결과를 예측하기 쉬울 수 있지만 영유아의 흥미나 요구, 유아교육기관의 특성 등을 반영하기 힘들다는 단점이 있음
교수계획(plans for teaching)으로서의 교육과정	교육목표, 내용 및 방법 등을 중심으로 영유아들이 학습할 사실, 정보, 기능 등에 대한 계획	교사는 미리 짜여진 교수계획에 따라 의도적으로 학습경험을 제공함으로써 초임교사나 경험이 풍부한 교사 모두에게 도움이 될 수 있는 반면, 개별 영유아의 요구나 흥미를 반영하는 데는 한계가 있음
영유아교육기관에서 갖는 모든 경험으로서의 교육과정(all the children's experiences in the school)	영유아가 유아교육기관에서 경험하는 모든 교육과정을 말하는 것으로 교사가 의도한 경험뿐만 아니라 의도하지는 않았지만 결과적으로 영유아에게 영향을 미치게 된 잠재적인 교육과정까지도 포함	교사의 역량에 따라 좀 더 진보적이면서 영유아 중심의 학습경험을 제공할 수 있지만 교육과정을 운영하는 데 있어 모든 물적·인적 환경에 대한 세부적인 검토가 필요하고 결과를 예측하기 어렵기 때문에 교사의 역할이 쉽지 않다는 단점이 있음
프로그램으로서의 교육과정	특정 접근방법이나 이론에 기초하여 교육과정의 모델을 제시한 것	영유아교육에서 볼 수 있는 독특한 관점으로 한국에서는 프로젝트 접근법, 레지오 에밀리아 접근법, 몬테소리 프로그램, 발도르프 프로그램, 숲 유치원 프로그램 등이 있음

3) 보육과정 구성의 필요성

보육과정(educare curriculum)이란 "영유아를 보호하고 교육하기 위하여 보육시설에 근거한 보육목적과 보육목표를 달성하기 위한 보육의 전체적인 계획과 영유아의 직·간접적인 경험을 포함하는 전문적인 보육활동의 총체"로 정의할 수 있다. 즉, 보육과정은 영유아를 대상으로 영유아의 발달 특성 및 교육적 요구를 고려하여 구성된 보육과정을 의미하며, 무엇보다 영유아의 생활리듬과 개인차를 존중하는 질 높은 양육을 기초로 형성된다. 따라서 보육시설에서는 보육철학에 근거한 보육목적 및 보육목표가 포함된 보육과정과 이를 달성하기 위해 보육의 전체적인 계획과 영유아의 직·간접적인 경험을 포함하는 전문적인 보육활동으로 구성한 보육과정을 운영해야 한다.

보육과정 운영 시 가장 기초적이면서도 가장 중요한 점은 실제 보육현장에서 직접 영유아의 보육을 담당하는 교사 및 종사자들이 전문적인 지식을 가지고 영유아들의 다양한 직접·간접적인 경험을 제공하기 위해 보육활동 전반에 대한 체계적인 계획을 수립할 수 있어야 한다는 것이다.

스포덱(Spodek)의 관점에 따르면, 보육과정은 프로그램의 교육목적에 따라 계획되고 조직된 학습 경험들의 목록으로 제시되어야 한다는 것을 강조한다. 이 과정에서 영유아교육과 보육에 있어서 특징은 교수를 위한 계획으로서의 교육과정과 교수요목으로서의 보육과정 외에 학습의 과정에서 의도하지 않았던 경험 혹은 우연히 나타나는 영유아의 발달 요구와 흥미를 강조하고 있다는 점이다. 따라서 보육과정을 구성하고 운영하기 위해 보육시설과 교사들은 보육과정의 대상인 영유아의 발달 및 학습의 원리에 대해 인식하고 이를 기초로 보육과정을 구성할 필요가 있다. 영유아의 발달 및 학습의 원리는 〈표 3-6〉과 같다(김녹현 외, 2018).

표 3-6. 영유아의 발달 및 학습의 원리

• 유아의 신체적 · 사회적 · 정서적 · 인지적 발달은 서로 긴밀한 관련을 가지고 통합적으로 발달한다. • 이미 획득된 것을 바탕으로 새로운 능력, 기술, 지식 등이 연속성 있게 발달한다. • 같은 연령의 유아 간에도 발달의 속도에는 차이를 보인다. • 초기 경험은 유아발달에 누적적이며 지연된 효과를 가진다. • 발달은 보다 복잡하고 조직적이며 내면화된 방향으로 진행한다. • 발달과 학습은 다양한 사회 · 문화적 맥락 내에서 그리고 맥락에 의해서 이루어진다. • 유아는 주변 세계에 대한 이해를 구성하기 위하여 문화적으로 전달된 지식과 함께 직접적인 물리적 및 사회적 경험에서 지식을 이끌어내는 능동적인 학습자이다. • 발달과 학습은 생물학적인 성숙과 물리적 및 사회적 환경과의 상호작용을 통해 이루어진다. • 유아에게 있어 놀이는 발달의 반영이며, 사회적 · 정서적 · 인지적 발달을 위한 중요한 요인이다. • 발달은 유아가 새롭게 획득한 기술들을 연습해 보는 기회를 통해 향상된다. • 유아는 나름대로의 학습방법이 있으며, 다양한 방식으로 알고 있는 것을 표상한다. • 유아는 신체적 요구를 만족시키고 심리적 안정감을 느낄 수 있는 지역사회 환경에서 더욱 잘 학습한다.

4) 보육과정 구성의 기본원리

보육과정은 영유아의 연령, 성별, 특성에 따른 발달적 차이와 개인차를 고려해서 구성해야 한다. 영유아의 발달은 같은 연령이라도 월령에 따른 발달의 차이가 크게 나타나는 특성을 지니고 있으며, 성별 및 개인의 특성에 따라서도 개인차를 보인다. 구체적으로 여아와 남아의 성장속도 및 개인이 가지고 있는 신체적 · 인지적 특성들이 각각 매우 다르게 나타나는 시기이므로 성별에 따른 발달 수준의 차이도 고려해야 한다. 또한 발달의 개인차도 고려해야 하는데, 영유아는 자신의 학습속도와 기질, 상황, 사전경험, 환경에 따라 개인차를 나타내며, 이러한 개인차를 고려해 줄 때 자신의 잠재력을 최대한으로 발휘하게 된다.

그리고 보육과정은 활동, 자극, 영양, 휴식, 섭식 등에 대한 영유아의 생물학적 욕구를 충족시켜 주어야 하며, 영유아의 신체적 안전 및 심리적 안정감을 도모해야 한다. 즉, 심신의 건강 및 안전에 대한 생활이 기본적으로 지원되어야 한다. 또한 영유아의 발달이나 경험은 사회, 언어, 인지, 정서 및 신체적인 측면이 상호 연결되어 전인적으로 발달을 하게 된다. 따라서 한 영역의 발달이나 경험만을 강조해서는 바람직한 성장을 이룰 수 없게 된다.

이와 같은 관점을 기초로 어린이집 표준보육과정이 구성되었는데, 표준보육과정의 기본전제를 살펴보면 첫째, 영유아는 개별적인 특성을 지닌 고유한 존재로 보고 둘째, 연령에 따라 발달적 특성이 질적으로 다름을 인정한다. 셋째, 영유아는 그 자체로서 존중 받아야 하는 존재이며 넷째, 영유아는 직접적으로 경험할 때 의미 있는 지식, 기술 및 바람직한 태도를 형성해간다고 본다. 다섯째, 영유아는 일상생활이 편안하고 학습과 경험이 놀이 중심으로 이루어질 때, 최대의 능력이 발휘되며 여섯째, 영유아는 민감하고 반응적인 성인과의 신뢰 관계 속에서 최적의 발달을 이루고 일곱째, 영유아가 속한 가정 및 지역사회가 함께 협력할 때 영유아에게 가장 긍정적인 영향을 미친다는 전제하에 보육과정을 구성하고 있다.

이처럼 영유아의 전인적 발달을 지원하기 위한 보육과정을 구성할 때 고려해야 할 사항으로는 적기성, 적합성, 연속성, 계열성 및 통합성의 원리를 고려해서 구성할 필요성이 있는데, 보육과정 내용구성에 있어 구체적인 고려사항은 〈표 3-7〉과 같다.

표 3-7. 보육과정 내용구성 시 고려사항

구분	내용
적기성의 원리	영유아기는 인간의 생애 중에서 가장 급격한 발달이 이루어지는 시기이다. 따라서 질적 · 양적 측면에서 그 차이가 매우 급격히 이루어지므로 각 발달시기에 적절한 보육이 이루어질 수 있도록 세심한 배려가 있어야 한다. 이를 위해 시기별로 발달의 특성을 이해하고, 그에 따른 대표적 발달특징을 제시하여 적기에 보육경험을 제공해야 한다.
적합성의 원리	영유아가 보육기관에서 경험하는 보육의 내용은 영유아에게 의미가 있는 적합한 보육경험과 내용이어야 한다. 이를 위해 영유아를 위한 보육과정은 영유아의 발달적 특성에 기반을 두고 구성되어야 한다.
연속성의 원리	영유아보육과정의 내용은 다른 발달적 단계의 보육내용과 자연스럽게 연결되어야 한다.
계열성의 원리	보육과정의 내용을 조직함에 있어 가장 핵심적인 요소는 현재 영유아의 수준에서 시작하는 것이다. 이를 위해 영유아를 위한 보육의 내용은 이미 알고 있는 내용에서 앞으로 알아야 할 내용으로, 친숙한 내용에서 덜 친숙한 내용으로, 쉬운 내용에서 어려운 내용으로, 간단한 내용에서 복잡한 내용으로의 순서로 보육활동이 이루어지도록 구성해야 한다.
통합성의 원리	영유아의 보육활동은 사회적 · 신체적 · 언어적 · 인지적 발달이 통합적으로 이루어지도록 계획되어야 한다. 그 이유는 영유아기는 발달적 특성상 분리된 경험보다는 체계적인 경험을 좀 더 의미 있게 받아들이기 때문이다.

2. 보육과정의 구성체계

일반적으로 교육과정을 구성하는 기본요소로 교육목표, 교육내용, 교수 · 학습방법 및 평가의 네 가지 요소를 들 수 있다. 이 체계는 타일러(Tyler)가 제시한 교육과정 구성요소에 근거하고 있다. 타일러는 그의 저서 〈교육과정과 수업의 기본원리〉(1949)에서 교육과정 구성요소에 대해 〈그림 3-1〉과 같이 네 가지의 기본적인 구성요소로 체계화하였다(전찬경, 2015).

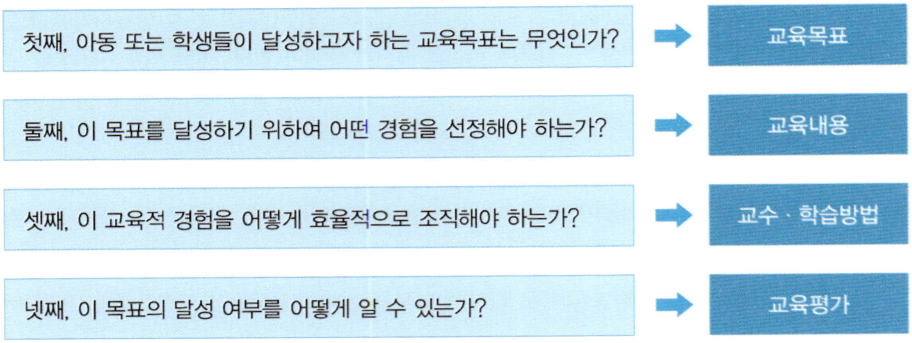

그림 3-1. 타일러(Tyler)의 교육과정의 구성요소

타일러(Tyler, 1949)가 교육과정의 개발을 위해 제기한 〈그림 3-1〉의 물음은 교육목표의 설정–학습경험의 선정(교육내용)–학습경험의 조직(교수 · 학습방법)–학습성과의 평가(교육평가)라는 네 가지 기본 요소로 요약되며, 오랫동안 교육과정 구성의 기초로서 교육과정개발의 이론적 기반을 제시해 주고 있다. 한편 브래디(Brady, 1992)는 타일러가 제시한 구성요소들의 상호작용을 강조하며, 교육과정의 네 가지 요소 중 어디서든 교육과정을 개발할 수 있다고 주장한다.

우리나라 영유아보육과정인 표준보육과정에서 제시하고 있는 구체적 내용 및 교사지침에서는 보육과정의 구성 절차를 보육과정의 목표, 보육내용의 선정, 보육내용의 조직 및 보육과정의 평가로 나누어 제시하고 있다. 하지만 일반적으로 교수 · 학습이 이루어지는 전 과정의 절차는 보육과정의 목표, 보육내용의 선정, 보육내용의 조직, 교수 · 학습지도 및 보육과정의 평가로 구분할 수 있으며(〈그림 3-2〉), 구체적인 내용은 다음과 같다.

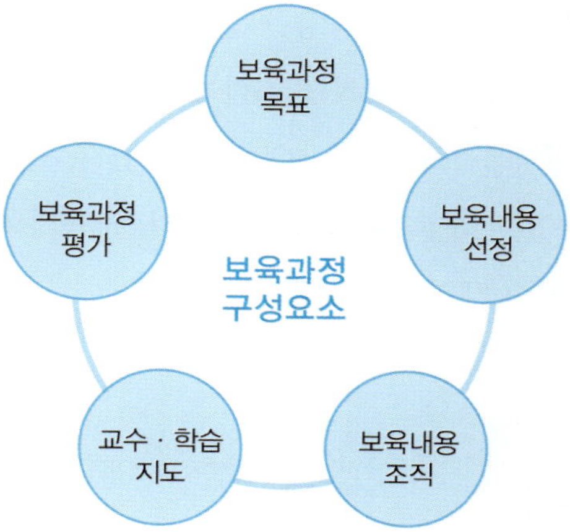

그림 3-2. 보육과정의 구성요소

1) 보육과정의 목표

보육목표는 보육과정을 계획할 때 가장 먼저 실시해야 하는 첫 단계의 작업으로 보육목표를 설정하기 위해서는 보육대상 영유아에 대한 연령별 발달과 특징 등에 대한 지식과 사회적 요구, 각 영역별 활동에 대한 전문적인 지식, 전문가들의 조언이나 연구자료를 토대로 보육목표를 설정해야 한다. 일반적으로 보육목표를 설정할 때는 보육시설의 이념을 나타내는 교육철학, 보육에 대한 사회적인 요구, 영유아들의 특성, 보육 프로그램의 특성 등을 고려하여 보육목표를 설정하게 된다.

2) 보육내용의 선정

보육목표가 설정되고 나면, 그 목표를 달성하기 위해 무엇을 가르칠 것인가에 대한 보육내용이 선정되어야 한다. 보육내용을 선정할 때는 보육목표를 달성할 수 있는 내용과 가장 기본적인 개념을 중시하여 내용을 선정해야 한다. 또한 보육내용은 영유아들이 직접 경험해 볼 수 있는 실생활과 밀접하게 관련된 내용을 중심으로 선정하고, 영유아들의 전인적인 발달을 도모할 수 있는 언어, 인지, 신체, 사회 및 정서발달의 모든 영역을 통합할 수 있는 내용으로 선정해야 한다. 보육내용의 선정에 대한 내용은 4장(보육과정의 선정과 조직)에 자세하게 제시되어 있다.

3) 보육내용의 조직

보육내용이 선정되고 나면, 이 내용을 어떻게 가르칠 것인가를 조직해야 한다. 보육내용의 조직은 보육내용을 어떻게 배열할 것인가에 대한 문제이다. 표준보육과정에서는 보육내용을 연령집단별로 구분하여, 각 영역의 연령별 목표와 내용을 기술하고 있으며, 세 연령집단의 보육목표와 내용을 계열성 있게 경험하도록 조작하여 제시하고 있다. 또한 각 연령집단별 보육내용은 연령, 발달, 개인차를 고려하여 조직하고 영역별 교사 지침을 마련하여 연령별 보육목표와 내용뿐만 아니라 교사가 각 영역에서 알아야 할 영유아에 대한 지식, 바람직한 물리적 환경구성과 지도방법, 지도할 때 유의할 점 등을 제시하고 있다. 이는 보육교사가 보육과정을 계획하고 운영할 때, 교사지침의 내용을 숙지하여 환경구성 및 영유아지도 시 이를 반영하고 교사와 영유아간 바람직한 상호작용이 이루어질 수 있도록 하기 위해서이다. 보육내용의 조직에 대한 내용은 4장(보육과정의 선정과 조직)에 자세하게 제시되어 있다.

4) 교수 · 학습지도

보육의 목적에 따른 목표를 설정하고 나면, 목표에 따른 보육내용 및 활동선정과 조직이 이루어지고, 다음으로 교수 · 학습지도 활동을 하게 된다. 이는 보육시설에서 영유아의 보육을 담당하는 교사 및 종사자들이 영유아발달에 대한 학습의 원리 등에 대한 전문적인 지식을 가지고 영유아들에게 다양한 경험을 제공하기 위하여 보육활동 전반에 대한 체계적인 계획을 수행하기 위해 설계도를 작성하는 것과 같다. 실제 보육시설에서 영유아를 대상으로 보육을 한다는 것은 이와 같은 설계도에 기초하여 보육활동, 즉 교수 · 학습활동이 이루어진다는 것을 의미한다. 보육의 실제에서 가장 기본적인 과정인 교수 · 학습은 영유아발달과 교육에 관한 이론들을 근거로 영유아의 개별적 성향, 능력 등을 잘 판단하여 이에 적합한 교수 · 학습방법과 상호작용을 하는 것이 중요하다. 교수 · 학습지도에 대한 내용은 5장(교수 · 학습지도)에 자세하게 제시되어 있다.

5) 보육과정의 평가

평가란 일정한 준거에 의해 어떤 자료와 방법이 목적을 달성하고 있는가를 판단하는 것이다. 보육과정의 평가는 영유아에 대한 평가와 프로그램에 대한 평가로 크게 나눌 수 있다. 영유아에 대한 평가는 영유아의 발달 정도를 파악하는 평가이고, 프로그램에 대한 평가는 보육과정 운영 프로그램에 대한 평가이다. 표준보육과정에 제시하고 있는 보육과정에 대한 평가를 살펴보면, 보육과정의 평가는 보육목표의 달성 정도, 보육내용과 교수 · 학습방법의 적절성 등에 대한 정보를 제공하며, 영유아의 발달 및 성취 정도를 알려준다. 따라서 보육시설은 보육과정에 대한 정기적인 평가를 통해 보육의 질적 수준을 향상시키고 영유아의 전반적인 발달수준을 파악해야 한다. 보육과정의 평가에 대한 내용은 6장(보육평가의 이해)에 자세하게 제시되어 있다.

3. 보육과정의 목표

앞에서 보육과정의 구성요소(〈그림 3-2〉 참조)는 보육과정의 목표, 보육내용의 선정, 보육내용의 조직, 교수 · 학습지도 및 보육의 평가로 구분할 수 있다고 하였다. 지금부터 교육과정 구성요소의 첫 번째 과정인 보육과정의 목표에 대해 구체적으로 살펴보면 다음과 같다.

1) 보육목표의 개념

보육과정에서 중요한 관심사는 유아교육기관에서 영유아들에게 무엇을 어떻게 가르칠 것인가에 관한 것이며, 이는 곧 보육목표와 직결된다. 이러한 보육목표의 설정은 보육과정 계획의 첫 단계가 되며, 보육목표가 어떻게 설정되느냐에 따라 보육과정을 구성하는 보육내용의 선정, 조직, 교수 · 학습과정, 평가의 방향 및 내용이 달라지게 된다(김홍식, 2005).

보육과정 구성의 첫 번째는 보육목표를 설정하는 것으로, 이는 유아교육기관이 어떤 보육목적을 달성할 것인가하는 질문에 답하는 것이다. 목표란 사전적으로 '어떤 목적을 이루려고 하거나 어떤 지점까지 도달하려고 함 또는 그 대상'으로 정의되고 있고, 목표와 유사하게 사용되는 '목적'은 '일을 이루려고 하는 목표나 나아갈 방향'으로 정의되고 있다. 이와 같은 '목표'와 '목적'의 두 단어는 구분되지 않고 동의적으로 사용하거나 목적이 목표보다 다소 일반적이고 넓은 의미로 사용된다. 목적과 목표 및 구체적 목표로 구분하여 용어를 정의해 보면 〈표 3-8〉과 같다(김대현, 김석우, 1999).

표 3-8. 목적과 목표 및 구체적 목표의 용어 정의

구분	내용
목적	보육의 목적은 교육의 방향 또는 중점에 대한 진술로 일반적으로 교육에 대한 국가나 사회 일반의 요구를 담고 있으며, 장기간의 교육을 통해 개발되는 인간의 다양한 특성들로 진술된다.
목표	목표는 보육의 목적으로부터 도출되며, 보육과정의 구체적 행동 지침이 된다. 보육의 목적에 비해 덜 포괄적이고 적용 기간이 짧다. 학교급별 목표, 기관별 목표, 교과별 목표를 들 수 있다. 보육과정에서는 유아보육의 목표, 의사소통 영역의 목표 등이 해당된다.
구체적 목표	비교적 단기간의 수업(교육활동)을 통해 학습자가 성취해야 하는 것들을 상세하게 진술한 것으로 주제별 목표, 단위 활동별 목표 등이 해당된다.

보육목표는 보육목적보다 하위의 개념으로, 현실적이고 기술적인 입장에서 목적 달성을 위한 수단임을 강조하며, 학습 경험을 통한 학생들의 행동 변화를 의미한다. 즉, 보육목표는 보다 특수적이고 세부적이며 단기적인 것으로써 교육현장에서의 학습자가 성취해야 할 미래의 도달점을 강조하는 용어라고 할 수 있다.

2) 보육목표의 진술유형

보육목표는 보육의 방향성을 제시하는 것으로 보육내용의 선정과 교수 · 학습방법 및 평가에 영향을 미치기 때문에 구체적이고 명확한 행동적 용어로 진술되어야 한다(박영신 외, 2015). 왜냐하면 교육은 학습자를 대상으로 하는 일이기 때문에 반드시 학습자에게 어떤 결과를 나타내어야 하며, 보육목표는 그 달성 정도가 평가될 수 있는 것이어야 하기 때문이다(홍후조, 2013). 그러므로 행위동사를 사용하여 목표 진술을 하면 교수 · 학습과정을 효율적으로 평가할 수 있고, 교수자료나 내용 및 방법을 선정하는 데 유용한 기초를 제공하게 되며, 학습자가 목표에 어느 정도 도달했는지를 파악하는 것도 용이하다. 이때의 행위동사는 수업의 의도를 분명히 나타내줄 수 있도록 분명한 의미의 용어들을 사용하여야 한다(이기숙 외, 2010). 이에 보육목표 진술유형에 대해 타일러(Tyler, 1949), 메이거(Mager, 1962), 그론룬드(Gronlund, 1970), 아이스너(Eisner, 1979) 및 브룸(Bloom, 1956)의 주장을 구체적으로 살펴보면 〈표 3-9〉와 같다(김신재, 2019).

표 3-9. 보육목표의 진술유형

<table>
<tr><th>학자</th><th>내용</th><th>예</th></tr>
<tr><td>Tyler
(1949)</td><td>보육목표를 진술할 때 행동목표(학습의 결과인 도착점 행동을 관찰 가능한 용어로 진술)로 진술해야 한다.</td><td><table><tr><th>내용</th><th>행동</th></tr><tr><td>내가 좋아하는 놀잇감을</td><td>말할 수 있다.</td></tr><tr><td>같은 색 솔방울을</td><td>분류해 본다.</td></tr></table></td></tr>
<tr><td>Mager
(1962)</td><td>조건·준거·도달점 행동을 학습목표 진술의 필수 요인으로 제시하였으며, 조건은 도달점 행동이 일어날 수 있는 환경이나 상황을 말하고, 준거는 학습자가 얼마나 수행을 잘 했는지 평가할 수 있는 기준이 되며, 도달점 행동은 보육활동에서 달성하고자 하는 행동 특성을 의미한다.</td><td><table><tr><th>조건</th><th>준거</th><th>도달점 행동</th></tr><tr><td>개구리의 한살이를</td><td>순서대로</td><td>말할 수 있다.</td></tr><tr><td>여러 가지 단추를</td><td>색깔별로</td><td>분류할 수 있다.</td></tr></table></td></tr>
<tr><td>Gronlund
(1970)</td><td>일반적 보육목표를 설정하고 난 다음, 가장 타당하다고 생각하는 구체적인 학습결과로 보육목표를 명확하게 설정해야 한다.</td><td><table><tr><th>일반목표</th><th>구체적 목표</th></tr><tr><td rowspan="5">단원에 속해 있는 용어들의 의미를 안다.</td><td>1. 용어의 정의를 쓴다.</td></tr><tr><td>2. 뜻이 비슷한 용어를 구별한다.</td></tr><tr><td>3. 용어의 동의어를 한 개 찾아낸다.</td></tr><tr><td>4. 용어의 반의어를 한 개 찾아낸다.</td></tr><tr><td>5. 개념의 묘사에 용어를 맞춘다.</td></tr></table></td></tr>
<tr><td>Eisner
(1979)</td><td>어떠한 교육적 상황 속에서 어떠한 문제를 가지고 무엇을 할 것인지에 대한 진술 내용으로 상황은 학습활동이 이루어지는 환경이며, 문제는 학습자가 학습활동을 할 때, 어디에 의미를 두</td><td><table><tr><th>상황</th><th>문제</th><th>과제</th></tr><tr><td>산책을 하면서</td><td>자연의 아름다움을</td><td>느낀다.</td></tr><tr><td>음악감상을 하면서</td><td>나비의 움직임을 생각하며</td><td>몸으로 표현할 수 있다.</td></tr></table></td></tr>
</table>

학자	내용	예
	는가를 말하고, 과제는 학습자가 학습 활동에 둔 의미를 표현하는 방법을 의미한다.	
Bloom (1956)	학습의 유형이 다양하다는 사실을 인식하고 각 유형에 알맞은 보육목표가 명확한 평가의 기준으로 기능할 수 있도록 생물학의 분류학적 관점에서 제안하였는데, 보육목표는 세 가지 영역인 인지적 · 운동기능적 · 정의적 영역으로 구분되어 진술해야 함을 강조한다. 교육목표분류학에서의 '인지적 영역'은 지식에 대한 기억이나 인식, 지적 능력과 기술의 개발을 다루는 목표로 정의될 수 있고, '정의적 영역'은 흥미와 태도 및 가치의 변화, 감상능력과 자기조절능력의 개발 등을 다루는 목표와 관련되어 있으며, 마지막으로 '운동기능적 영역'은 조작능력 혹은 운동기능 영역과 관련되어 있다. 즉, 지적 영역은 앎(knowing)에 대한 목표이고, 정의적 영역은 느낌(feeling)에 대한 목표인 반면, 운동 기능적 영역은 행함(doing)에 대한 목표를 의미한다.	

3) 보육과정 목표의 설정원리

영유아보육을 위한 보육과정의 첫 번째 구성요소인 보육에 관한 목표는 보육을 통해 도달하고자 하는 방향을 제시해 주며, 적절하고 타당한 보육활동을 위한 판단기준이 된다. 보육목표가 명확할수록 보육내용의 선정이나 조직, 교수 · 학습방법 및 보육평가에 대한 방향이 분명해지고 이는 보육의 효과성을 높이게 된다. 즉, 보육과정의 체계적인 연구를 위해서는 보육기관이 달성하고자 하는 보육목표를 명확하게 설정해야 한다. 이를 위해서는 학습자, 즉 영유아의 수준을 고려하여 사회 · 문화적인 가치와 요구를 반영하고 보육과정에 대한 적절한 평가를 하고 이를 보육목표에 반영하여야 한다. 보육목표를 설정할 때 고려해야 할 사항은 〈표 3-10〉과 같다.

표 3-10. 보육목표를 선정할 때 고려해야 할 사항

구분	내용
영유아의 발달적 특성	• 학습주체인 영유아의 기본적 권리와 정서를 충분히 배려해야 한다. • 영유아의 개별적인 요구와 흥미가 충족될 수 있어야 한다. • 영유아의 개인차를 고려해야 한다. • 서로 다른 발달 능력과 차이, 소질, 적성, 흥미, 요구 등을 있는 그대로 인정하고 배려한다.
국가 및 사회적 요구	• 모든 보육영역에서 합의되고, 추구하고 있는 인간상을 반영한다. • 학부모들의 다양한 현실적 요구를 교육적으로 해석하여 수용한다. • 지역사회의 다양한 문화적 자원과 유산을 보육과정으로 연계 가능해야 한다. • 글로벌 시대에 요구되는 다문화 반편견적 요소들을 보육과정에 반영한다.
학문적 관점 (전문적 지식)	• 보육의 목표가 학습자에게 의미 있는 것인지 고려해야 한다. • 사회적으로 가치 있는가? • 개별적으로 발달 특성을 반영하는가? • 영유아들이 성취할 수 있는 수준인가?
전문가 집단의 조언	• 전문가들이 발표한 보육에 대한 기초적인 연구결과를 반영할 수 있어야 한다. • 교과영역에 전문가들이 제안하고 있는 발달단계에 따라 보육목표를 제시한다.

〈표 3-10〉을 고려하여 작성된 보육목표는 교육철학과 학습심리학에 근거를 두어야 하며, 행동적 목표로 진술하여야 한다. 이를 바탕으로 문미옥(2013)은 영유아보육과정에서의 보육목표 설정원리를 〈표 3-11〉과 같이 제시하고 있다.

표 3-11. 보육과정 목표의 설정원리

• 영유아교육과정의 목적과 목표는 철학, 심리학, 사회학적 기초를 반영한 교육관에 부합하여야 한다. • 영유아교육목표는 보편적 가치를 가지는 내용으로 설정되어야 한다. • 「유아교육법」에 명시된 유치원 교육목적, 국가 수준의 교육과정의 목표, 어린이집이나 단위 유치원의 교육과정의 목적 및 목표, 교사의 수업 목표가 서로 연계되어야 한다.

- 영유아교육목표는 학습자들에게 현재의 삶과 미래의 삶에서도 가치 있고 필수적인 것으로 설정되어야 한다.
- 영유아교육목표는 교수 · 학습활동 이전에 사전계획으로 설정되어야 하며, 교수 · 학습과정에서 생성되는 새로운 목표들을 수용할 수 있을 만큼 융통성이 있어야 한다.
- 영유아교육목표는 논리적으로 조직화된 응집성을 추구하여야 하며, 주기적으로 재검토될 수 있어야 한다.
- 영유아교육목표는 다양성을 기초로 하여, 영유아 개개인의 능력과 수준에 맞아야 한다.

그리고 보육목표는 여러 가지 수준으로 나눌 수 있는 위계성의 특성을 지닌다. 목적과 목표로 구분하기도 하며, 교육과정 목표와 수업목표로 구분하기도 하고, 총괄목표와 일반목표, 장기목표와 단기목표로 구분하여 진술하기도 한다. 상위목표일수록 추상적이고 하위목표를 도출하는 근거가 된다. 이처럼 영유아보육의 목적 및 목표는 위계를 가지게 되는데, 그 위계를 구체적으로 살펴보면 〈그림 3-3〉과 같으며(전찬경, 2015), 표준보육과정과 누리과정의 사회관계 영역을 중심으로 목표의 위계를 구체적으로 진술해 보면 〈표 3-12〉와 같다.

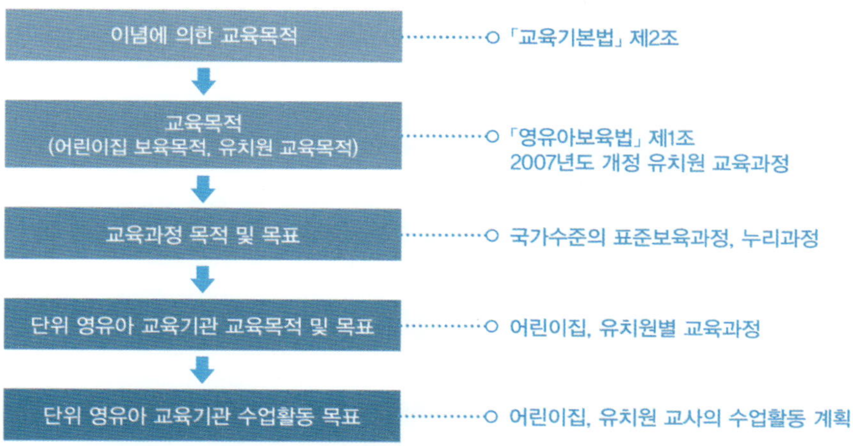

그림 3-3. 보육과정 목적과 목표의 위계

표 3-12. 영유아보육의 목적 및 목표의 위계

위계		내용
교육이념		교육은 홍익인간의 이념 아래 모든 국민으로 하여금 인격을 도야하고 자주적 생활능력과 민주시민으로서 필요한 자질을 갖추게 함으로써 인간다운 삶을 영위하게 하고 민주국가의 발전과 인류공영의 이상을 실현하는 데에 이바지하게 함을 목적으로 한다(「교육기본법」 제2조).
교육 목적	어린이집 보육목적	영유아의 심신을 보호하고 건전하게 교육하여 건강한 사회구성원으로 육성함과 아울러 보호자의 경제적 · 사회적 활동이 원활하게 이루어지도록 함으로써 영유아 및 가정의 복지 증진에 이바지함을 목적으로 한다(「영유아보육법」 제1조).
	유치원 교육목적	유치원 교육은 유아에게 알맞은 교육환경을 제공하여 유아를 교육하고 심신의 조화로운 발달을 돕는 것을 목적으로 한다(2007년 개정 유치원 교육과정).
국가 수준의 교육과정 목적 및 목표	표준보육과정	표준보육과정의 목적은 영유아가 놀이를 통해 심신의 건강과 조화로운 발달을 이루고 바른 인성과 민주 시민의 기초를 형성하는 데 있다. 이를 실현하기 위해 0~2세 보육과정의 목표는 다음과 같다. 1. 자신의 소중함을 알고 건강하고 안전한 환경에서 즐겁게 생활한다. 2. 자신의 일을 스스로 하고자 한다. 3. 호기심을 가지고 탐색하며 상상력을 기른다. 4. 일상에서 아름다움에 관심을 가지고 감성을 기른다. 5. 사람과 자연을 존중하고 소통하는 데 관심을 가진다.
	누리과정	누리과정의 목적은 유아가 놀이를 통해 심신의 건강과 조화로운 발달을 이루고 인성과 민주 시민의 기초를 형성하는 데 있다. 이를 실현하기 위한 목표는 다음과 같다. 1. 자신의 소중함을 알고 건강하고 안전한 생활 습관을 기른다. 2. 자신의 일을 스스로 해결하는 기초능력을 기른다. 3. 호기심과 탐구심을 가지고 상상력과 창의력을 기른다. 4. 일상에서 아름다움을 느끼고 문화적 감수성을 기른다. 5. 사람과 자연을 존중하고 배려하며 소통하는 태도를 기른다.

위계		내용
영유아교육과정의 개별 영역의 상위 목표(사회관계 영역)	표준보육과정(2세)	나를 알고 다른 사람과 더불어 생활하는 경험을 안다.
	누리과정	자신을 존중하고 더불어 생활하는 태도를 가진다.
개별 영역의 하위목표 (사회관계 영역)	표준보육과정(2세)	1. 나와 다른 사람을 구별한다. 2. 나의 감정을 표현한다. 3. 내가 좋아하는 것을 한다. 4. 가족에게 관심을 가진다. 5. 또래와 함께 놀이한다. 6. 다른 사람의 감정과 행동에 반응을 보인다. 7. 반에서의 규칙과 약속을 알고 지킨다.
	누리과정	1. 나를 알고 소중히 여긴다. 2. 나의 감정을 알고 상황에 맞게 표현한다. 3. 내가 할 수 있는 것을 알고 스스로 한다. 4. 가족의 의미를 알고 화목하게 지낸다. 5. 친구와 서로 도우며 사이좋게 지낸다. 6. 친구와의 갈등을 긍정적인 방법으로 해결한다. 7. 서로 다른 감정, 생각, 행동을 존중한다. 8. 친구와 어른께 예의 바르게 행동한다. 9. 약속과 규칙의 필요성을 알고 지킨다. 10. 내가 살고 있는 곳에 대해 궁금한 것을 알아본다. 11. 우리나라에 대해 자부심을 가진다. 12. 다양한 문화에 관심을 가진다.
구체적 활동목표		3세 누리과정 놀이 중심 활동 활동명: 함께하기 자연보호를 위해 할 수 있는 것을 생각하고 실천하려고 노력한다.

4) 보육 프로그램의 활동목표

활동목표란 목적보다 하위 차원의 개념을 현실적 · 기술적 입장에서 목적달성을 위한 수단을 강조하는 것으로, 활동경험을 통한 영유아들의 행동변화를 의미한다. 다시 말해 활동목표는 세부적 · 특수적 · 단기적인 것으로서 보육현장에서 영유아가 성취해야 할 행동특성과 관계되는 개념이다. 보육에서 활동목표는 중요한 역할을 한다. 왜냐하면 활동목표는 교수 · 학습의 결과로 영유아들이 지녀야 할 지식, 기술, 가치 및 태도를 진술한 것을 말하며, 보육과정의 성취기준은 보육내용으로 제시되고, 성취기준은 영유아보육 프로그램의 활동목표로 상세화되어 제시되기 때문이다(김영심, 2016). 따라서 영유아보육 프로그램에서의 활동목표는 제시된 활동들을 통하여 영유아가 경험하거나 성취하기를 기대하는 보육의 내용과 방법적인 결과를 진술한 문장을 의미한다(강경란, 2015). 즉, 학습자인 영유아로 하여금 활동을 통해 가져오기를 기대하는 변화의 의도를 구체적으로 진술한 것이며, 실제 영유아들이 활동을 통해 얻어지는 지적 능력, 흥미, 태도 등의 특성을 조작적으로 표현하는 문장을 의미한다.

문미옥(2009)은 영유아보육 프로그램에서 활동목표 진술의 방향에 대하여 다음과 같은 활동목표 진술이 되어야 한다고 주장하고 있다. 첫째, 영유아보육 활동목표는 보육의 이념, 목적 등에 부합되어야 하며, 교수 · 학습활동의 방향을 제시해 줄 수 있을 만큼 충분히 구체화되고 명확하게 진술되어야 한다. 둘째, 보육목표 진술에 있어서 객관성을 위하여 구체적이고 행위적인 목표 진술을 해야 하며, 원칙에 지나치게 얽매여 궁극적으로 필요한 인간 교육의 목표를 놓치고 있지는 않았는지 점검해 보아야 한다. 셋째, 목표는 성인이 보는 문서이지만 영유아가 스스로 지식을 구성하고 성장 발달해 가는 주체자라는 점에서 영유아 관점에서 진술하여야 한다. 넷째, 목표는 과정 중심어로 진술하여야 한다. 다섯째, 각 영역별 활동목표는 지식, 기술, 가치 및 태도를 균형 있게 다룰 수 있도록 해야 한다. 즉, 활동의 내용을 알고 이해하는 인지적 측면에만 초점을 맞추기보다는 그것과 함께 기술과 태도 등의 정의적 및 운동기능적 측면도 함께 고려하여야 한다.

(1) 활동목표의 내용요소: 지식, 기술 및 태도

보육과정 문서에서의 학습내용은 어떠한 '방식'을 통해 제시된다. 보육과정에서 보육내용이 어떠한 방식으로 제시되는가에 따라 학습자에게 제시되는 의미가 달라질 수 있다. 영유아는 직접적으로 경험할 때 의미 있는 지식, 기술 및 바람직한 태도를 형성해 가며, 영유아기는 살아가는 데 필요한 지식뿐만 아니라 기술, 태도가 형성되는 중요한 시기이다. 지식이란 생각이나 개념, 아이디어 같은 영유아가 직접 경험을 통해서 얻게 되는 정신적 내용물이고, 기술이란 자르기, 그리기 등과 같이 분명히 관찰되는 행동이며, 바람직한 태도는 호기심, 몰입, 열정, 예의 등과 같이 어떤 상황에서 영유아가 나타내는 긍정적인 반응이라고 할 수 있다. 태도는 점진적으로 반복 경험되면서 긴 시간을 두고 형성된다. 영유아가 친근한 환경에서 자신의 오감각을 사용하여 직접적으로 다양한 경험에 참여를 많이 할수록 영유아는 자신에게 의미 있는 지식뿐만 아니라 기술 및 바람직한 태도를 형성해 나가게 된다(김신재, 2019).

(2) 활동목표의 진술방식: 내용 중심, 활동 중심 및 수행 중심

보육과정에서 활동의 내용을 제시함에 있어 고려되어야 할 것은 내용의 진술방식이며, 보육내용에서 초점을 어디에 두느냐에 따라 진술방식은 달라진다. 즉, 보육과정의 활동을 진술할 때 알아야 할 것에 초점을 두는 내용 중심의 입장에서 진술할 것인지, 활동 차원에 초점을 두어 활동 중심의 입장에서 진술할 것인지, 평가 차원에 초점을 두어 수행 중심의 입장에서 진술을 할 것인지에 따라 보육내용의 진술 방향이 달라진다(배성옥, 2013).

백남진(2005)은 내용 중심의 진술은 습득되는 지식과 기능의 측면을 강조하고, 수행 중심의 진술은 지식과 기능을 드러내는 측면을 강조한다고 주장한다. 즉, 보육과정에서 기준을 내용, 수업, 평가 중 초점을 어디에 두는가에 따라 내용기준, 활동기준, 수행기준으로 분류되며, 각기 내용 중심, 활동 중심, 수행 중심의 진술이 된다고 강조한다(〈표 3-13〉).

표 3-13. 활동목표의 진술방식

구분	내용
내용중심 진술방식	브루너(Bruner, 1959)는 '지식의 구조'에서 일반 원리에 대한 이해 없이는 교과를 이해했다거나 학습했다고 말할 수 없으며, 원리라고 하는 것은 개념과 밀접한 관계를 가지고 있다고 하였다. 이는 보육내용을 학문적 관점에서 기본적인 개념으로 이해하므로 내용 중심 진술방식을 따른다. 내용 중심의 진술방식은 '학생들은 (명제)를 안다/이해한다(단순인지 동사)'로 제시되며, 학습자가 알아야 할 것에 초점을 두면서 내용의 입장은 분명하게 규정된 지식과 기능을 강조한다. 내용 중심 진술의 예로는 '우리 반 친구와 선생님의 이름을 안다', '일상생활과 관련된 낱말과 문장을 듣고 뜻을 이해한다', '어린이집에서 보내는 하루일과를 인식한다' 등이 있다.
활동중심 진술방식	듀이(Dewey, 1886)는 학습이란 경험과 활동을 통해서 이루어지기 때문에 어떤 경험이나 활동이 없다면 학습도 일어나지 않는다고 하였으므로, 그의 견해대로 활동 중심 진술방식을 따른다. 활동 중심의 진술방식은 내용+활동으로 '학생들은 (내용)을 (활동)한다'로 제시되며 다양한 활동 동사를 사용한다. 즉, 학생의 활동 형태를 강조하면서, 행동의 결과보다는 그것을 초래하는 활동과 경험의 과정을 반영하고자 한다. 활동 중심 진술의 예로는 '도구를 이용하여 신체 활동을 한다', '자신의 생각과 느낌을 말로 표현해 본다', '밀가루와 색깔 풀을 자유롭게 탐색해 본다' 등이 있다.
수행중심 진술방식	타일러(Tyler, 1949)는 교육이란 인간의 행동을 변화시키는 과정이기에 교육목표를 진술할 때 학습자의 행동에 어떠한 변화를 가져오도록 할 것인가를 중심으로 분명하게 진술되어야 한다고 하였으므로, 그의 견해대로 수행 중심 진술방식을 따른다. 수행 중심의 진술방식은 '학생들은 ~을 할 수 있다'로 제시되며 행동 동사를 사용한다. 학습자가 보여주어야 할 실제 수행능력을 중심으로 내용을 제시하며, 각 교과의 탐구방식과 관련되는 능력 및 기능을 포함하고 있기 때문에 평가의 준거로 활용할 수 있다. 수행 중심 진술의 예로는 '신체활동에 지속적으로 참여한다', '손과 몸과 이를 깨끗이 하는 습관을 가진다', '자신의 감정을 긍정적으로 조절한다', '눈송이 블록을 끼워서 서로 연결할 수 있다', '겨울 음식에 관심을 가지고 명칭을 말할 수 있다' 등이 있다.

Chapter

04

보육과정의 선정과 조직

배울내용

1. 보육과정의 선정
2. 보육과정의 조직

학습목표

1. 보육과정의 선정의 원리 및 기준을 숙지한다.
2. 보육과정의 조직 원리를 숙지한다.

보육과정의 구성요소(3장 보육과정의 구성과 목표의 〈그림 3-2〉 참조)는 보육과정의 목표, 보육내용의 선정, 보육내용의 조직, 교수·학습지도 및 보육평가로 구분할 수 있다. 보육과정에 대한 목표가 설정되면, 다음으로 이루어지는 활동이 보육내용의 선정과 보육내용의 조직이다. 따라서 본 장에서는 보육내용의 선정과 조직에 대해 구체적으로 살펴보고자 한다.

1. 보육내용의 선정

보육의 목적과 목표가 설정되면, 그것을 달성하기 위한 보육내용과 보육활동이 선정되어야 한다. 즉, 보육목표가 설정되면 목표 달성을 용이하게 하는 적절한 보육내용을 선정하는 일이 뒤따르게 된다. 보육내용은 보육목표를 구체적인 활동으로 바꾸어 놓은 것이라고 할 수 있기 때문에 보육내용은 보육의 목적과 목표를 잘 반영하여 선정되어야 한다.

영유아보육의 보육목표를 달성하기 위해서 세부적으로 어떤 보육적 경험을 선정할 것인지를 결정하는 일은 매우 중요하다. 따라서 정해진 보육목표를 달성하기 위해 어떤 내용의 보육과정을 구성할지에 대해 깊이 생각해 보아야 한다. 신화식 등(2015)의 주장을 바탕으로 보육내용을 선정할 때, 고려해야 할 일반적인 선정 원칙을 제시하면 다음과 같다.

첫째, 보육내용은 보육목표를 달성하기 위한 것으로서 설정된 보육목표와의 일관성이 유지되어야 한다. 둘째, 단편적인 지식보다는 학문을 구성하는 기본 개념과 일반적 원리들을 중점적으로 다루어야 한다. 셋째, 보육내용은 학습자가 학습 가능한 것으로 구성되어야 한다. 넷째, 학습자의 탐구심을 기를 수 있는 학습과제가 포함된 보육내용을 선정하여야 한다. 다섯째, 선택된 보육내용이 연관성 있는 다른 여러 가지 목표를 달성할 수 있도록 해야 한다. 여섯째, 보육의 일관성을 유지하고, 유사한 경험이 중복되지 않도록 해야 한다. 일곱째, 선정된 보육내용이 학습자의 흥미를 고려하여 선정된 것이어야 한다.

미국 유아교육협회(NAEYC)를 비롯한 전문단체 및 학자들 또한 같은 원리를 강조하고 있다. 즉, 영유아보육과정의 내용은 영유아의 활동과 직접적인 경험을 강조해야 한다는 것이다. 따라서 보육내용의 선정에 있어 기본적인 기술의 습득은 물론, 의미 있는 학습경험과 교사와의 상호작용을 통한 폭넓은 학습, 각각의 교과 간의 통합적 학습경험, 영유아의 개별적 특성과 흥미 및 요구의 반영 등을 강조하고 있다. 유아교육전문단체(NAEYC, 1991) 및 학자들(김대현, 김석우, 1996; 임재택, 1995; 전남련 외, 2009)이 주장하고 있는 구체적인 보육내용 및 활동의 선정기준은 〈표 4-1〉~〈표 4-4〉와 같다.

표 4-1. NAEYC(1991)가 제시한 보육내용 선정을 위한 지침

- 보육과정은 영유아가 어떻게 배우는지에 대한 전문적인 의견과 연구로 이루어진 분명한 이론적 기초를 포함하고 있어야 한다.
- 보육과정의 내용은 모든 영역(사회, 정서, 인지, 신체, 언어)에서 영유아를 위한 장기적인 목표를 성취하기 위해 설계되고 민주사회에 기여하는 시민의 역할을 준비할 수 있게 계획되어야 한다.
- 보육과정은 지식과 이해의 발달, 과정과 기술의 발달, 성향과 태도의 발달을 격려해야 한다.
- 보육과정은 영유아에게 적절하고 관련 있으며, 의미 있는 폭넓은 내용을 다루어야 한다.
- 보육과정의 목표는 각 연령의 영유아에게 적합해야 하며, 실현 가능하도록 계획되어야 한다.
- 보육과정의 내용은 각 영유아의 욕구와 흥미를 존중하여 결정되어야 한다.
- 보육과정은 개인적 · 문화적 · 언어적 다양성을 반영하고 지지하여야 한다.
- 보육과정은 영유아의 학습을 통합하기 위해서 그리고 새로운 개념과 기술의 획득을 촉진하기 위해서 영유아가 이미 알고 있는 것과 할 수 있는 것을 기초로 한다.
- 보육과정은 영유아에게 이전의 지식과 경험에 기초한 그들의 정신구조가 시간이 지남에 따라 보

다 복잡해지도록 개념적 틀을 제공해 주어야 한다.
- 보육과정은 특정 주제나 내용에 초점을 맞추게 되는데, 이것은 영유아에게 풍부한 개념적 발달을 이루기 위한 학습경험을 주거나 주제를 중심으로 교육계획을 함으로써 여러 교과영역을 통합하도록 해 준다.
- 보육과정의 내용은 지적인 통합성을 지녀야 한다. 즉, 내용은 아무것이나 다루는 것이 아니라 관련 학문의 합의된 표준내용이어야 한다.
- 보육과정의 내용은 탐구할 가치가 있는 것으로 선정한다.
- 보육과정은 영유아가 학습과정에 능동적으로 참여하게 하며, 의미 있는 선택의 기회를 제공해야 한다.
- 보육과정은 학습과정에 동반되는 실수를 가치 있는 것으로 인정하고 올바른 답을 찾기 위한 탐구와 실험을 제한하지 않아야 한다.
- 보육과정은 영유아의 사고, 추리능력, 의사결정능력, 문제해결능력의 발달을 강조해야 한다.
- 보육과정은 모든 영역의 학습에서 사회적 상호작용의 가치를 강조하고, 또래로부터 배울 수 있는 기회를 제공해야 한다.
- 보육과정은 활동과 감각적 자극, 신선한 공기, 휴식, 위생, 영양, 배설에 대한 영유아의 생리적 욕구를 충족시켜 주어야 한다.
- 보육과정은 영유아에게 심리적인 안정감을 주어야 한다.
- 보육과정은 영유아의 관점에서 성공할 수 있는 경험을 제공함으로써 자신감과 학습의 즐거움을 장려해야 한다.
- 보육과정은 교사가 개별 영유아나 집단에 적용할 수 있도록 융통성이 있어야 한다.

표 4-2. 임재택(1995)의 보육내용 및 활동의 선정기준

- 설정된 목표와 관련이 있어야 한다.
- 영유아에게 필요하거나 경험할 만한 가치가 있어야 한다.
- 영유아가 흥미를 느낄 수 있으며 친숙한 것이어야 한다.
- 영유아의 능력과 발달수준에 적합해야 한다.
- 계절, 기후, 행사, 지역사회 등과 관련성이 있어야 한다.
- 가능한 한 여러 가지 목표와 관련된 것일수록 좋다.
- 실행 가능한 것이어야 한다.

표 4-3. 김대현과 김석우(1996)의 보육내용 선정의 기본적인 원리

구분	내용
타당성의 원리	보육내용은 보육의 일반 목표달성에 도움을 주는 것이어야 한다. 보육의 일반 목표는 어떤 교과를 가르쳐야 하는가를 시사해 주며, 그 속에 어떤 지식, 기능, 가치들이 포함되어야 하는가를 대략적으로 알려준다.
확실성의 원리	지식으로 구성되는 보육내용은 가능한 참이어야 한다. 참인가의 여부는 논리적이거나 경험적인 경우에는 간단하지만 윤리적이거나 미학적인 지식의 경우에는 가리기가 쉽지 않다.
중요성의 원리	학문을 구성하는 가장 중요한 것들을 보육내용으로 삼아야 한다. 보육내용은 학문을 구성하는 가장 본질적인 부분을 나타내는 구조를 담아야 한다.
사회적 유용성의 원리	보육내용은 사회의 유지와 변혁에 도움을 주는 것이어야 한다. 영유아들이 살아가야 할 사회에 필요한 지식, 기능, 가치를 제시해야 한다.
인간다운 발달의 원리	보육내용은 영유아들의 성장과 자아실현에 도움을 주는 것이어야 한다. 보육내용은 인간다운 발달에 기여할 때 그 가치를 발휘한다.
흥미의 원리	보육내용은 영유아들의 성장과 흥미를 고려하여 선정되어야 한다. 보육내용의 선택 폭을 확대하는 것은 영유아의 흥미가 주요한 원리임을 반영한다.
학습가능성의 원리	영유아들이 학습할 수 있는 보육내용을 선정해야 한다. 즉, 영유아의 능력을 고려한 다양한 보육내용이 선정되어야 한다. 하나의 보육과정 속에 심화, 보통, 보충의 보육내용을 제시함으로써 다양한 능력이 영유아에게 맞는 보육내용이 제시되어야 한다.

표 4-4. 전남련 등(2009)이 제시한 보육과정 선정의 원리 및 기준

- 보육목표를 달성할 수 있는 내용을 선정해야 한다. 즉, 보육내용은 보육목표와의 일관성을 가져야 한다는 것이다. 가르치려고 하는 목표와 실제로 가르치는 내용이 서로 맞지 않으면 보육목표를 달성할 수 없기 때문이다.
- 보육내용을 선정할 때는 가장 기본적인 개념을 중시하여 내용을 선정해야 한다. 그러므로 여러 가지 내용 중 가장 핵심적이고 영유아들이 쉽게 받아들이고 이해하기 쉬운 내용을 중심으로 선정하여야 한다.
- 보육내용은 영유아들이 직접 경험해 볼 수 있는 실생활과 밀접하게 관련된 내용을 중심으로 선정

한다. 이를 위해서 교사는 영유아들의 발달시기 등에 적합한지, 욕구, 흥미 등을 반영하고 그 내용을 성취할 수 있는 심리적 · 물리적 · 환경적 요소들이 제대로 갖추어졌는지를 고려해야 한다.
• 보육내용은 영유아들의 전인적인 발달을 도모할 수 있는 언어, 인지, 신체, 사회 및 정서발달의 모든 영역을 통합할 수 있는 내용으로 선정해야 한다. 따라서 영역 간, 발달 간의 통합교육이 이루어질 수 있도록 해야 한다.

우리나라 보육시설에서는 일반적으로 국가 수준(표준보육과정)에서 제시하고 있는 목적인 영유아가 놀이를 통해 심신의 건강과 조화로운 발달을 이루고 바른 인성과 민주시민의 기초를 형성할 수 있도록 보육내용을 구성할 것을 강조하고 있다. 이를 위해서 영유아보육과정 구성에 있어 영유아의 전인적인 성장과 발달을 도울 수 있는 전인교육과 보육, 즉 발달적 측면, 사회 · 문화적 측면, 지적 측면 등과 같은 다차원적인 고려를 중심으로 선정하는 것이 바람직하다. 이상의 여러 학자들의 보육내용 및 활동 선정기준을 종합해 보면 다음과 같다.

첫째, 국가 수준 보육과정(표준보육과정)의 성격 및 목표에 부합되는 내용을 선정한다.

둘째, 보육내용은 보육목표를 달성하기 위한 것으로서 설정된 보육목표와의 일관성이 유지되어야 한다.

셋째, 단편적인 지식보다는 학문을 구성하는 기본 개념과 일반적 원리들을 중점적으로 다루어야 한다. 다시 말해 유아의 생활경험과 발달이 통합적으로 이루어지도록 돕기 위해서 보육과정의 내용을 개념적으로 조직한 형태로 제시하는 것이 좋다. 개념적으로 보육내용을 조직하면 보육내용을 좀 더 깊이 있고 조직적으로 이해하게 되고, 유아의 현재 발달수준에서 보육활동을 시작하며, 문화적 · 개인적 측면에서 유아가 가진 관심 범위를 알기 좋다는 등의 장점을 지니게 된다.

넷째, 보육내용은 학습자가 학습 가능한 것으로 구성되어야 한다. 이를 위해서는 각 교과의 개념 중심의 틀에서 벗어나 활동 중심으로 내용을 선정하는 것이 좋다. 통합된 형태로 내용을 구성하여 유아들이 주변생활에 쉽게 적응하고 주변생활을 이해할 수 있도록 해야 한다.

다섯째, 학습자의 탐구심을 기를 수 있는 학습과제가 포함된 보육내용을 선정해야 한다. 이를 위해서는 유아의 일상생활에서 내용을 선정하는 것이 좋다. 보육내용을 유아들의 경험과 밀접하게 연결시킬 수 있도록 제시해 주어야 한다. 유아들의 생활 주변의 소재로부터 놀이나 활동 중심의 보육내용을 선정하게 될 때, 유아들은 생활에 보다 많은 관심과 흥미를 가지게 되고, 그 결과 유아교육기관에 잘 적응하게 된다.

여섯째, 선택된 보육내용이 연관성 있는 다른 여러 가지 목표를 달성할 수 있도록 해야 한다.

일곱째, 보육의 일관성을 유지하고, 유사한 경험이 중복되지 않도록 해야 한다.

여덟째, 선정된 보육내용이 학습자의 흥미를 고려하여 선정해야 한다. 즉, 유아들이 보육활동을 하는 가운데 즐거움을 느낄 수 있어야 하고 자신의 흥미와 관심의 폭을 넓히고 유지할 수 있는 내용으로 구성해야 한다. 따라서 영유아의 놀이, 일상생활 활동으로 하루일과를 계획하고, 특히 영유아가 몰입하여 놀이를 할 수 있도록 놀이 중심으로 보육내용을 선정해야 한다.

아홉째, 유아의 발달단계 및 특성에 적합한 보육내용을 선정한다. 즉, 유아의 인지적 · 정의적 · 신체적 발달 상태를 고려해야 한다. 교사는 일반적 연령별 발달 정도는 이론을 통해서 알 수 있지만 개별 유아의 발달 정도는 정확한 관찰을 통해 파악할 수밖에 없다. 따라서 보육내용을 선정할 때는 연령별 유아의 발달 정도 및 개별 유아의 발달 정도를 고려하여 학습의 효과가 극대화되도록 해야 한다.

2. 보육내용의 조직

지금까지 논의한 보육내용 선정의 원리와 기준에 따라 보육내용이 선정되고 나면, 이 내용을 어떻게 가르칠 것인가를 조직해야 한다. 이런 활동을 보육내용의 조직이라고 하는데, 보육내용의 조직은 보육내용을 어떻게 배열할 것인가에 대한 문제이다. 즉, 보육과정의 내용과 활동의 선정이 영유아에게 무엇을 가르칠 것인가와 관련된 것이라면, 보육내용 및 활동의 조직은 어떻게 가르칠 것인가를 모색하는 과정이다. 다시 말해 보육과정의 내용 및 활동을 언제, 어디서, 어떻게 전개할 것인가를 알기 쉽게 조직화하는 작업인 것이다. 목표 달성을 위한 보육경험 및 활동의 선정은 보육경험 및 활동의 조직과 밀접한 관계를 가지고 있다. 따라서 보육내용 및 활동의 조직은 효과적인 목표 달성을 위해 선정된 보육내용을 계열화하고 다른 보육내용과 조화 및 균형을 이루며, 학습자인 유아와 연결될 수 있도록 적절하게 조직되어야 한다. 즉, 앞서 제시된 다양한 기준들에 의해 선정된 학습경험과 활동이 적절히 조직되어 영유아들에게 제공되어야 하는 것이다. 학습 내용 조직은 일반적으로 보육내용을 계열화하고 상호 연관을 지으며, 학습자인 영유아와 연결되도록 하는 것이다.

영유아교육에 있어 보육내용의 조직은 기본적으로 높은 단계(표준보육과정과 누리과정), 중간 단계(연간 · 월간 교육계획안), 낮은 단계(주간 교육계획안과 일일 교육계획안)로 구분할 수 있다(양옥승 외, 2015). 이와 같은 교육내용을 조직할 때, 타일러(Tyler, 1949)의 내용선정의 원리인 계속성의 원리, 계열성의 원리, 통합성의 원리, 균형성의 원리, 다양성의 원리, 건전성의 원리가 많이 인용되고 있는데, 이 중 영유아교육과정에서는 계속성, 계열성 및 통합성의 원리가 강조되어 있다(김정호, 1997).

표 4-5. 보육내용의 조직 원리

구분	내용
계속성의 원리	계속성의 원리는 학습경험을 반복적으로 제시하는 것으로 손 씻기, 식습관 지도, 생활안전, 소방대피훈련 등과 같은 교육을 말한다. 즉, 학습경험을 동일한 수준에서 반복하는 것이다. 연령 및 수준별 교육내용, 연간 교육계획, 주제의 전개에서부터 마무리 단계까지의 학습경험 등이 있다.
계열성의 원리	계열성의 원리는 영유아교육에서 계열성을 고려하여 조직하기 위해 구체적인 것에서 추상적인 것으로, 가까운 것에서 먼 것으로, 부분에서 전체로(혹은 전체에서 부분으로), 단순한 것에서 복잡한 것으로 점진적으로 조직하는 것을 말한다. 즉, 내용의 수준을 점차적으로 높이고 확대하면서 심화해 나가도록 조직하는 것이다.
통합성의 원리	통합성의 원리는 여러 영역의 학습내용들이 서로 연결되고 통합될 수 있도록 조직하는 것을 말한다. 특히 유아교육과정에서 이 원리가 중요한 것은 영유아의 발달 특성상 친숙하지 않거나 추상적인 것을 지식으로 습득하기 어렵기 때문이다.

구체적으로 첫째, 계속성의 원리는 보육내용이 시간적으로 계속되고, 반복적으로 경험되도록 조직하는 것을 말한다. 즉, 경험의 지속성이 유지되도록 구성하는 것이다. 보육활동의 경험을 효과적으로 배열하려면 목표 달성을 위한 활동이 반복적으로 제시되어야 하고 일정 기간 동안 영유아들이 계속적인 반복 경험을 할 수 있어야 한다. 하나의 지식이나 기술을 습득하기 위해서는 연습의 기회를 자주 제공함으로써 완전히 익힐 수 있으며, 이를 통해 새로운 지식과 기술에 숙달되도록 하는 것이 목적이다. 영유아에게 한 가지 목표 달성을 위해 학습이 일어나도록 조직하는 것이 중요하다. 보육은 영유아부터 취학 전까지의 영유아들을 모두 대상에 포함하고 있기 때문에 보육활동의 시간적·공간적 연계성을 고려하여 활동을 조직하는 것이 필요하다.

둘째, 계열성의 원리는 시간적인 순서와 관련된 개념으로 단순한 반복의 의미가 아닌 계열의 기본적인 줄기는 유지하면서 그 줄기에서 보다 더 넓고, 깊은 학습이 심화되고 확대되어 가도록 하는 개념이다. 즉, 연령이 높을수록 더 심화된 학습을 해야 하고 연령이 어릴수록 구체적이고 단순한 활동을 해야 한다는 것이다. 예를 들어, 동일한 보육목표를 위한 활동이라 하더라도 영아반과 유아반의 활동 수준이 질적으로 서로 다르게 구성되어야 한다. 이것은 브루너(Bruner)의 나선형 교육과정[1)]의 구성원리와 유사한 개념으로 사람에 대한 내용을 조직한다고 할 때, 나로부터 시작해서 우리 가족, 사회, 국가, 세계 여러 나라 사람들로 확대하여 구성한 내용으로, 구체적 사실에서 추상적 개념으로 나아가는 것이 바람직하다. 즉, 동일 목표를 위한 활동이라도 영아에 비해 3세나 5세 유아의 활동은 더욱 심화된 활동이 되어야 한다. 어릴수록 보다 구체적이고 단순한 활동을 제공하고 점차적으로 추상적이고 복잡한 활동으로 나아가

1)

나선형 교육과정 모형	표현 양식	평형의 예
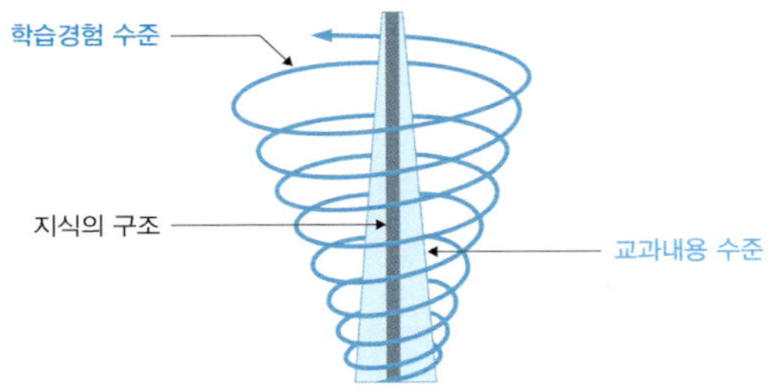	상징적 표현	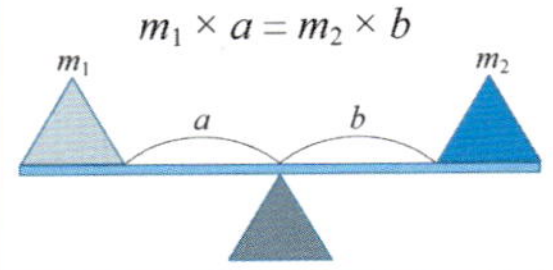
	영상적 표현	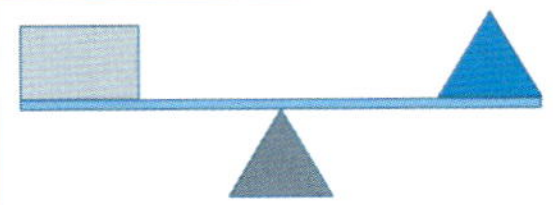
	행동적 표현	

브루너(Bruner)는 학문중심관점의 대표적 이론가로서 학문의 기저가 지식의 구조임을 강조하고 그것을 문제에 확장·적용하는 학습방법으로서 발견학습을 할 것을 강조하였다. 발견학습이란 학습자들이 스스로 지식의 구조를 발견하고, 다양한 문제에 적용하도록 하는 것이다. 이 과정에서 문제해결능력으로서의 학문적 탐구능력을 가지게 된다. 발견학습은 지식이나 학문의 기저를 이루고 있는 기본 개념이나 원리 및 관련 방식을 이해하는 지식의 구조, 학습자가 학습하고자 하는 동기인 학습경향성의 강조를 특징으로 한다. 발견학습은 쉬운 전이, 문제해결기술, 과학적 사고의 향상 등이 장점이지만 학습시간이 오래 걸리고 비효율적일 수 있다. 나선형 교육과정(spiral curriculum)은 발달단계에 따른 지식의 구조를 제시하는 것으로 지식의 구조를 계속적·연속적으로 반복 제시한다. 지식의 표상양식인 행동적·영상적·상징적 표현양식을 통해 어떤 교과든지 지적으로 올바른 형식으로 표현하면 어떤 발달 단계에 있는 아동에게도 효과적으로 가르칠 수 있다고 주장한다. 나선형 교육과정은 학습자가 내용을 이해·변형·전이하는 능력을 스스로 발휘할 수 있도록 조직된 학습과제의 제시순서를 정해야 하며 학습결과에 대한 보상과 강화가 필요하다고 강조한다. 유의미한 학습이 가능한 장점이 있으며 특정 분야만 단편적으로 학습하게 되는 단점이 있다. 브루너의 이론은 내적 동기를 증대시키고, 학습의 전이력을 향상시키며, 체계적인 교육으로 질적 성장이 가능하다는 등의 다양한 효과가 있다. 출처: https://gymnarchus.tistory.com/115[김나르쿠스]

도록 조직하는 것이다.

셋째, 통합성의 원리로 영유아가 경험하는 활동들이 하나의 통합된 의미를 지니도록 내용을 조직해야 한다는 의미이다. 보육내용의 통합성을 유지한다는 것은 영역별 또는 동일 영역에서도 하위 영역별로 서로 보완하고 강화되어 연결될 수 있는 내용으로 조직하여야 한다는 것이다. 보육목표를 달성하기 위해 가정의 여러 영역에서 반복적으로 활동을 경험하고 보육시설뿐만 아니라 실생활에서도 경험이 확장될 수 있는 기회를 제공하는 것이 좋다. 따라서 교사는 영유아가 배운 내용을 일상의 다양한 상황 속에서 적용해 볼 수 있도록 보육내용을 조직해야 한다. 통합적 조직접근은 다양한 영역의 내용, 개념 등을 통합된 전체 경험으로 제공할 수 있도록 조직하는 방법을 말한다. 이러한 조직방법은 유아들에게 의미 있는 학습 경험을 제공함으로써 흥미와 참여를 높이고 지식, 기술, 성향과 태도를 개발하는 데 효과적이라는 점에서 최근 보육현장에서 활발하게 적용되고 있다. 통합적 접근은 이처럼 다양한 영역별 또는 동일한 영역에서도 하위 영역별로 서로 보완하고 강화하여 서로 연결될 수 있도록 하는 것으로 영유아들이 배운 지식과 활동한 경험들이 서로 모순없이 통합되어 오랫동안 기억될 수 있기 때문에 통합적 접근의 방법으로 보육내용을 조직하는 것이 효과적이라고 주장한다(김녹현 외, 2018).

Chapter

05

교수 · 학습지도

배울내용

1. 영유아의 발달적 특성과 학습
2. 교수 · 학습지도의 원리와 방법

학습목표

1. 영유아의 발달적 특성을 이해하고, 학습의 기본 전제를 익힌다.
2. 교수 · 학습지도의 구체적인 원리와 방법을 숙지하고, 상호작용방법을 숙지한다.

보육과정의 구성요소(3장 보육과정의 구성과 목표 〈그림 3-2〉 참조)는 보육과정의 목표, 보육내용의 선정, 보육내용의 조직, 교수·학습지도 및 보육평가로 구분할 수 있다. 즉, 보육과정에 대한 목표를 설정하고, 목표를 달성하기 위해 보육내용의 선정과 조직이 이루어지고 나면, 교수·학습지도 활동을 하게 된다. 보육의 실제에서 가장 기본인 가르치며 배우는 과정인 교수·학습은 영유아의 발달과 교육에 관한 이론들을 근거로 영유아의 개별적 성향과 능력 등을 잘 판단하여 이에 적합한 교수·학습방법을 선택하고 상호작용을 하는 것이 무엇보다 중요하다. 따라서 본 장에서는 영유아학습의 기본 전제와 교수·학습방법 및 상호작용에 대해 구체적으로 살펴보고자 한다.

1. 영유아의 발달적 특성과 학습

1) 영유아의 발달적 특성

영아기는 신생아기(출생 후 2주 혹은 4주까지) 이후부터 24개월까지로 제1성장 급등기라고 할 만큼 신체적 성장이 빠르게 일어나는 시기이다. 또한 영아는 신경과 근육조직의 성숙에 기초해 운동기능이 발달하면서 능동적으로 세상을 탐색하고 자신의 경험을 통제하며 주도적으로 활동을 해 나가게 되는 시기이다. 다시 말해 영아기는 인생 초기의 전 영역의 발달에 기초가 되고, 특히 운동과 활동이 증가하면서 신체 및 운동발달이 촉진되고, 긍정적 자아개념과 사회관계를 유지하는 데 있어 매우 중요한 시기라고 할 수 있다. 이러한 영아기 발달특징을 1세 미만, 1세, 2세로 구분하여 살펴보면 〈표 5-1〉과 같다(강혜경 외, 2020; 권화숙 외, 2018; 오승아, 2017).

표 5-1. 영아기 발달적 특징

구분	내용
1세 미만	• 1세 미만의 영아들은 발달적으로 호기심이 왕성해지면서 환경을 탐색하고자 하는 욕구가 높아지기 시작한다. • 이가 나기 시작하고 사물을 입에 넣고 빤다. • 약 5개월 정도 되면서 잡아주지 않아도 잠시 앉아 있을 수 있으며, 사물을 끌어당길 수 있다. • 약 7개월가량 되었을 때부터 붙잡고 일어서거나 물건을 부딪쳐 소리를 낼 수 있다. • 8개월 이후 가구나 벽을 붙잡고 서기를 시도하며 점차 걸음마를 시작한다. • 혼자 설 수 있게 되면서부터 높은 곳에 있는 물건을 끌어당길 수 있으며, 물건 등을 컵 같은 곳에 집어넣을 수 있다. • 새로운 감각적 자극에 대한 호기심이 점차 왕성해지고 잘 걷게 되면서부터 도움을 받아 계단을 내려오고 다른 사람의 간단한 행동을 따라할 수 있다. 걸음걸이는 12개월이 되면 대체적으로 벽과 가구 사이를 짚고서 날 듯이 발을 떼고 걷는다. • 서기와 걷기를 끊임없이 연습하고자 시도한다. • 언어발달은 울음소리의 분화에서 시작되고, 그 이후 옹알이를 시작하며 한 단어 문장과 두 단어 문장을 구사하는 순서로 발달한다. 생후 1년이 될 때까지 영아는 첫 단어를 산출하지 못하지만, 말소리를 내는 능력은 생후 1년 동안 지속적으로 발달한다.
1세	• 몸을 이전보다 매우 활발히 움직이며, 간단한 기구를 이용한 신체활동을 시도한다. • 감각의 자극에 대해 보다 활발히 반응하며 서기, 걷기 등이 보다 안정적으로 이루어진다. • 누웠다 앉기 등의 몸의 움직임 조절이 점차 완성되며, 다양한 움직임을 시도하고 걷기 등의 이동자세가 보다 자연스러워진다. • 감각기관으로 주변 환경을 적극적으로 탐색하며 눈과 손이 협응하여 소근육 활동에 활용하고 단순한 모방행동을 놀이처럼 더욱더 즐기는 모습이 나타난다. • 바퀴 달린 놀잇감으로 놀이할 수 있으며, 달리는 등의 행동이 나타나지만 속도를 제한하지는 못한다. • 물건을 통 안에 넣거나 꺼낼 수 있으며, 뚜껑을 돌려 열거나 닫을 수 있다. • 인지적 발달은 환경 내의 사물 자체에 강한 호기심을 보이며 여러 가지 형태로 사물의 속성을 탐색하게 된다. 마치 되풀이해서 새로운 실험을 하듯이 사물을 탐색하고 다루는 일련의 새로운 도식을 형성해 나간다. 이 시기는 매우 적극적이고 목적지향적이며 시행착오적인 행동 특성을 보인다. • 1세경이 되면 처음으로 유의미한 단어를 말할 수 있으며, 단일 음절을 단일어로 반복하

구분	내용
	는 특징을 보인다. 이 시기의 단어는 단순히 하나의 단어가 아니라 문장의 의미를 가지고 문장의 기능을 수행하며 얼굴 표정이나 몸짓 등의 행동표현을 수반한다.
2세	• 주변 환경에서 나타나는 다양한 소리와 모양, 움직임 등을 탐색한다. • 도구를 사용하여 스스로 먹을 수 있다. • 질병의 위험을 안다. • 걷기, 계단 오르기 등의 이동운동을 할 수 있으며, 간단한 기구를 이용한 신체활동이 가능하다. • 인지발달은 눈앞에 없는 사물이나 상황들을 상징적으로 표상하며 이를 사용하여 문제를 해결하는 능력을 발달시킨다. 즉, 표상적 사고가 시작된다. 또한 이 시기에는 모델이 없어도 내적 표상을 가지게 되어 지연모방(deferred imitation)이 가능해진다. • 2세경이 되면 단일한 단어의 미분화된 사용이 둘 이상의 단어로 결합되기 시작한다. 또한 어휘 수가 폭발적으로 증가하여, 이 시기는 250~300개의 단어를 이해할 수 있다. 두 단어 문장을 사용하면서부터 성인의 말을 모방하게 되지만, 이 시기는 타인의 입장에서 사고하고 추리하는 조망능력이 발달하지 못했기 때문에 주로 반복, 독백 등의 자기중심적인 언어를 사용한다. • 2세 말이 되면 성인이 보이는 거의 모든 정서가 나타난다. 이러한 정서의 분화에 영향을 주는 것은 생리적 요인의 발달, 경험과 환경의 영향, 성숙과 학습의 영향, 표현행동의 자극이다.

유아기는 만2세부터 취학 전까지의 연령으로 이때는 끊임없이 움직이며 놀이를 통해 세상을 탐색하는 시기이다. 유아기의 신체발달은 영아기에 비해 급격한 성장보다는 완만한 발달을 보인다. 즉, 신체의 성장속도가 빠르지는 않지만 신체 크기나 모습에는 현저한 변화가 나타나며, 뇌와 신경계의 변화로 인해 운동 및 인지기능에서의 발달이 이루어진다. 그리고 운동기능이 발달하면서 활동영역이 확대되고 신체에 대한 자기통제가 가능하게 된다. 또한 유아기에는 소근육이 발달하여 보다 정교하고 세밀한 활동들이 가능해진다. 유아기 발달적 특징은 〈표 5-2〉와 같다(강혜경 외, 2020; 권화숙 외, 2018; 오승아, 2017).

표 5-2. 유아기 발달적 특징

- 영아기에 비해 발달이 매우 성숙되며 협응력 및 균형감각, 신체조절능력이 향상되므로 또래와의 활동이 활발하게 이루어질 수 있는 시기이다.
- 위험한 상황과 사물에 대한 판단능력 또한 향상되는 시기이다.
- 할 수 있는 것이 많아지므로 인해 도전하고 시도하려는 욕구가 증대되지만 안전에 대한 고려 없이 충동적으로 행동하는 경우가 많아지는 시기이다.
- 복잡한 기구 사용 능력과 기회의 증가로 자전거나 모형 자동차, 바퀴가 달린 신발이나 기구 등을 사용하는 경우도 빈번하고 이를 이용한 또래놀이가 이루어지는 경우도 흔히 발생하게 되는 시기이다.
- 베란다에서 추락하거나 작은 부품을 삼키는 사고, 에스컬레이터나 엘리베이터 이동 시 끼이는 사고 등의 발생 확률도 높아지는 시기이다.
- 유아들에게 위험한 상황에 관한 이야기 나누기를 자주 실시하고 사고를 예방하고 스스로 자신의 몸을 보호할 수 있는 태도를 기를 수 있도록 지도하여야 하는 시기이다.
- 위험한 물건이나 딛고 올라갈 수 있는 가구 등은 재배치하여 호기심에 의한 안전사고가 이루어지지 않도록 안전한 환경을 조성해야 하는 시기이다.
- 인지적 측면에서 매우 많은 변화가 생기는 시기이다. 인지적 성장과 언어발달이 빠른 속도로 이루어지는데, 눈 앞에 존재하지 않는 대상이나 사건에 대해 정신적 표상에 의한 사고를 할 수 있는 표상능력이 발달하고 상상과 환상이 풍부해지는 시기이다. 또한 주변세계에 대한 호기심과 탐구욕으로 생동감이 넘치는 시기이다.
- 언어가 상징적 표상의 중요한 수단이 되므로 정확한 의사전달이 가능해진다.
- 성에 대한 호기심이 차츰 증대하여 자신이나 부모, 형제자매, 친구의 성별에 관심을 보이게 된다. 더불어 동시에 부모의 사랑과 관심을 독차지하려는 경향이 나타나 경쟁의 대상이 되기도 한다. 감수성이 예민해지고 표현방식이 세련되어진다.
- 대인관계의 폭이 넓어지고 다양해지며 사회성이 발달하게 된다.

2) 영유아학습의 기본 전제

영유아들은 생존에 필요한 대부분의 지식과 기술, 능력 등을 놀이를 통해 발달시키게 된다. 그리고 놀이를 통해 지적 · 신체적 · 정서적 · 언어적 발달이 이루어지게 된다. 인간의 학습은 하나의 연속적인 과정이기 때문에 자연스럽고 연속적으로 이루어져야 한다. 먼저 보육교사는 영유아의 건강한 발달을 위해 교육을 하기 전에 영유아의 발달에 근거한 학습의 전제조건에 대해 명확하게 이해하는 것이 중요하다. 영유아의 학습의 기본 전제는 〈표 5-3〉과 같다.

표 5-3. 영유아학습의 기본 전제

구분	내용
영유아는 능동적인 학습자이다.	영유아는 적극적인 신체활동을 하며, 모든 감각기관과 몸 전체를 사용하여 학습한다. 또한 스스로의 활동을 통해 경험을 쌓아가며, 현재의 접근 수단이 용이하지 않을 때 다른 만족할만한 대안을 찾는다. 따라서 여러 감각기관을 이용하는 기회를 제공하고, 교실을 자유롭게 돌아다닐 수 있는 시간을 계획하는 것이 좋다.
영유아의 학습은 성숙의 영향을 받는다.	성숙을 통해서 전에는 가능하지 않았던 새로운 학습이 가능해진다. 예를 들어, 2~5세의 영유아는 드러나는 모습으로만 그 사람의 감정을 판단하지만, 6~7세가 되어 인지적 성숙이 일어나면서 상황적 단서를 고려할 수 있다. 따라서 교육과정은 학습목표 안에서 융통성 있게 계획되어야 한다.
영유아의 학습은 환경의 영향을 받는다.	물리적 환경, 생물학적 환경, 사회적 환경 등이 학습과정에서 중요한 역할을 한다. 환경적 변수는 영유아의 학습능력을 향상시키기도 하고 퇴보시키기도 한다. 따라서 교사는 학습환경의 중요성을 인지해야 한다.
영유아는 물리적 경험과 사회적 상호작용을 통해 학습한다.	영유아가 스스로 지식을 습득할 수 있도록 경험과 환경을 제공하여 영유아의 학습을 지지하고, 영유아의 현재 생각을 촉진시킬 수 있도록 상호작용하고 질문하며 새로운 것을 소개시켜 주어야 한다.
영유아 각자의 학습 스타일은 다르다.	가드너(Gardner)는 언어적 지능, 음악적 지능, 신체감각 지능 등의 7가지를 제시하며 모든 영유아는 이들 지능을 통해 독특한 개인의 인지양식을 갖게 된다고 하였다. 따라서 어떤 활동은 강조하고 다른 것은 무시하기보다는 다양한 방법으로 학습할 수 있도록 해야 한다.
영유아는 놀이를 통해 학습한다.	자유놀이, 지도놀이, 지시놀이, 놀이를 가장한 학습 등 다양한 놀이를 통해 발달을 촉진시켜야 한다.

구분	내용
영유아의 학습은 성향이나 지각의 영향을 받는다.	성향은 지속된 경험의 결과에 의해 형성되며 매일매일의 교육적 경험에 의해 강화되거나 약화될 수 있다. 따라서 교사가 영유아의 질문을 무시하거나 수업을 방해하는 것으로 여기는 것이 되풀이되면, 영유아의 호기심에 대한 성향은 약화된다. 그러나 반대로 영유아의 질문에 관심을 갖고 대답해 주며 새로운 것에 대한 영유아의 반응을 북돋아주면 영유아의 호기심에 대한 성향은 강화된다.
영유아는 신체적 욕구가 충족되고 심리적으로 안전하다고 느낄 때 가장 잘 학습한다.	적합한 보육과정은 영유아의 생리적 요구를 존중하는 것이다. 또한 환경이 낯설지 않고 안정적이며 편안할 때 자유로운 놀이활동이나 탐색활동을 잘 할 수 있다.

영유아의 학습의 전제 조건을 충분히 고려하여, 영유아보육을 위한 보육내용의 선정과 조직이 이루어지고 나면, 어떻게 가르칠 것인지를 정해야 한다. 즉, 보육목표에 적합한 보육내용을 선정하고 조직한 후 이를 효과적으로 실천하고자 하는 구체적인 방법이 교수 · 학습방법이다. 이는 보육시설에서 영유아의 보육을 담당하는 교사 및 종사자들이 영유아의 발달과 학습의 원리 등에 대한 전문적인 지식을 가지고 영유아들의 다양한 경험을 제공하기 위해 보육활동 전반에 대한 체계적인 계획을 수립하기 위한 설계도를 작성하는 것과 같다. 실제 보육시설에서 영유아를 대상으로 보육을 한다는 것은 이와 같은 설계도에 기초하여 보육활동, 즉 교수 · 학습활동이 이루어진다는 것을 의미한다.

2. 교수 · 학습지도의 원리와 방법

1) 교수 · 학습에 대한 관점

교수 · 학습은 보육과정의 일부이므로 당연히 교육관이나 프로그램에 따른 강조점에서 차이를 나타낸다. 교수 · 학습에 대한 관점을 발달이론에 따라 성숙주의적 관점, 행동주의적 관점 및 구성주의적 관점으로 살펴보면 다음과 같다(양옥승 외, 2001).

(1) 성숙주의적 관점

성숙주의적 관점에서는 유아가 어떤 것을 학습할 준비가 되어 있을 때 그것을 학습하는 방법도 터득하게 된다고 가정한다. 그래서 특별한 교수방법을 적용할 필요없이 유아들의 준비도에 맞는 활동과 따뜻하고 안정된 환경만 제공된다면 학습이 이루어질 수 있다고 본다. 따라서 교사는 유아의 요구와 흥미에 의해 자발적으로 활동을 선택하고 놀이를 할 수 있도록 흥미 영역을 구성하고 자료를 준비해 주며, 유아를 관찰하고 그에 반응해 주는 것이 중요하다. 즉, 유아가 선택한 활동을 충분히 할 수 있도록 자유선택활동 시간과 유아가 선택할 수 있는 활동을 충분히 제공해야 한다. 다시 말해 교육계획은 유아의 흥미에 반응할 수 있도록 융통성 있게 구성하는 것이 중요하다.

(2) 행동주의적 관점

행동주의적 관점에서는 유아는 환경의 반응자이고, 학습이란 자극에 대한 반응과 정보의 흡수, 특정 행동에 대하여 강화되는 것으로 본다. 발달의 지연은 성숙의 문제가 아니라 자극–반응이 부적절했거나 효과적인 강화가 이루어지지 못했기 때문이라고 본다. 따라서 교사는 유아에게 필요한 행동을 구체화하고 세분화하여 계층적으로 조직하고 이를 순서적으로 제시하여 유아가 학습할 수 있도록 하는 것이 중요하다. 이를 위해 언어적 · 비언어적 지시와 안내, 보상과 칭찬을 통해 목표로 하는 행동이 수정되도록 한다.

(3) 구성주의적 관점

구성주의적 관점은 피아제와 비고츠키의 구성주의 이론에 기초한다. 이 관점에서 볼 때, 유아는 환경과의 상호작용을 통해 대상을 해석하고 재구성하는 존재이며, 의미 있는 사회적 상황에서 타인과 협동하면서 정신과정을 만들어 가는 능동적인 존재이다. 비고츠키의 이론을 따르는 교사들은 교육적 환경을 조성하며 유아들의 근접발달 영역(Zone of Proximal Development: ZPD)을 알고 비계설정(scaffolding) 등 적절한 도움을 제공하여 외부에서 주어진 고도의 정신적 과정이 유아에게 내면화되도록 상호작용하는 것을 중요하게 생각한다. 구성주의 관점의 교수원리는 〈표 5-4〉와 같다(DeVries et al., 2002).

표 5-4. 구성주의 교육의 교수원리

- 협동하는 사회 · 도덕적인 분위기를 확립해야 한다. 물리적으로 안전하고 심리적으로 안정감 있는 환경에서 존중받는 유아는 편안하게 자신의 지적 · 사회적 흥미를 추구할 수 있다.
- 영유아의 흥미를 고려해야 한다. 이를 위해 교사는 유아가 무엇을 자발적으로 하는지 관찰하고 마음을 끄는 활동을 제시하여 선택할 수 있는 충분한 기회를 제공한다.
- 물리적 지식, 논리 · 수학적 지식, 사회적 지식의 세 가지 지식 유형에 알맞게 가르친다.
- 유아가 도전받을 수 있는 내용을 선택한다. 개발된 탐색을 증진하며 지적 능력에 적합한지, 단답형이 아닌 광범위한 반응을 가능하게 하는지, 유아의 호기심과 흥미를 주로 유발하는지, 유아가 지속적인 사고를 하도록 조정하는지 등을 고려한다.
- 적절한 질문과 개입을 통해 유아의 추론 능력을 증진시킨다.
- 탐색과 심층적 몰입에 필요한 적정 시간을 제공한다.
- 문서화 작업과 평가를 교육활동과 연결시키도록 한다.

2) 교수 · 학습의 원리

교수 · 학습이란 교수(teaching)와 학습(learning)을 결합한 의미로 영유아보육과정에서 교수 · 학습방법의 선정은 매우 중요한 활동 중의 하나이다. 따라서 교수 · 학습방법을 선택할 때 필요한 기준들에 대한 연구들이 진행되었는데, 구체적으로 문미옥과 이해상(2003)은 아동 중심 교육의 원리, 놀이 중심의 원리, 자발적 활동의 원리, 지식 종류에 부합되는 원리, 능력에 부합되는 원리, 개별화의 원리, 집단 역동의 원리, 다양성과 균형성의 원리, 의미 있는 반복의 원리, 사회 · 문화와의 연계원리로 구분하여 설명하였고, 이기숙(1990), 이영자(1992), 심성경 등(2001)은 구체적 활동성의 원리, 다양성 및 융통성의 원리, 능동적 선택성의 원리, 통합성의 원리, 활동의 균형성의 원리, 능동적 상호작용의 원리, 놀이 중심의 원리, 개별화의 원리, 친근성의 원리, 탐구활동의 원리로 구분하여 설명하고 있다. 이를 종합해 보면, 영유아보육을 위한 교수 · 학습의 원리를 〈표 5-5〉와 같이 설명할 수 있다.

표 5-5. 영유아보육을 위한 교수 · 학습의 원리

원리	내용
아동 및 놀이 중심	교육의 주체가 아동으로서 아동의 흥미와 놀이를 중심으로 학습경험을 제공하되 의미 있는 학습이 되도록 교사의 적절한 개입과 사전계획이 필요하다.
자발성	영유아의 능동적인 선택에 의해 자발적인 학습활동을 전개해 나가며 스스로 탐구하고 문제해결능력을 기를 수 있도록 해야 한다.
적합성	영유아의 학습활동은 발달에 적합한 활동이어야 하며, 피아제(Piaget)가 분류한 지식의 유형, 즉 논리 · 수학적 지식, 사회적 지식, 물리적 지식에 따라 교수 · 학습이 이루어져야 한다.
개별화	영유아가 세상을 지각하는 감각적인 양식의 차이에 따라 시각적 학습자, 청각적 학습자, 운동 · 촉감적 학습자로 구분할 수 있는데, 이러한 개인차를 고려하여 교수 · 학습을 개별화해야 한다.

원리	내용
다양성 및 융통성	과제, 교수방법, 교수자료를 다양하게 제시하여야 한다. 특히 연령이 어릴수록 교수 전략의 다양성과 융통성이 더욱 강조되어야 한다.
균형성	영유아에게 제공되는 다양한 활동은 균형 있게 전개되어야 한다. 즉, 대 · 소집단과 개별활동, 실내 · 외 활동, 정적 · 동적 활동, 휴식 등이 적절하게 이루어져야 한다.
친근성	영유아는 자신이 이미 알고 있는 것, 친근한 내용과 연관된 학습을 할 때 더욱 효과가 크므로 영유아의 일상생활이나 이전 경험과 연관된 활동을 통해 학습할 수 있어야 한다.
통합성	영유아의 전인적 발달이 통합적으로 이루어지도록 계획해야 한다.
의미있는 반복	학습자가 흥미를 느끼고 본인의 의지로 반복할 수 있도록 하는 의미 있는 활동을 제시해야 한다.
사회 · 문화와의 연계	교수 · 학습에 있어 교사와 학습자와의 차원만이 아니라 다양한 사회 · 문화적 경험을 할 수 있도록 하여 과거, 현재, 미래의 시간적 연계와 영유아교육기관, 가정, 지역사회, 우리나라 및 세계 여러 나라와의 연계가 이루어지도록 해야 한다.

유아교육자들이 일반적으로 동의하는 유아 교수 · 학습의 원리를 구체적으로 살펴보면 다음과 같다(교육과학기술부, 2009; 김녹현 외, 2018; 양옥승 외, 2011; Gestwicki, 2008; NAEYC, 1991).

(1) 놀이 환경과 놀이 활동을 중심으로 계획하고 지도한다

유아는 놀이를 통해 배운다. 놀이는 지식을 구성하는 데 필요한 탐색과 조작, 표상의 기회를 제공할 뿐 아니라 감정을 해소하고 조절하며, 또래와의 상호작용의 장을 마련해 준다. 또한 놀이는 발달의 모든 영역에 영향을 미치고 동기를 부여하고 학습을 능동적 과정이 되도록 이끌 뿐 아니라 개인적 차이를 허용해 준다. 따라서 교수 · 학습에서 놀이 중심 원리는 유아의 놀이가 학습 그 자체라고 보고, 보육활동이 놀이를 통해 이루어지도록 하는 것이다. 놀이가 교육적 의미를 가지도록 하기 위해 교사는 보육목표와 내용에 기초하여 놀이 환경과 놀이 활동을 제공하고 다양한 자료를 제시하여 유아가 흥미를 가지고 선택하여 놀이하도록 지도해야 한다.

(2) 친숙한 일상생활 및 경험을 통해 사물과 상황에 대한 지식, 기술, 태도를 학습하도록 한다

유아가 친숙한 일상생활 및 경험을 통하여 사물과 상황에 대한 지식, 기술, 태도를 학습하도록 하는 생활 중심 원리를 이용한다. 이를 위해 교사는 유아의 일상생활과 관련된 사물과 사건, 친숙한 일과, 가족과 친구, 지역사회의 여러 생활 모습과 환경, 자연현상 등 매일 실제로 접하는 생활을 중심으로 교수·학습이 이루어지도록 해야 한다.

(3) 개별 유아의 흥미 및 발달 수준에 따라 학습경험을 선정하고 조직한다

개별 유아의 흥미 및 이해 정도에 따라 보육활동을 선정하고, 학습의 속도에 맞게 제시하며, 교수·학습방법을 달리 적용하는 개별화의 원리를 이용한다. 유아는 발달의 진행 속도에 차이를 보일 뿐 아니라 지능, 성격, 흥미, 욕구, 경험 등에서 개인차를 보인다. 따라서 교사는 유아의 개별성을 이해하고 존중하며 그에 알맞은 교육이 이루어지도록 해야 한다. 최근에는 발달심리학적 특성뿐만 아니라 개인과 가족의 문화적 배경의 다양성에 대한 차이를 존중하고 보육과정에 이를 반영할 필요성이 강조되면서 다문화에 기초한 프로그램과 교수·학습방법이 많이 개발되고 있다.

(4) 자기 내부의 원인과 힘에 의하여 학습하고 스스로 지식을 구성해 나갈 수 있도록 한다

외부의 강제나 영향 없이 자기 내부의 원인과 힘에 의하여 학습이 이루어지는 것을 의미하는 자발성의 원리를 이용한다. 이는 학습이 학습자 스스로 배우고자 하는 자발적 의욕을 가지고 있을 때 가장 효과적으로 이루어진다는 신념에 기초한다. 교사는 유아가 흥미와 목적을 가질 수 있게 하고, 활동이나 교수자료의 수준이 너무 쉽거나 어렵지 않아서 적정 수준에서 도전할 수 있도록 유지하며, 자유롭고 수용적인 분위기를 조성해 주어야 한다. 자유선택활동 시간은 이러한 교수 · 학습의 자발성의 원리를 최대한 적용한 시간으로 볼 수 있으며, 대 · 소집단의 운영 시에도 유아가 흥미와 목적을 가지고 참여할 수 있도록 조직해야 한다. 한편 교사는 유아가 충동에 의해 마음대로 하는 것은 자발성의 원리가 아니라는 점에 유의해야 한다. 자발성의 원리를 적용하기 위해서는 유아의 자기조절과 통제, 선택과 책임, 연령 수준에서의 반성적 사고를 장려하는 교수 · 학습이 함께 이루어져야 한다.

(5) 예측하지 못했던 유아의 흥미, 요구 사건 등에 순발력 있고 융통성 있게 반응하여 학습자 중심 교육 및 발현적인 교육이 이루어지도록 한다

활동 내용이나 방법의 계획 및 적용 시 사전에 예측하지 못했던 유아의 흥미, 요구, 우발적인 사건에 순발력 있고 적절하게 반영하여 교육적 효과를 높이는 융통성의 원리를 이용한다. 유의할 점은 융통성의 원리를 적용한다는 것이 사전에 충분히 계획하지 않아도 된다거나 교육적 필요를 충분히 검토하지 않고 유아의 흥미를 좇는다는 것을 의미하지는 않는다는 것이다. 교육적 필요가 있으나 유아가 흥미와 관심을 보이지 않는다면, 교수 · 학습과정을 세밀하게 조직하여 유아의 흥미를 유발할 필요성이 있다.

(6) 학습이 효과적으로 이루어질 수 있도록 인식–탐색–탐구–활용의 순환적인 학습주기를 고려한다

새로운 것에 대한 학습이 이루어지기 위해서는 그 현상에 대해 의식하는 인식(awareness)이 필요하며, 인식한 대상이나 현상에 대해 자신의 오감각과 가능한 수단을 동원하여 탐색(exploration)하는 과정이 뒤따르게 된다. 탐구(inquiry)란 탐색을 통해 산발적으로 수집한 정보를 토대로 구성요소를 이해하고 비교, 분석하여 개념을 형성해 나가는 것이다. 마지막으로 학습한 것을 새로운 상황에 적용하거나 여러 가지 목적으로 사용하는 활용(utilization) 과정이 이루어진다. 교사는 하나의 단위 활동에 대한 교수·학습뿐만 아니라 주제의 전개 과정이나 연간·월간 교육계획과 실행 시에도 학습주기를 고려하여 학습 효과를 높일 수 있어야 한다.

(7) 유아는 특성상 신체적 편안함과 심리적 안정을 느낄 때 가장 잘 학습할 수 있다

유아는 신체적으로 활발하게 발달해 나가는 시기이지만 아직 대·소변, 낮잠과 같은 생리적 욕구 및 대·소근육에 대한 조절능력이 부족하다. 또한 신체적 움직임이 왕성하고, 오랜 시간 앉아 있거나 집중하는 것을 어려워한다. 따라서 교수·학습은 유아의 이러한 신체적 특성을 고려하여 계획되어야 한다. 심리적으로는 친숙하고 안정감을 느낄 수 있는 사람, 장소, 상황에서 놀이에 참여하고 적극적으로 탐색하는 특징이 있으므로 편안하고 친숙한 분위기의 교수·학습상황을 마련해 주는 것이 효과적이다.

(8) 교사-유아, 유아-유아 간 사회적 상호작용을 통해 구성원 간에 역동적인 힘과 영향을 주고 받을 수 있도록 한다

유아는 친숙한 성인 및 다른 유아와의 상호작용을 통해 학습한다. 유아교육현장에서 유아 간, 유아-교사 간에 서로 역동적인 힘과 영향을 주고 받으면 모든 활동에 상승적 효과를 일으키게 된다. 다양성과 차별성을 지닌 구성원 간의 상호 교섭을 통해 정보를 공유하고, 지적 자극을 주며, 탈중심화를 촉진하고, 상호 협동함으로써 효과적인 학습이 이루어지도록 할 수 있다. 이를 위해 일방적인 교수가 아닌 교사-유아 간의 상호이해와 상호작용이 이루어져야 하며, 유아-유아 간 상호작용과 협동, 문제해결을 위한 토론과 논쟁, 협상과 협력이 이루어질 수 있는 경험을 제공해야 한다.

(9) 유아 중심의 학습환경을 구성한다

유아를 위한 교수 · 학습은 학습환경과 밀접한 관계를 가진다. 왜냐하면 환경 구성 자체가 유아에게 무엇을 어떻게 놀이하고 학습할 것인가에 대한 메시지를 주기 때문이다. 따라서 다양하고 질 높은 교수 · 학습 자료로 구성된 흥미영역과 충분한 크기의 공간, 유아 신체에 적합한 기구와 시설은 유아가 자유롭게 탐색하고 능동적으로 학습하는 상황을 마련해 준다. 최적의 물리적 환경이 되려면 유아의 건강과 안정을 보장하는 것은 기본이며, 유아의 성장발달단계에 알맞아야 하며, 보육목표의 성취와 유아의 성장에 도움을 줄 수 있어야 하고, 보육주제에 연관성을 지니며, 흥미와 탐색을 조장하는 환경이어야 한다.

3) 교수 · 학습방법의 유형

영유아의 보육과정에 있어 교수 · 학습방법은 다양하게 진행될 수 있다. 구체적인 교수 · 학습방법의 유형은 〈표 5-6〉과 같다.

표 5-6. 교수 · 학습방법의 유형

구분	내용
직접교수법	교사가 가르치고자 하는 내용이나 기술을 조직하여 설명하거나 모델링하고 연습하도록 하며 피드백을 제공하는 것 등이다.
개념학습법	사상이 갖고 있는 공통성을 정리하고 추상화하여 범주화하는 것이다.
발문교수법	수업과정에서 유아들의 사고활동의 계기를 마련해 주며, 사고활동을 촉진해 주는 역할을 한다. 따라서 발문 구성에 대한 과학적 접근이 요구된다.
탐구학습법	탐구학습은 유아 자신의 능동적인 탐구행위를 통해 문제를 해결하고 주제를 학습하는 수업형태이다. 교사가 언어적으로 설명하거나 결론을 가르쳐 주는 것이 아니라 유아가 자신의 시각으로 현상과 세계를 보는 것을 전제로 한다. 탐구학습의 특징은 유아가 유연한 사고와 다양한 접근을 해 보게 하는 데 있다.
개별학습법	학습자의 능력이나 개성을 존중해 준다는 아동중심사상에 의해 학습자 개개인을 대상으로 개인차에 적합한 교육을 하는 것이다.
협동학습법	공동의 목적을 달성하기 위해 학생들이 소집단으로 함께 학습하는 것을 의미한다. 협동학습은 듀이(Dewey)가 민주주의와 교육에서 교실은 사회를 반영하는 환경을 제공해야 하고, 실제 삶을 연습할 수 있는 학습의 장이 되어야 한다고 주장하는 데서 그 근거를 찾을 수 있다. 협동학습은 학습수준이 다른 여러 학생들이 소집단 안에서 동일한 학습목표를 가지고 함께 활동하는 학습방법이다.
토의학습법	문제해결의 상황에 직면했을 때 서로 의견교환을 통해서 공동의 목적을 달성해가는 방법이다.
소집단교수법	인원수가 많고 각기 수준이 다른 유아를 대상으로 한 교실에서 개인차를 고려하여 수업이 이루어질 때 효과적으로 활용된다. 교사중심의 소집단 수업에서는 체계적으로 계획되고 조직적으로 이루어질 수 있으며, 교사는 토의의 주제와 방향을 제시하는 리더 역할을 하게 된다.

그리고 교사의 교수 · 학습방법은 크게 교사 중심과 유아(학습자) 중심 교수 · 학습으로 구분할 수 있다. 교사 중심 교수 · 학습방법은 교사가 능동적인 주도자로서 교사가 수립한 목표에 따라 교수과정이 이루어지는데 비해 유아 중심 교수 · 학습방법은 유아가 능동적인 참여자이고 유아의 생각, 느낌, 표현이 중요시되는 방법이다(양옥승 외, 2011; 이성호, 1999).

표 5-7. 교사 중심 교수 · 학습방법과 유아 중심 교수 · 학습방법

준거	교사 중심	유아 중심
중심 인물의 행동	• 교사가 능동적 주도자이며 유아는 수동적 수용자이다. • 교사가 목적, 내용, 방법, 절차 등 모든 것을 결정한다. • 교사의 사고, 가치, 태도, 흥미 등이 수업을 지배한다. • 교사의 강력한 자아상이 수립되고 제시된다. • 교사가 수업활동의 거의 전부를 차지한다.	• 유아가 능동적 주도자이다. • 유아가 개인 또는 집단으로 방법과 절차를 결정하는 경우가 많다. • 유아의 사고, 가치, 태도, 흥미 등이 수업에 적극 반영된다. • 유아 개개인의 자아상 확립을 존중한다. • 유아들이 교육활동의 많은 부분을 차지한다.
교수 · 학습의 목적 및 절차	• 교사가 설정한 목표대로 유아를 변화시키는 것이 교수 · 학습의 목적이다. • 교사가 수업목표를 제시해 주고 학습내용을 개관해 준다. • 교사는 유아의 발달수준, 능력, 흥미에 대한 큰 배려 없이 목표와 내용, 방법을 선정한다. • 교수 · 학습과정에서 교사–유아, 유아–유아 간의 상호작용 기회가 별로 많지 않다. • 교사가 유아의 인지구조나 사전지식 및 경험을 정리해 준다.	• 교사와 유아가 함께 목표를 설정한다. • 유아가 학습목표를 인식하고 학습내용을 계획한다. • 교사는 학습자의 발달수준, 능력, 흥미 그리고 개인차를 고려하여 목표, 내용, 방법을 선정한다. • 교수 · 학습과정에서 교사–유아, 유아–유아 간의 상호작용 기회가 풍부하다. • 유아 스스로 자신의 인지구조와 사전지식 및 경험을 활성화시킨다. • 유아는 무엇이 중요한가를 자기 스스로 발견한다.

준거	교사 중심	유아 중심
	• 교사가 중요한 정보를 선택하고 강조해 준다. • 교사는 유아의 기억을 돕기 위해 다양한 전략을 동원한다. • 교사는 자신이 생각하는 정답을 유아가 맞히기를 기대한다. • 교사는 유아의 표현이나 느낌을 경청하거나 해석하거나 반응을 보이지 않는다. • 교사는 자신이 선정한 기준에 따라 학습성패를 획일적으로 진단한다. • 측정평가는 교사의 고유 권한이다.	• 유아는 자신이 기억을 높이기 위해 자기에게 적절한 방법을 탐색한다. • 유아 개개인이 생각하는 문제해결방식이나 만들어 내는 답을 존중한다. • 유아는 자신의 표현이나 느낌을 존중하고 반응을 기꺼이 내보인다. • 유아는 스스로 자신의 학습성패를 가늠하는 방법을 찾고 또 성패 기준도 각기 정할 수 있는 기회를 부여받는다. • 유아도 측정평가에 교수자와 함께 참여한다.

출처: 양옥승 외(2011). 영유아교육과정. 학지사. pp.127-128.

4) 교사의 상호작용

교사의 상호작용은 교수·학습과정의 핵심적 요소라고 할 수 있다. 왜냐하면 보육목표와 선정된 보육내용이 아무리 훌륭하다고 하더라도 학습자가 실제적으로 접하게 되는 교사와의 상호작용에서 유아의 성장을 지원하는 상호작용이 적절하지 않다면 그 효과를 기대하기 어렵기 때문이다. 따라서 교사의 상호작용은 유아교육에 대한 교사의 관점과 아동관, 교육방법에 대한 생각을 실천적으로 드러내는 것으로 결국 교사의 전문성이 요구되는 부분이다. 유아를 보살피고 교육한다는 것은 유아에 대한 애정만으로는 부족한 일이라는 것을 명심해야 한다.

영유아가 사회에 유능하게 적응하기 위해서는 보육교사와의 상호작용 경험이 매우 중요하다고 할 수 있다. 그러므로 보육교사는 영유아에게 민감하게 반응하고, 격려하며, 적극적이고 긍정적인 의사소통으로 질 높은 상호작용을 제공하여 영유아의 발달을 최적으로 이끌어내야 한다. 즉, 보육교사의 상호작용은 보육의 질을 가늠하는 중요한 변인이며 보육교사에게 있어 가장 중요한 역할이다.

(1) 보육교사의 상호작용

영유아는 교사와의 역동적인 상호작용을 통해 신체, 인지, 언어, 정서 및 사회성 발달이 급격히 이루어진다(권경아, 2015). 또한 영유아기에 경험한 초기 사회적 관계는 사회성 발달의 기초를 형성하게 되며, 언어발달과 정서발달에도 긍정적인 영향을 주는 중요한 요소이다(최선희, 2008). 그러므로 영유아가 부모를 떠나 처음 경험하는 사회 속에서 환경에 잘 적응하기 위해서는 따뜻하고 긍정적인 상호작용이 요구된다. 즉, 유아 개개인의 독특한 기질과 욕구를 알고 이를 존중하여야 한다. 또한 교사–유아의 상호작용은 교육의 효과를 좌우할 뿐 아니라 교육의 질적 수준을 결정하는 중요한 요인이다. 예를 들어, 보육교사가 보육활동에서 영유아에게 민감하고 적절한 상호작용을 제공한다면 성장할 수 있는 가능성을 최대한 이끌어낼 수 있는 교육적 효과를 가져올 수 있으며, 이를 통해 영유아의 인지, 사회, 정서, 언어발달을 최적으로 이끌 수 있다(김월선, 2019). 따라서 보육은 교사–유아의 상호작용이라고 할 수 있다. 이와 같은 교사–유아의 상호작용은 정서적 상호작용, 언어적 상호작용, 행동적 상호작용으로 구분할 수 있다(이정숙, 2003).

첫째, 정서적 상호작용이다. 이것은 교사가 영유아에게 친절하게 웃어주고 개별적 요구에 민감하게 반응해 주고, 느낌과 생각을 자유롭게 표현할 수 있도록 허용해 주는 분위기에서 보육활동을 진행하는 것을 의미한다. 정서적 상호작용의 효과는 교사가 유아와 정서적 상호작용의 수준이 높을수록 유아는 긍정적인 정서표현을 많이 하였고, 양질의 상호작용을 할 경우 유아의 부정적인 놀이가 감소되었으며, 긍정적인 상호작용을 많이 할수록 유아의 친사회적 행동이 증가하는 것으로 나타났다.

둘째, 언어적 상호작용이다. 이것은 안정감 있는 교사의 목소리로 영유아와 이야기를 나누고 유아의 질문과 요구에 언어적으로 반응해 주며, 유아의 생각과 느낌을 자유롭게 언어로 표현할 수 있도록 피드백을 해 주는 것을 의미한다. 언어적 상호작용의 효과는 언어적 상호작용을 많이 할수록 또래와 교사 모두에게 긍정적인 상호작용을 더 많이 하고 유아의 언어발달을 촉진하는 것으로 나타났다.

셋째, 행동적 상호작용이다. 이것은 교사가 영유아의 눈높이로 자세를 낮추거나 스킨십(skinship)과 모델링(modeling)을 제시하는 등의 신체표현을 통해서 긍정적인 행동을 표출할 수 있도록 하는 것이다. 행동적 상호작용의 효과는 교사-유아 간에 상호작용을 많이 할수록 다른 사람과 협동을 많이 하고, 개방적인 태도로 사회적 상호작용을 하며 교사에게 신뢰를 보이는 반면, 교사-유아 상호작용을 적게 할수록 부주의하고 신체적인 공격성이 높아지는 것으로 나타났다.

(2) 상호작용의 유형

보육교사는 영유아에게 지식과 가치를 일방적으로 주입시키는 것이 아니라 상호 호혜적인 상호작용을 통해 지원을 해야 한다. 교사-유아의 상호작용을 구분하는 유형은 학자마다 매우 다양하다. 교사의 교수유형 또는 상호작용에 대한 구분 중 널리 알려진 것은 지시성에 따라 구분하는 방법이다. 브레드캠프와 로즈그램(Bredekamp & Rosegrant, 1992)은 교사의 개입 정도에 따라 비지시적 · 중재적 · 지시적 교수유형의 연속선상으로 〈표 5-8〉과 같이 교수유형을 구분하였다.

표 5-8. 교사의 개입 정도에 따른 교수유형

비지시적 ↑ 중재적 ↓ 지시적	인정하기 (acknowledge)	유아가 활동에 지속적으로 참여할 수 있도록 관심을 보이고 긍정적인 격려를 한다.
	모델 보이기 (model)	유아들에게 단서, 힌트, 코치를 통해 바람직한 기술이나 행동을 보인다.
	조성하기 (facilitate)	다음 수준의 기능을 성취할 수 있도록 잠시 도움을 제공한다.
	지지하기 (support)	다음 수준의 기능을 성취할 수 있도록 미리 계획된 보조를 제공한다.
	비계설정하기 (scaffolding)	유아의 현재 능력에 도전적인 활동을 제공하여 도움을 받아 성취할 수 있게 함으로써 발달수준을 높인다.
	공동 구성하기 (coconstruct)	모형이나 블록을 함께 쌓아올리는 것처럼 유아와 공동으로 문제나 과제를 학습하거나 해결해나간다.
	시범 보이기 (demonstrate)	유아가 결과물을 관찰할 수 있도록 교사가 적극적으로 행동을 보이거나 활동에 참여한다.
	지시하기 (direct)	착오 없이 학습이 이루어지도록 행동을 구체적으로 지시한다.

〈표 5-8〉의 연속선은 유아에게 바람직한 정도를 의미하는 것은 아니지만 유아교사의 상호작용을 연구한 연구자들은 비지시적 유형이 지시적 유형에 비해 유아의 탐색과 놀이를 촉진한다고 주장하고 있다. 그러나 한편에서는 유아의 발달 정도나 상황에 따라 지시적인 상호작용도 효과적으로 사용될 수 있으며, 여러 가지 상호작용의 행동들이 각기 다른 영향을 미치거나 상황에 따라 효과적일 수 있다는 의견도 많다.

최근에는 지시성만의 기준으로 구분하기보다는 교사와 유아의 상호작용 시 교사의 반응성과 지시성 정도, 유아의 반응과 상호작용 지속 정도를 고려하여 교사의 상호작용을 구분한 반응적 상호작용(〈표 5-9〉)이 중요한 요인이라고 주장하고 있다(양옥승 외, 2011).

표 5-9. 반응적 상호작용

구분	내용
관심 돌리기 및 지시하기 (redirects)	교사가 유아의 활동을 중지시키거나 유아의 관심을 돌려 다른 활동을 하게 하거나 교사가 의도하는 특정한 학습내용이나 활동을 유아가 수행하도록 직접적으로 지시하는 행동이다.
소개 및 제안하기 (introduces)	활동에 참여하지 못하는 유아에게 교사가 새로운 활동을 소개, 제공, 제안하는 행동이다.
정교화하기 (elaborates)	유아가 하고 있는 활동과 관련된 정보나 자료를 제공함으로써 유아의 활동이 좀 더 구체적이고 정교한 활동이 되도록 돕는 상호작용으로 유아가 한 말을 명료하게 해 주거나 확장해 주며, 시범 보이기, 모델 보이기, 특별한 자료를 가져다 주는 등의 행동이 포함된다.
반응보이기 및 따라주기 (follows)	유아들이 현재 참여하고 있는 활동과 관련하여 언어적 또는 행위적인 반응을 이끌어 내는 행동으로 교사와 유아가 함께 활동이나 과제를 계획, 수행하는 것을 말한다.
정보 주기 (informs)	교사가 유아의 현재 활동을 확장시키거나 정교화해 주지 않고 정보만 주는 것으로 노래 부르기, 책 읽어 주기, 다음 활동에 대해 이야기해 주기, 견학, 주제에 대한 이야기 나누기, 어느 영역에서 놀 수 있고 어떤 활동이 가능한지에 대해 알려주기 등을 의미한다.
인정하기 (acknowledges)	교사가 유아에게 관심을 기울여 주고 유아의 활동을 지속적으로 격려해 주는 행동을 말한다. 이때 교사는 유아의 활동에 반응은 하지만 설명하거나 확장하거나 따르지는 않는다. 유아가 한 말을 반복해서 말해 주는 경우나 유아의 요청에 단순히 동의하는 행동도 교사의 인정하는 행동에 속한다.
칭찬하기 (praises)	교사가 유아의 행동, 노력, 유아가 한 일에 대해 칭찬이나 즐거움을 표시함으로써 유아의 활동 참여를 강화하는 행동을 말한다.

그리고 De Kruif 등(2000)은 교사-유아의 상호작용 유형을 정교화형, 통제형, 비정교화형, 중간형으로, 이윤경과 김여경(2004)은 방임형, 통제형, 정교화형으로 분류하였는데, 구체적으로 살펴보면 〈표 5-10〉과 같다.

표 5-10. De Kruif 외(2000), 이윤경과 김여경(2004)의 상호작용 유형

구분	항목	내용
De Kruif (2000)	정교화형	정교화형의 교사들은 왜, 어떻게라는 질문을 사용하여 유아의 흥미와 반응을 기초로 다양한 상호작용을 시도한다.
	통제형	통제형의 교사들은 유아에게 새로운 활동을 소개하거나 활동을 확장시키기보다는 유아의 행동방향을 바꾸거나 중지시키는 등 과제지향적인 질문을 많이 한다.
	비정교화형	비정교화형 교사들은 유아에게 반응적이지만 유아의 활동을 조금 더 확장시키거나 정교한 활동이 되도록 특별한 행동과 반응을 거의 하지 않는다.
	중간형	중간형의 교사들은 때때로 유아들의 놀이방향을 바꾸어 주기도 하고 활동을 확장시키거나 새로운 활동을 소개하기도 하며, 유아들의 흥미에 정보를 제공하기도 하고 유아들을 인정하고 칭찬한다.
이윤경과 김여경 (2004)	방임형	방임형의 교사는 정교화형과 통제형의 교사들에 비해 상호작용 행동을 거의 하지 않고, 유아의 흥미에 대한 칭찬과 인정하는 행동을 하지 않으며, 유아의 활동을 확장하거나 정교한 활동이 되도록 행동적 반응과 언어적 반응을 거의 하지 않는다.
	통제형	통제형의 교사는 방임형 교사나 정교화형 교사에 비해 유아의 행동을 중지시키거나, 방향을 바꾸는 행동과 정보주기 행동과 같은 지시적 상호작용을 가장 많이 한다. 하지만 유아의 활동을 칭찬하거나 심화, 확장시키는 활동을 하지 않는다.
	정교화형	정교화형 교사는 유아들의 활동을 중지하거나 지시하여 방향을 바꾸는 행동을 전혀 하지 않으며, 소개하는 행동도 거의 하지 않는다. 유아의 흥미를 따라주고 유아의 노력을 인정하고 칭찬하는 행동을 가장 많이 하며 유아의 활동을 심화하고 확장하여 질을 높이는 정교화 행동을 많이 한다.

임옥희(2006)는 교사-유아와의 상호작용에 미치는 요인으로 적극적인 활동참여, 경험의 다양성, 반응적 태도, 허용적 태도가 중요하다고 강조하고 있다.

첫째, 적극적인 활동참여는 유아의 경험을 확장시켜주고 또래와 함께 할 수 있는 기회와 유아가 활동에 즐겁게 적극적으로 참여할 수 있는 상호작용을 의미한다.

둘째, 경험의 다양성은 단순한 놀이가 반복되어 놀이의 변화가 필요할 때, 유아에게 편안한 언어로 새로운 방향을 제시하여 다양한 경험을 할 수 있도록 지원해 주는 것을 의미한다.

셋째, 교사의 반응적 태도는 유아의 개별적인 행동을 지지하고, 유아의 관심에 언어적 표현과 신체적 표현으로 민감하게 반응하여 유아의 요구를 존중해 주는 것이다.

넷째, 교사의 허용적 태도는 유아의 사회적 상호작용을 높이기 위해 허용적인 분위기에서 또래 간의 도움을 주고받는 상호작용을 제공하여 능동적인 정서발달을 도와주는 것이다.

따라서 보육교사는 유아의 행동을 제한하기보다는 유아의 발달특성을 이해하고 지지하는 자세로 상호작용을 할 때, 유아가 심리적 안정감을 가지고 적극적으로 환경을 탐색하는 놀이를 통해 행복하게 전인적인 발달을 할 수 있다는 것을 명심해야 한다.

Chapter

06

보육평가의 이해

배울내용

1. 평가의 개념
2. 평가의 중요성
3. 평가의 내용
4. 평가의 방법
5. 어린이집 평가제도

학습목표

1. 평가의 개념을 익힌다.
2. 평가의 중요성을 설명할 수 있다.
3. 평가의 내용을 익힌다.
4. 다양한 평가의 방법을 익힌다.
5. 어린이집 평가제도를 이해하고 평가의 흐름을 숙지한다.

보육과정의 구성요소(3장 보육과정의 구성과 목표 〈그림 3-2〉 참조)는 보육과정의 목표, 보육내용의 선정, 보육내용의 조직, 교수 · 학습지도 및 보육평가로 구분할 수 있다. 보육과정에 대한 목표를 설정하고, 목표를 달성하기 위해 보육내용의 선정과 조직이 이루어지고 나면, 교수 · 학습지도 활동을 하게 되고 마지막으로 보육활동에 대한 평가를 실시하게 된다. 따라서 본 장에서는 평가의 개념과 중요성, 내용, 평가방법 및 어린이집 평가제도에 대해 구체적으로 살펴보고자 한다.

1. 평가의 개념

일반적으로 사용되는 평가(evaluation)의 사전적 의미는 '가치를 따지고 판단하다'라는 뜻이다. 따라서 교육평가는 교육이라는 행위의 가치나 수준을 판단하는 일이라고 볼 수 있다. 평가란 기관의 질적인 향상을 유도할 수 있는 안내자의 역할을 할 수 있고, 기관의 질 개선뿐만 아니라 교사들의 전문성을 향상시킬 수 있으며, 보육의 질을 체계적으로 관리하는 일련의 정책이 되고, 우리 사회가 요구하는 높은 질의 교육을 유아들에게 제공해 줄 수 있다(이기숙 외, 2002). 또한 평가를 통해 보육에 참여하는 모든 대상들, 즉 영유아, 교사, 부모, 보육시설 종사자, 관련행정가, 기타 관계자 등에 정보를 제공하고 영유아 개개인의 발달수준 및 행동 변화를 평가하는 데 있다(황해익, 2000).

그리고 저출산 문제가 심각한 우리나라는 최근 부모의 경제활동과 사회참여가 영유아 양육과 양립할 수 있는 적극적인 지원방안을 필요로 하고 있어 어린이집 평가인증 통합지표를 통해 극복하려고 노력하여 왔다. 따라서 평가인증제도는 어린이집이 지향해야 하는 바람직한 보육서비스의 실제를 제시하고 질적 수준을 공정하게 평가할 뿐만 아니라 어린이집을 이용하는 수요자가 자녀양육의 부담을 덜 수 있도록 정확하고 유익한 어린이집 선택기준 정보를 제공하여 보다 효과적인 보육서비스의 질 관리 기제로 작동해야 할 것이다.

2. 평가의 중요성

유아교육에서의 평가는 단지 검사를 실시하고 채점하는 것을 넘어 유아의 발달영역에 관한 정보를 수집하는 종합적인 과정으로서, 유아의 발달과정, 학습과 문제해결의 정도 등을 기록하여 평가결과를 지도에 반영하고, 교사가 교수계획을 수립하는 데 기여하기 위해 실시된다. 즉, 평가활동을 통해 유아의 특징과 개별성을 이해함으로써 적절한 교육적 처치를 제공해 주기 위한 중요한 수단이라고 할 수 있다. 유아교육에서 평가의 중요성을 김진영 등(2004)은 〈표 6-1〉과 같이 주장하고 있다.

표 6-1. 평가의 중요성

- 유아는 항상 변화하기 때문에 평가가 중요하다.
- 각 교육 프로그램이 추구하는 목적과 목표가 다양하기 때문에 평가가 중요하다.
- 가정과 의사소통을 하기 위해 평가는 필요하다.
- 교사의 전문적인 발달을 위해 평가가 필요하다.

3. 평가의 내용

교수 · 학습평가가 제대로 이루어지기 위해서는 유아, 교사 및 교육과정 전반에 대한 평가가 이루어져야 한다. 평가의 내용을 유아를 위한 평가, 교사를 위한 평가 및 교육과정을 위한 평가로 구분하여 살펴보면 다음과 같다.

1) 유아를 위한 평가

유아를 위한 평가는 유아의 발달과 학습 요구에 대한 의사결정을 위하여 유아의 놀이과정이나 학습활동에서 나타나는 행동을 관찰하고 기록하며 문서화하는 과정이다. 평가는 특정 시기나 정해진 활동시간에 하기보다는 유아들의 일과 중에 수시로 평가하는 것이 바람직하다. 유아들은 자신들이 스스로 놀이를 계획하고 실행하고 평가하는 과정을 통해 자기평가를 할 수도 있다.

2) 교사를 위한 평가

교사를 위한 평가는 효과적인 교수 · 학습과정과 행정적 의사결정을 위한 것으로 교사가 가진 신체 · 인성 · 교양 및 지적 능력, 교직에 관한 태도, 유아교육기술, 전문적 지식 등을 평가한다. 교사를 평가하는 방법으로는 반성적 저널과 같이 일정한 평가양식에 의해 교사 스스로 평가하는 자기평가와 공개수업이나 시범수업 또는 원내 장학과 같이 상급자, 동료, 학부모와 외부관찰자에 의한 평가가 있다.

3) 교육과정을 위한 평가

교육과정에 대한 평가는 교육과정의 효율성 · 적절성 · 타당성을 밝히기 위한 것이다. 따라서 그 결과는 유아와 학부모는 물론 관련 기관 행정가들에게 교육과정에 대한 유용한 정보를 제공하고 교육과정 개발자들의 계획과 실행에 중대한 영향을 미친다. 특히 교수 · 학습과정에 관한 평가는 유아와 교수활동 중에 끊임없이 이루어져야 한다.

4. 평가의 방법

교수 · 학습을 평가하기 위해서는 다양한 평가방법을 사용할 수 있다. 여기에서는 영유아교육기관에서 가장 보편적으로 사용하고 있는 관찰법, 면담법 및 포트폴리오에 대해서 살펴보면 다음과 같다.

1) 관찰법

관찰법은 유아들이 일상생활 속에서 자연스럽게 활동하는 모습을 관찰자가 본대로 기록하는 것이다. 관찰법에는 일정한 도구가 없으므로 관찰자 자신이 평가도구가 된다. 주로 유아교육기관에서는 교사에 의한 관찰이 이루어지므로, 교사의 관찰능력과 기술이 우수할수록 정확한 평가가 이루어진다. 관찰법은 일반적으로 일화기록법(anecdotal record), 행동목록법(behavior checklist) 및 평정척도법(rating scales)이 주로 사용된다.

(1) 일화기록법

일화기록법이란 짧은 내용의 사건이나 행동에 대한 사실적인 기록이다. 일화기록은 언제, 어디서나 교사가 발견하는 흥미 있는 사건이나 예기치 못했던 행동들을 사실 그대로 기술함으로써 유아행동이나 생활의 한 단면을 기록으로 남기는 것이기 때문에 대부분 구조화되지 않은 경향이 있다. 유아의 일상적인 행동을 그 유아가 속한 사회 및 문화적 상황이나 물리적 환경과의 관련 속에서 총체적으로 서술해야 한다. 즉, 일화기록법은 유아의 행동을 직접 관찰하여 이를 객관적으로 기술하는 관찰방법으로, 상황을 있는 그대로 기술하기 때문에 교사가 특정 유아 및 특정 행동에 관심을 가지고 초점화하여 기록할 수 있다. 일화기록법을 통해 부모나 교사가 알아야 할 유아의 발달 상황을 전달할 수 있으며, 유아의 특별한 행동을 설명해 주는 자료로 활용할 수 있다. 일화기록법은 유아가 특정 상황에서 어떤 행동을 어떻게 나타내는지 이해하고자 하는 경우 유용하다.

일화기록법의 장·단점을 살펴보면 다음과 같다(홍순정, 최석란, 2010). 장점은 일화기록법을 통해 유아들이 어떻게 말하고 행동하는지 좀 더 정확하고 분명하게 그때의 상황을 기록할 수 있으며, 사전 준비나 별도의 계획없이 진행할 수 있다는 것이다. 이는 일화기록법은 정해진 기록양식이 없기 때문에 갑작스러운 상황에서도 즉시 기록이 가능하며, 시간과 장소의 구애를 받지 않고 관찰대상의 행동을 언제, 어디서든 기록할 수 있기 때문이다. 또한 관찰자를 위한 특별한 훈련이 필요하지 않으며, 관찰자가 갖는 흥미의 모든 상황이 관찰의 대상이 될 수 있어 평가를 위한 자료수집의 범위가 넓다는 장점이 있다. 반면 단점은 주관적 판단이나 감정을 완전히 배제하기 어렵기 때문에 객관성 유지가 어렵다는 것이다. 관찰기록 시 특정 행동을 중심으로 현재시점의 일부만 기록하기 때문에 전체적인 맥락을 이해하기 어렵고, 시간이 지난 후에 기록할 경우 기억의 왜곡이 발생하여 해석 시 오류를 범할 가능성이 있다. 또한 특정 행동이 얼마나 자주 일어나는지 양적 분석이 불가능하다는 단점이 있다(권성민 외, 2019).

(2) 행동목록법

행동목록법은 관찰하고자 하는 행동의 목록을 미리 만들어 놓고 그 행동이 나타나는지 아닌지를 기록하는 방법이다. 그러므로 어느 정도 구조화된 관찰법으로서, 교사가 관심 있는 행동에 대한 목록을 사전에 준비하고 각 행동의 출현 여부를 관찰한 뒤에 '예/아니오' 또는 '그렇다/그렇지 않다'로 표기하면 된다. 영유아를 평가하기 위한 목적으로 만들어진 각 연령이나 발달 수준에 따른 영역별 행동목록은 영유아의 발달을 이해하기 위한 목적뿐만 아니라 교육과정을 개발할 때 지침으로 사용되기도 한다.

행동목록법의 장·단점을 살펴보면 다음과 같다. 장점은 관찰자가 사전 훈련을 받지 않고도 쉽게 관찰기록을 할 수 있다는 것이다. 또한 관찰시간과 비용이 절약되며 사전 정보를 파악하거나, 사후 집중 관찰이 필요한 행동이나 사건을 확인하는 데 도움이 된다. 단점은 행동목록으로 작성되지 않은 행동의 출현에 대해서는 관찰의 결과를 평가할수 없다는 것이다. 또한 특정 행동이나 사건이 발생한 상황에 대한 인과관계의 질적 정보를 알 수 없다는 단점이 있다.

행동목록법은 관찰하고자 하는 행동의 목록을 구체화하여 일정한 양식에 담아야 한다. 행동목록법에 담는 내용은 크게 두 부분으로 첫째, 관찰대상의 성별과 연령, 생년월일과 같은 개인 정보, 관찰일시 및 관찰장면 등 상황에 대한 기록을 포함한다. 둘째, 관찰하고자 하는 영역과 구체적인 행동목록의 세부 내용을 담는다. 이때 관찰자는 특정 시점에서 관찰하고자 하는 행동의 출현 여부를 파악할 것인지 혹은 시기에 따른 변화를 알아보기 위한 것인지 관찰목적에 따라 행동목록의 양식을 다르게 설정할 수 있다.

(3) 평정척도법

평정척도법은 행동목록법과 마찬가지로 교사가 사전에 관찰하려는 내용을 미리 정해 놓았을 때 사용할 수 있다. 그러나 어떤 행동의 출현 여부뿐만 아니라 질적인 특성의 차이를 판단하고자 할 때에 사용한다. 따라서 평정척도는 관찰 항목과 함께 몇 단계의 척도가 마련되어 있는데, 상, 중, 하 또는 1, 2, 3, 4, 5 등과 같이 질적 특성을 구별할 수 있는 준거가 제시된다. 이때 척도상의 준거를 구체적인 행동으로 서술하면 기술평정척도가 된다.

평정척도법의 장·단점을 살펴보면 다음과 같다. 장점은 평정척도는 만들기 쉽고 사용이 편리하며, 시간이 많이 소요되지 않아 여러 발달영역을 한꺼번에 평가할 수 있다는 것이다. 또한 행동의 질을 평가할 수 있으므로 발달에 대한 질적 정보를 얻을 수도 있다. 평정척도법은 특별한 훈련을 거치지 않아도 되며, 관찰기록을 바로 하지 않고 교사가 편리한 시간에 기술할 수 있어 유아교육 현장에서 유용하게 사용할 수 있는 장점이 있다. 반면 단점은 관찰내용을 직접 현장에서 기록하는 것이 아니라 사후에 기록하기 때문에 관찰자의 기억과 관찰 당시 수집된 지각적 속성에 의존해야 하므로 평정의 정확성을 확보하기 힘들다는 것이다. 또한 상황에 대한 설명이 없고 특정 행동의 수준 및 빈도만 기록하기 때문에 전후의 맥락을 설명하기 어렵다.

평정척도법는 교육과정의 전 영역에 대한 목록을 개발하면 유아발달의 전반적인 측면을 관찰하고 평가할 수 있다. 그러나 일정 기간 동안 관찰을 한 뒤 이를 토대로 몇 단계의 질적인 평가를 해야 하기 때문에 관찰과 동시에 기록하는 방법보다 관찰자의 편견이 개입될 가능성이 높다는 점에 유의해야 한다.

2) 면담법

면담법(interview)은 유아나 부모로부터 언어를 매개로 하여 여러 가지 자료를 수집하는 방법이다. 유아교육기관에서 이루어지는 면담은 공식적인 면담 시간과 장소를 정해서 이루어지기도 하고 등원이나 하원 시에 비공식적으로 이루어질 수도 있다. 즉, 면담은 특정한 목적을 가지고 특정한 내용에 관하여 면담자와 피면담자가 일정한 시간에 언어를 매개로 하여 정보를 얻거나 의사나 감정을 전달하는 방식을 의미한다. 면담법은 관찰과 달리 심층적이고 직접적인 상호작용을 통해 자료를 수집하는 조사기법으로, 대상과 일대일 혹은 포커스 그룹의 형태로 대화를 나누며 정보를 수집한다. 그 외 전화 인터뷰나 대상자로부터 직접 응답을 받아 녹취 및 기록하여 정보를 수집할 수도 있다. 면담법의 가장 대표적인 특징은 면담자, 즉 교사가 피면담자인 유아 또는 부모의 발화뿐만 아니라 표정, 몸짓, 태도, 어투 같은 비언어적인 표현까지도 수집이 가능하다는 점이다.

면담법의 장·단점은 다음과 같다. 장점은 이해가 가능한 구어로 다양한 방식의 설명을 주고받을 수 있기 때문에 유아를 대상으로 실시할 수 있다는 것이다. 유아가 질문을 이해하지 못했거나 면담에 집중하지 못할 경우 추가 설명이나 도구들을 사용하여 설명하면 보다 정확한 응답을 얻을 수 있다. 단점은 면담자에게 고도의 기술과 훈련이 요구되며, 결과를 통계적으로 처리하여 해석하기가 어렵다는 것이다.

일반적으로 면담법을 사용할 때 면담자와 피면담자 간의 심리적 친밀감(rapport)이 형성되어야 하고, 상대방에게 책임을 돌리거나 비난하지 말아야 하며, 피면담자의 말을 끝까지 들어주어야 한다. 또한 면담 후에는 요점을 기록하거나 정리해 두어야 하며, 면담 중에 알게 된 개인적 비밀은 반드시 지켜주어야 한다.

3) 포트폴리오

포트폴리오(portfolio)는 전통적 평가방식의 한계점을 보완하고 총체적인 평가를 하기 위한 대안적 평가의 하나라고 할 수 있다. 포트폴리오는 수행과정에서의 진보를 확인하기 위한 목적으로 유아의 발달과 학습에 관한 기록과 증거들을 시간의 흐름에 따라 조직적으로 모아 놓은 것을, 유아의 작품수집보다 더욱 다양한 각도로 평가자료를 수집한 것이다(류진희, 2000). 포트폴리오에는 유아의 자기평가과정을 포함하고 있으며, 이를 통해 유아의 전체 학습과정을 볼 수 있고, 유아의 성장과정을 이해할 수 있다. 또한 포트폴리오는 교사의 교육과정운영에 중요한 역할을 한다.

포트폴리오 평가는 유아의 포트폴리오 작업과 교사의 평가도구로서의 포트폴리오로 구성된다. 전자는 실제 교실의 맥락에서 유아가 그들 자신의 학습과 자기반성의 증거를 발견할 수 있도록 자신의 작업들을 수집하는 것으로 정의되며, 후자는 유아의 성취와 진보에 대해 중요하다고 보여지는 관찰일지, 실험일지, 유아들의 작품뿐만 아니라 교수 · 학습과 평가가 통합된 과정에서의 평가자료와 증거, 사전 · 사후 평가과정에서 사용된 평가방법의 결과물들을 체계적으로 조직하여 유아의 학문적 경험과 발달적 진보, 성취결과 등을 종합적으로 평가하고 보고하는 데 사용할 수 있다. 이와 같은 포트폴리오가 가능하기 위해서는 단순한 유아의 작품 수집에서 더 나아가 작품이 지니는 사회적 맥락이나 작업의 진행과정, 유아의 의도, 교사의 판단 등이 각 작품마다 전부는 아니더라도 가능한 한 짧게 기록되어 있어야만 비로소 유아의 수행 정도를 보여주는 진정한 기록이 될 수 있다.

이처럼 포트폴리오 평가는 유아들에게는 자신의 학습에 대한 책임감을 가지게 하며, 자신이 학습한 것을 평가하기 위한 능력을 발달시키는 데 도움을 주고, 교사들에게는 유아의 학습과정과 결과를 총체적이며 정확하게 파악함으로써 명확한 수업목표를 설정하게 하고, 수업의 참된 방향을 제공해 주며, 나아가 더욱 효과적인 목표를 설정하고 또 이를 평가하며 자신의 수업에 대한 평가와 반성을 하게 함으로써 새로운 학습방법과 자료개발의 필요성을 인식하고 개발하는 자기 성장의 기회를 발견하게 된다.

5. 어린이집 평가제도

1) 어린이집 평가인증의 목적

어린이집 평가인증의 목적은 〈표 6-2〉와 같다.

표 6-2. 평가인증의 목적

• 영유아에게 안전하고 질 높은 보육서비스를 받을 권리를 보장하며, 건강하게 성장할 수 있도록 환경을 조성한다. • 부모들에게 보육서비스의 질적 수준에 대한 정보를 제공하여 합리적인 보육시설 선택의 기준을 제공할 수 있다. • 보육시설의 자발적 노력으로 보육서비스의 질적 수준을 높이고자 준비하고 노력하게 됨으로써 보육시설 종사자의 전문성이 향상된다. • 보육정책 수립 주체인 정부가 보육현장을 효율적으로 지원하고 관리하는 체계를 확립할 수 있다.

2) 어린이집 평가제의 시행

(1) 추진배경

2018년 12월 11일 「영유아보육법」 개정안이 공포됨에 따라 2019년 6월 12일부터 어린이집 평가제가 시행되고 있다. 평가제 시행은 지금까지 평가인증을 신청한 어린이집에 한하여 추진되어온 어린이집 질 관리가 전국 모든 어린이집에 대해 의무적으로 이루어지게 된다는 점에서 의미가 크다.

(2) 어린이집 평가인증제도의 시행 경과

2005년부터 시행되어 온 어린이집 평가인증제도는 어린이집이 지향해야 하는 바람직한 보육서비스의 실제를 제시하고 질적 수준을 공정하게 평가할 뿐만 아니라, 수용자인 부모의 합리적인 어린이집 선택 기준을 제공하고 정부의 효율적인 지원 및 관리체계를 위한 질 관리기제로 작동하여 왔다. 보육서비스의 질적 수준 향상 및 유지를 위해 제도 및 운영과정을 합리적으로 개선해 왔으며, 변화하는 현장의 수준을 반영하여 지표를 개정함으로써 어린이집에서 지향해야 할 보육서비스의 바람직한 실제를 지속적으로 제시해 왔다. 어린이집 평가인증제도의 시행 경과에 대한 내용은 〈표 6-3〉과 같다.

표 6-3. 평가인증제도 시행 경과

구분		내용
도입	2003. 04~12	보육시설 평가인증제도 실시모형 개발 관련 연구용역 실시
	2004. 01	보육시설 평가인증제도 도입근거 마련(「영유아보육법」 제30조)
시범운영	2005	보육시설 평가인증 시범운영 실시
1차 시행	2006~2009	제1차 어린이집 평가인증 시행
2차 시행	2010~2017. 10	제2차 어린이집 평가인증 시행
	2013. 09	어린이집 평가인증 결과공표 시행
	2014. 11	3차 시험지표 적용
	2016. 06	유치원 · 어린이집 평가체계 통합방안 발표 (국무조정실 영유아교육보육통합추진단)
3차 시행	2017. 11~2019. 06	제3차 어린이집 평가인증 시행(통합지표 적용)

(3) 어린이집 평가제로의 전환

어린이집 평가인증제도 도입 후 십수 년이 지난 현재, 저출산 및 양육부담에 대한 사회적 책임 강화로 보육서비스에 투입되는 재정규모가 크게 증가하였고, 영유아 시기의 중요성 및 아동의 권리에 대한 부모와 사회적인 인식이 높아져 왔다.

반면 평가인증제도는 어린이집의 자발적 신청에 따라 운영되어 미인증 어린이집으로 인한 질 관리 사각지대가 존재하였으며, 최근 아동권리보호, 아동학대 예방 등 아동인권 및 안전관리 강화에 대한 사회적 요구 증가로 전체 어린이집의 평가 참여 필요성이 제기되어 왔다. 이에 '보육 · 양육에 대한 사회적 책임강화(국정과제 48-3)' 실현과 영유아의 건강한 성장 및 발달을 위하여 2019년 6월 12일부터 어린이집 평가제를 시행하게 되었다.

평가제 시행은 전체 어린이집 질 관리를 위하여 단순한 제도 변화로서의 평가 자체에 목적을 두기보다 평가를 통해 어린이집이 보육의 질적 수준을 향상시키고 유지하게 함으로써 영유아의 안전과 건강, 조화로운 성장과 발달을 도모하여 부모가 믿고 맡길 수 있는 안심 보육환경 조성에 기여하고자 한다.

(4) 어린이집 평가제의 추진경과

2018년 12월「영유아보육법」제30조에 법적 근거가 마련된 이후, 본격적인 평가제 시행을 위해「보육서비스 질 제고를 위한 의무평가제 시행방안」연구용역을 실시하여 평가제 운영체계와 지표 개발을 추진하였다. 연구를 통해 마련된 운영체계 및 지표에 대해 공청회, 간담회, 온라인 대국민 의견 수렴 등 다양한 창구를 통해 의견을 수렴하였다. 이는 보육전문가, 보육교직원, 부모 등이 참여한 협의체를 통해 최종 논의되었으며, 이후 중앙보육정책위원회의 심의를 거쳐 평가제 시행을 위한 운영체계 및 지표가 최종 확정되었다. 어린이집 평가제의 추진경과는 〈표 6-4〉와 같다.

표 6-4. 어린이집 평가제의 추진경과

구분	내용
2018. 12. 11	「영유아보육법」 개정, 공포
2018. 12. 18~2019. 03. 31	평가제 시행방안 연구용역
2019. 02. 26~2019. 04. 04	의견수렴 실시(공청회, 간담회, 대국민 의견수렴, 협의체)
2019. 04. 15	중앙보육정책위원회 심의
2019. 06. 12	어린이집 평가제 시행

(5) 어린이집 평가제의 추진목적

어린이집 평가제의 시행 목적은 〈표 6-5〉와 같다.

표 6-5. 어린이집 평가제 시행 목적

- 상시적인 보육서비스 질 관리를 위해 주요 핵심지표를 중심으로 질 관리 표준을 제시하고 어린이집 스스로 질적 수준을 제고하도록 한다.
- 전체 어린이집에 대한 주기적 평가를 통하여 보육서비스 품질관리 사각지대를 해소하고 전반적인 보육서비스 수준을 지속적으로 관리하여 국가의 책무성을 강화하고자 한다.
- 궁극적으로 평가제를 통해 보육서비스의 질 향상을 제고함으로써 영유아의 안전과 건강, 조화로운 성장과 발달을 도모하고자 한다. 이를 위해 영유아의 인권과 놀 권리를 보장하고 영유아가 건강하고 행복하게 성장할 수 있는 안심 보육환경을 조성하며, 보육교직원이 영유아 보육에 집중할 수 있는 여건을 조성한다.

(6) 어린이집 평가제의 주요내용

① 주요 특징

어린이집 평가제는 전체 어린이집을 대상으로 평가가 원활하게 진행되고 결과등급별로 질 관리가 지속되도록 설계되었다. 어린이집에는 평가의무가 부여되므로 「영유아보육법」 제44조 제4의 6호에 따라 평가를 거부, 방해 또는 기피하거나 거짓, 그 밖의 부정한 방법으로 평가를 받을 시 그에 따른 시정명령 및 행정처분을 받을 수 있다. 어린이집 평가제 특징을 평가인증제와 비교한 내용은 〈표 6-6〉과 같다.

표 6-6. 평가인증제 및 평가제 특징 비교

구분	평가인증제	평가제
평가 대상	• 평가인증 신청 어린이집	• 전체 어린이집
평가 절차	• 어린이집 신청→기본사항 확인→자체점검→현장평가→종합평가(총 4개월) 신청(어린이집) → 기본사항 확인(지자체) → 자체점검 보고서 제출(어린이집) → 현장평가(현장 관찰자) → 종합평가, 결과통보(종합평가 위원회)	• 평가대상 통보→기본사항 확인 및 자체점검→현장평가→종합평가(총 3개월) 대상통보(한국보육진흥원) → 기본사항 확인 및 자체점검보고서 제출(지자체, 어린이집) → 현장평가(현장 관찰자) → 종합평가, 결과통보(종합평가 위원회)
	• 참여수수료 어린이집 납부	• 참여수수료 전액 국가 부담
	• 기본사항: 필수항목 9개, 기본항목 – 필수항목 미준수는 참여 제외, 기본항목 미준수는 차하위 등급 부여	• 기본사항: 사전점검사항 5개, 위반이력사항 – 사전점검사항 미준수는 D등급 부여, 위반 이력사항 발생 시 차하위 등급 부여
	• 소위원회와 종합평가위원회에서 심의, 등급 결정	• 소위원회와 종합평가위원회에서 심의, 등급 결정 * 필수지표 및 요소 미충족 시 A등급 불가
	• 재참여, 재평가 과정 운영	• 재참여, 재평가 과정 폐지
평가 결과	• 4등급(A, B, C, D), D등급 불인증	• 4등급(A, B, C, D)
평가 주기	• (유효기간) 3년(A등급 1년 연장 가능)	• A, B등급 3년 / C, D등급 2년
결과 공표	• 평가 받은 어린이집의 결과 공시 – 평가인증 결과, 인증이력 등 공개	• 전체 어린이집의 결과 공시 – 평가결과, 평가이력 등 공개

구분	평가인증제	평가제
사후관리 및 등급조정	• 인증 어린이집 사후관리 – 연차별 자체점검보고서 제출 – 확인점검(무작위, 월 단위 시기 안내) – 확인방문(배우자 및 직계존비속 또는 1년 이상 재직교사로 대표자변경, 주소변경) – 인증유효 기간 종료 • 법 위반 및 행정처분 발생 시 인증취소	• 평가 등급별 사후관리 – 연차별 자체점검보고서 제출 – 사후방문지원(C, D등급 의무 실시) 필수 – 확인점검(평가 관련 민원발생, 법 위반 및 행정처분, 정보공시 부실어린이집 등에 대하여 불시점검) • 평가등급 조정 및 관리 – 법 위반 및 행정처분 발생 시 최하위 등급 조정
결과 활용	• 어린이집에 대한 행 · 재정적 지원	• 평가 등급별 행 · 재정적 지원 등 • 지도점검 연계(2회 연속 D등급 어린이집)

② 운영체계

어린이집 평가는 주기에 따라 대상을 선정하여 통보함으로써 시작된다. 대상통보는 총2회에 걸쳐 통보된다. 확정 통보를 받은 어린이집에 대해서는 통보 익월부터 기본사항 확인 및 자체점검, 현장평가, 종합평가 등의 과정이 3개월간 진행된다.

③ 평가지표

평가지표는 제3차 평가인증에서 적용하였던 통합지표를 기반으로 하되, 어린이집 고유한 특성을 반영하고 2020년 시행되는 개정 누리과정 및 개정 표준보육과정의 맥락을 같이 하도록 세부내용을 반영하였다.

표 6-7. 평가인증지표와 평가지표 비교

구분	평가인증제		평가제	
영역(4)	지표(21)	항목(79)	지표(18)	항목(59)
Ⅰ. 보육과정 및 상호작용 (31 → 18)	1-1. 보육계획 수립 및 실행	4	1-1. 영유아 권리 존중	2
	1-2. 일과 운영	5	1-2. 보육계획 수립 및 실행	6
	1-3. 교수 · 학습방법 및 놀이지원	6	1-3. 놀이 및 활동 지원	3
	1-4. 교사-영유아 상호작용	6	1-4. 영유아 상호작용 지원	4
	1-5. 영유아 간 상호작용 시 교사 역할	4	1-5. 보육과정 평가	3
	1-6. 평가	4		
	1-7. 일상생활	2		
	소계	31	소계	18
Ⅱ. 보육환경 및 운영관리 (19 → 14)	2-1. 실내 공간 구성	5	2-1. 실내 공간 구성 및 운영	4
	2-2. 실외 공간 구성	3	2-2. 실외 공간 구성 및 운영	3
	2-3. 기관 운영	4	2-3. 기관 운영	4
	2-4. 가정 및 지역사회와의 연계	5	2-4. 가정 및 지역사회와의 연계	3
	2-5. 어린이집 이용 보장	2		
	소계	19	소계	14
Ⅲ. 건강 · 안전 (15 → 15)	3-1. 실내외 공간의 청결 및 안전	4	3-1. 실내외 공간의 청결 및 안전	3
	3-2. 급 · 간식	3	3-2. 급 · 간식	3
	3-3. 건강증진을 위한 교육 및 관리	3	3-3. 건강증진을 위한 교육 및 관리	3
	3-4. 등 · 하원의 안전	2	3-4. 등 · 하원의 안전	3
	3-5. 안전교육 및 사고 대책	3	3-5. 안전교육과 사고예방	3
	소계	15	소계	15
Ⅳ. 교직원 (14 → 12)	4-1. 원장의 리더십	4	4-1. 원장의 리더십	3
	4-2. 보육교직원의 근무환경	3	4-2. 보육교직원의 근무환경	3
	4-3. 보육교직원의 처우와 복지	3	4-3. 보육교직원의 처우와 복지	3
	4-4. 보육교직원의 전문성 제고	4	4-4. 보육교직원의 전문성 제고	3
	소계	14	소계	12

* 3-2, 3-4, 3-5 지표 내 필수요소 8개 포함.

3) 어린이집 평가제의 운영

(1) 일반사항

어린이집 평가제의 기본방향, 법적근거 및 사업개요를 살펴보면 〈표 6-8〉과 같다.

표 6-8. 어린이집 평가제의 기본방향, 법적근거 및 사업개요

구분	내용
기본방향	국가차원의 주기적인 평가를 통해 모든 어린이집의 상시적인 보육서비스 질을 확보하고, 보육 · 양육에 대한 사회적 책임 강화를 실현하며 안심 보육환경을 조성한다.
법적근거	「영유아보육법」 제30조(어린이집평가) 보건복지부장관은 보육서비스의 질 향상을 위하여 어린이집에 대하여 정기적으로 평가를 실시하고, 평가업무는 한국보육진흥원에 위탁하여 실시한다.
사업개요	• 평가대상: 「영유아보육법」 제30조 제1항과 관련된 평가지표 • 평가과정: 3단계(기본사항 확인 및 자체점검, 현장점검, 종합평가) • 수수료: 참여수수료 전액 국가부담

(2) 운영체계

어린이집 평가과정은 평가대상 어린이집의 선정 및 통보로 시작되며, 기본사항 확인, 자체점검보고서 제출, 현장평가, 종합평가 순으로 진행된다. 어린이집 평가 운영체계는 〈그림 6-1〉과 같다.

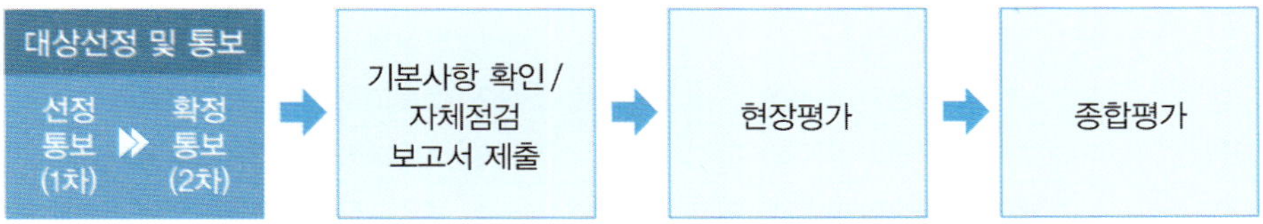

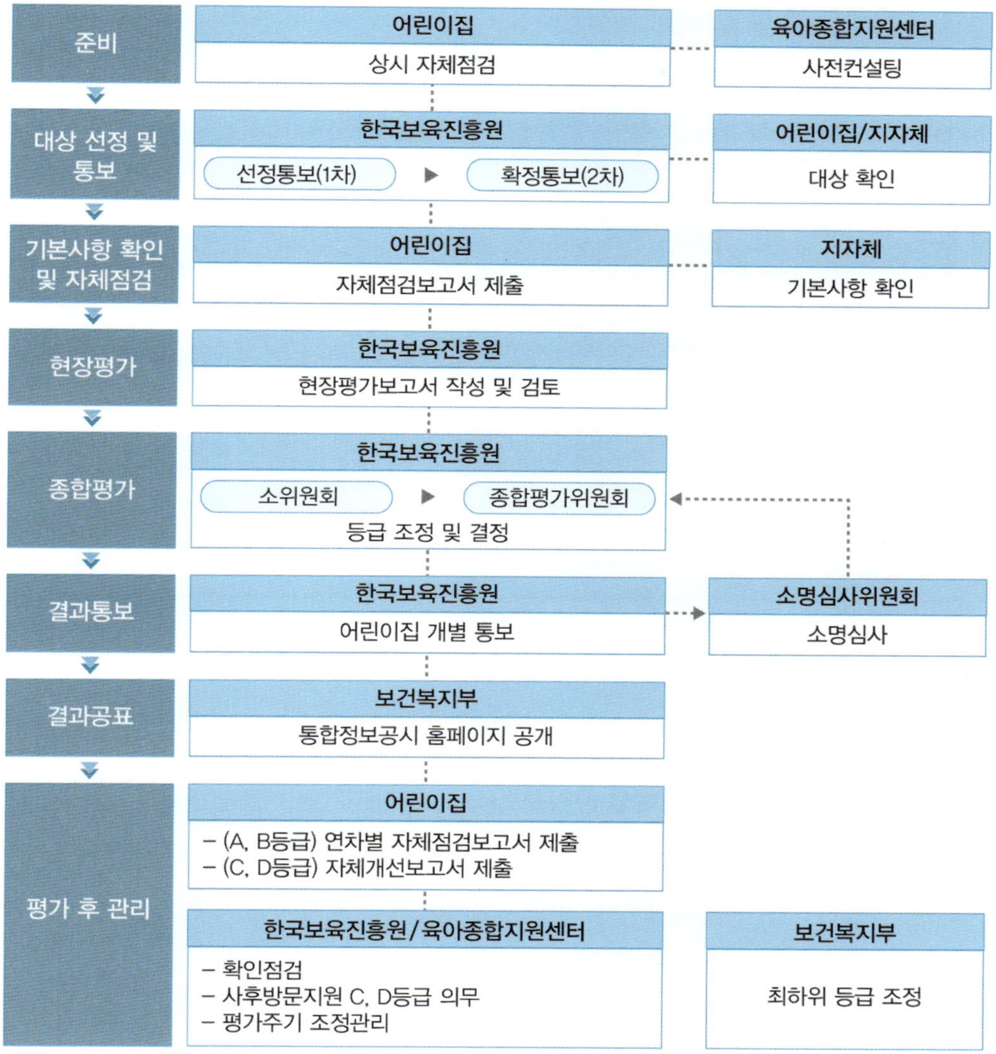

그림 6-1. 어린이집 평가 운영체계

① 평가대상 선정 및 통보

한국보육진흥원에서는 평가주기에 따라 평가대상을 선정하여 해당 어린이집 및 지자체에 통보한다. 평가대상 확인 방법은 〈표 6-9〉와 같다.

표 6-9. 평가대상 확인 방법

- 어린이집지원시스템 내 [어린이집 평가] – [평가진행과정 확인] 메뉴에서 '평가대상 확인 요망'을 클릭하여 평가대상 통보서 확인 및 동의서 제출

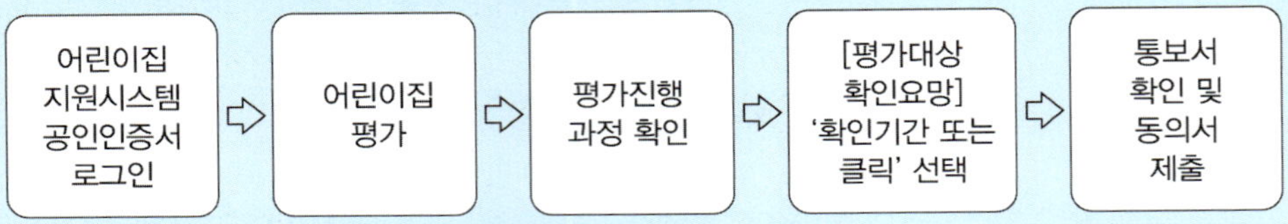

- 평가대상 통보서 확인 및 동의서 제출 시 어린이집의 현재 상태가 '평가대상 확인 완료'로 변경됨

② 평가대상 통보 및 확인

한국보육진흥원에서는 평가대상 어린이집을 선정하고, 평가일정을 해당 어린이집 및 지자체에 통보한다. 평가대상 선정통보(1차)는 현장평가월 기준 6개월 전, 확정통보(2차)는 현장평가월 기준 2개월 전 실시하며, 어린이집지원시스템을 통해 평가대상으로 선정된 어린이집에 개별 통보한다. 어린이집 평가제의 평가대상 통보 및 확인에 대한 업무의 흐름도는 〈그림 6-2〉와 같다.

업무주체	주요업무	내용
한국보육진흥원	평가대상 선정통보(1차)	• 평가대상 어린이집 선정 • 어린이집지원시스템을 통해 평가대상 어린이집에 선정통보
어린이집	대상 확인	• '평가대상 선정통보서' 확인 후 '평가실시에 대한 동의서' 및 '어린이집 정보 확인 및 제공동의서' 제출 (10일 이내)
한국보육진흥원	평가대상 확정통보(2차)	• 평가대상 선정통보(1차) 후 동의서 제출을 완료한 어린이집에 대해 확정통보 • 평가대상 확정 어린이집 명단 통보(진흥원→지자체)

그림 6-2. 평가대상 통보 및 확인 업무흐름도

③ 평가시기 조정

어린이집의 특정 사유로 인해 통보된 일정에 참여하기 어려운 경우 3개월 전 · 후로 평가시기 조정이 가능하다. 어린이집 평가제의 평가시기 조정 방법은 〈표 6-10〉과 같다.

표 6-10. 평가대상 확인 방법

• (신청기간) 대상통보일(1차)로부터 익월 1개월 내 조정 신청 가능
• (신청방법) 어린이집지원시스템 내 [어린이집 평가] – [평가시기 조정] 메뉴에서 희망기수를 선택하고, 조정 신청서 및 증빙서류 작성 · 제출

어린이집 지원시스템 공인인증서 로그인 ⇨ 어린이집 평가 ⇨ 평가시기 조정 ⇨ 희망기수 선택 ⇨ 조정신청서 작성 및 관련 파일 첨부 ⇨ 신청 완료

• 평가대상 통보서 확인 및 동의서 제출 시 어린이집의 현재 상태가 '평가대상 확인 완료'로 변경됨

④ 1단계: 기본사항 확인 및 자체점검보고서 제출

기본사항 확인 및 자체점검보고서 제출 단계에서 지자체(시 · 군 · 구)는 평가대상으로 확정 통보된 어린이집에 대해 기본사항을 확인하고 어린이집은 자체점검보고서를 작성하여 제출한다. 기본사항 확인 내용은 사전점검사항(5항목)과 위반이력사항이며, 사전점검사항은 〈표 6-11〉과 같다.

표 6-11. 사전점검사항: 5항목

항목	평정	평정기준
영유아 및 보육교직원 관련 보험 가입	준수	• 모든 영유아에 대한 화재 및 배상보험과 어린이집에 대한 화재 및 배상보험에 가입되어 있는 경우 • 임용된 모든 보육교직원에 대한 4대 보험에 가입되어 있는 경우
	미준수	• 영유아 상해보험에 가입되지 않은 경우 • 화재보험 또는 배상보험에 가입되지 않은 경우 • 임용된 모든 보육교직원에 대한 4대 보험에 가입되지 않은 경우
어린이집의 설치기준	준수	• 어린이집 내 영유아용 화장실, 목욕실, 조리실이 설치되어 있고, 폐쇄회로 텔레비전이 보육실, 공동놀이실 등에 설치되어 있는 경우 * 폐쇄회로 텔레비전의 경우 보호자 전원이 서면으로 동의하여 시 · 군 · 구청장에게 설치하지 않을 것으로 신고하거나, 네트워크 카메라를 설치한 경우 설치면제 *「영유아보육법」 시행규칙 제9조 [별표 1] 참조 • 정원 50인 이상 어린이집에 놀이터가 설치되어 있는 경우
	미준수	• 어린이집 내 영유아용 화장실, 목욕실, 조리실이 설치되어 있지 않거나, 폐쇄회로 텔레비전이 보육실, 공동놀이실 등에 설치되어 있지 않은 경우 • 인가공간을 무단 전용하는 경우 *「영유아보육법」 시행규칙 제9조 [별표 1] 참조 • 정원 50인 이상 어린이집에 놀이터가 설치되어 있지 않은 경우

항목	평정	평정기준
보육실의 설치기준	준수	• 인가정원 대비 보육실의 면적이 설치기준을 충족한 경우 *「영유아보육법」 시행규칙 제9조 [별표 1] 참조 * 기존 어린이집('05. 1. 29 이전 설치 신고된 어린이집)은 구(舊)법 적용
	미준수	• 인가정원 대비 보육실의 면적이 설치기준 미만인 경우 • 인가공간을 무단 전용하는 경우 *「영유아보육법」 시행규칙 제9조 [별표 1] 참조
보육교직원 배치기준	준수	• 보육교직원 배치기준 중 일반기준을 모두 충족한 경우 *「영유아보육법」 시행규칙 제10조 [별표 2] 참조
	미준수	• 보육교직원 배치기준 중 일반기준을 충족하지 못한 경우 *「영유아보육법」 시행규칙 제10조 [별표 2] 참조
비상재해 대비시설 설치	준수	• 비상재해대비시설 설치기준을 충족한 경우(보육사업안내 Ⅰ-11참조) *「영유아보육법」 시행규칙 제9조 [별표 1] 참조
	미준수	• 비상재해대비시설 설치기준을 충족하지 못한 경우(보육사업안내 Ⅰ-11참조) *「영유아보육법」 시행규칙 제9조 [별표 1] 참조

※ 사전점검사항 미준수 항목이 개선되지 않은 경우 종합평가에서 최하위 등급(D등급)을 부여함.

⑤ 2단계: 현장평가

'현장평가' 단계에서는 기본사항 확인 및 자체점검보고서 제출을 완료한 어린이집을 대상으로 평가지표에 따라 어린이집을 대상으로 어린이집의 질적 수준에 대한 현장평가 및 보고가 이루어진다.

현장평가 직전월 말에 1주간의 현장평가 주간을 지정하여 통보하며, 해당 평가 주간 중 현장평가 일을 정하여 사전 고지없이 현장관찰자를 어린이집에 파견한다. 어린이집에서는 현장평가 주간을 현장평가월 1주일 전에 어린이집지원시스템에서 확인할 수 있다. 현장평가 주간 확인 방법은 〈표 6-12〉와 같다.

표 6-12. 현장평가 주간 확인 방법

현장평가 주간 확인은 어린이집지원시스템 내 [어린이집 평가] – [평가진행과정 확인] 메뉴에서 '현장평가주간 확인' 클릭하여 확인

– 확인 시기: 기수별 현장평가월 1주일 전

어린이집지원시스템 공인인증서 로그인 ⇨ 어린이집 평가 ⇨ 평가진행 과정 확인 ⇨ 현장평가주간 확인의 [확인하기] 클릭

현장평가는 어린이집 1개소당 2인 또는 3인의 현장 관찰자가 방문하여 1일간 실시한다. 현장평가 시 어린이집에서 준비해야 할 사항은 〈표 6-13〉과 같다.

표 6-13. 현장평가 시 어린이집에서 준비해야 할 사항

① 일상적 일과 진행 및 출석 기준 충족

- 현장평가 주간에는 어린이집에 견학 등 행사 없이 일상적 일과가 진행되어야 함
- 현장평가 당일에는 영유아 현원의 2/3 이상이 출석하여야 함

※ 현장평가일에 출석기준이 충족되지 않아 진행이 불가능한 경우 현장평가가 중단되며, 사유 확인 후 현장관찰자를 재파견함

* 방과 후 아동이 있는 경우의 현원 대비 출석인원 산정

– 방과 후 아동을 제외한 현원의 2/3 이상

(예시) 현원 33명(종일반 영유아 25명, 방과 후 아동 8명)의 경우, 방과 후를 제외한 종일반 영유아 현원(25명)의 2/3 이상 → 따라서 25명의 2/3 이상 = 16명 이상

현장평가 시 필요한 서류 준비는 〈표 6-14〉와 같다.

표 6-14. 현장평가 시 필요한 서류 준비

① 원아명단 – 평가 당일, 현장관찰자가 보육통합시스템을 통해 원아명단을 출력할 수 있도록 협조 ② 어린이집 실내 · 외 배치도(배치도는 실제 인가받은 공간과 동일하게 준비) ③ 하루일과표 혹은 일일보육계획안(활동에 따른 시간 명시) ④ 보육교직원(원장, 보육교사) 자격증 사본 ⑤ 임면사항 관련 서류 – 보육통합정보시스템 관련 내용 출력물, 임면대장 등 ⑥ 보육교직원 경력 관련 서류 – 경력증명서, 직무 및 승급교육 수료증 등 ※ 직무 및 승급교육 대상자 확인을 위하여 임용되어 있는 모든 보육교직원의 경력증명서를 비치하여야 함 ※ 직무 및 승급교육의 경우, 보건복지부 장관이 정하는 직무 및 승급교육 수료증을 반드시 비치하여야 함(보육사업안내 서식참조) ⑦ 평가지표 관련 문서 – 예: 보육계획안, 보육일지, 식단표 등 ※ ①, ②, ③은 현장관찰자에게 제출하여 지표 평정에 필요한 경우 관련 증빙서류(재정 관련 서류 등)에 대한 확인을 요청할 수 있음

⑥ 어린이집 운영기준 확인

한국보육진흥원은 현장평가 시 어린이집 운영기준 개선 필요사항이 확인된 경우 시 · 도 및 시 · 군 · 구에 통보하여 확인한다. 어린이집 운영기준의 확인에 대한 내용은 〈그림 6-3〉, 〈표 6-15〉와 같다.

업무주체	주요업무	내용
한국보육진흥원	현장평가	• 어린이집 운영기준 개선 필요사항 발생 여부 확인, 지자체(시 · 도→시 · 군 · 구) 통보
⬇		
시 · 군 · 구	어린이집 운영기준 개선 확인	• 어린이집 운영기준 개선 필요사항 확인 및 개선결과 시 · 도 통보
⬇		
시 · 도	어린이집 운영기준 개선결과 통보	• 어린이집 운영기준 개선결과 최종 확인 및 한국보육진흥원 통보
⬇		
한국보육진흥원	어린이집 운영기준 개선결과 반영	• 어린이집 운영기준 개선결과 확인 및 반영 *단, 어린이집 운영기준 개선 필요사항 미개선 시 종합평가 단계에서 확인 후 최하위 등급(D등급) 부여

그림 6-3. 어린이집 운영기준 확인 업무흐름도

표 6-15. 어린이집 운영기준

연번	항목	확인방법
1	영유아 재원사항	• 증빙자료: 보육통합정보시스템 • 사례 – 미등록 영유아가 재원하고 있는 경우 – 보육통합정보시스템의 등록된 반과 다른 반에서 영유아를 보육한 경우 – 등록된 반 구성을 임의 변경하여 혼합반 구성 원칙을 준수하지 않는 경우 – 퇴소한 원아가 보육통합정보시스템에 등록되어 있는 경우
2	보육교직원의 근무상황	• 증빙자료: 보육교직원 관리 대장, 보육종합시스템 • 사례 – 원장 및 보육교사가 무자격인 경우 – 원장 및 보육교사가 미임용 상태로 근무하는 경우 – 원장 및 보육교사가 역할변경 및 미수행한 경우(보육통합정보시스템에 등록되어 있는 것과 다르게 역할을 바꾸어 근무하거나, 역할을 미수행) * 보육업무를 담당하는 종일제 보육교사, 대체교사 등 모두 포함

연번	항목	확인방법
		– 원장 및 보육교사 근무시간을 미준수한 경우 – 타 어린이집에 임용된 보육교직원(기타 보육교직원 포함)이 근무하는 경우

※ 보육교직원 근무상황, 반 구성 및 영유아 재원사항은 보육통합정보시스템 정보와 동일해야 하며, 임의로 보육통합정보시스템과 다르게 운영하지 않도록 유의

⑦ 3단계: 종합평가

'종합평가' 단계에서는 현장평가를 완료한 어린이집을 대상으로 기본사항확인서, 자체점검보고서, 현장보고서 등을 토대로 종합평가가 진행된다. 어린이집 평가제의 종합평가를 위해 종합평가위원회가 구성되며, 종합평가위원회는 학계전문가, 현장전문가, 보육담당공무원으로 구성한다. 종합평가위원의 위촉기간은 1년을 원칙으로 하되, 재위촉이 가능하다. 종합평가는 소위원회와 종합평가위원회에서 진행한다. 종합평가 절차 및 내용은 〈표 6-16〉과 같다.

표 6-16. 종합평가 절차 및 내용

구분	내용
(1단계) 소위원회	• 기본사항확인서, 자체점검보고서, 현장평가보고서 등을 검토한 후, 종합평가 기준에 맞추어 등급 및 평가결과에 영향을 미치는 사안 등에 대해 심의하여 종합평가위원회에 안건 상정 – 확정통보월 말일로부터 작전 3년 이내에 위반이력사항이 발생한 경우 종합평가 시 차하위 등급으로 조정 – 평가과정에서 아래 사항 중 하나 이상 해당되면 최하위 등급(D등급)으로 조정
(2단계) 종합평가 위원회	• 소위원회를 거쳐 상정된 안건에 대해 심의 후 전체 종합평가 대상 어린이집의 최종 등급 및 평가주기를 확정함

※ 각 기수별로 종합평가 종료부터 결과통보 전까지 '종합평가 시 최하위 등급 결정 사유'에 대해 해당 여부 재확인.

평가과정 중 변동사항에 대한 확인은 평가과정 중에 어린이집에서 확정통보월 말일 이후 법 위반 및 행정처분, 인가변동사항 등이 발생할 경우, 해당 어린이집 및 시 · 군 · 구에서는 보건복지부(한국보육진흥원)에 변동사항 발생 사실을 통보한다.

평가 등급 결정 및 평가주기에 대해 살펴보면, 평가결과 등급은 현장평가 결과(100%)를 바탕으로 하되, 등급 조정 사유 해당 여부에 따라 이를 반영하여 결정한다. 평가결과는 어린이집지원 시스템 내 평가 메뉴를 통해 확인할 수 있다. 등급 조정 사유의 구체적인 내용은 〈표 6-17〉과 같다.

표 6-17. 등급 조정 사유

- 「영유아보육법」 제30조 제4항 및 「동법 시행규칙」 제32조의 평가등급을 최하위로 조정해야 하는 사유가 발생한 경우
- 평가 진행 일정을 준수하지 않은 경우
- 평가와 관련하여 허위 사실이 발견된 경우
- 현장평가 시 발견한 어린이집 운영기준 개선 필요사항이 종합평가 전까지 개선되지 않은 경우
- 사전점검사항 미준수 항목이 종합평가 전까지 개선되지 않은 경우

(3) 평가지표의 구성체계

평가지표는 평가영역, 평가지표, 평가항목 및 평가내용(평가요소) 순으로 구성되어 있으며, 평과결과 확인 방법은 〈표 6-18〉, 평가지표의 구성체계는 〈그림 6-4〉와 같다.

표 6-18. 평가결과 확인 방법

- 평가결과는 한국보육진흥원 홈페이지 공지사항, 어린이집지원시스템 업무연락 및 개별어린이집으로 통보함
  - 어린이집지원시스템 내 [어린이집 평가]-[평가진행과정 확인] 메뉴에서 '평가 결과 확인'을 클릭하여 확인

어린이집지원시스템 공인인증서 로그인 ⇨ 어린이집 평가 ⇨ 평가진행 과정 확인 ⇨ [평가결과 확인] 클릭

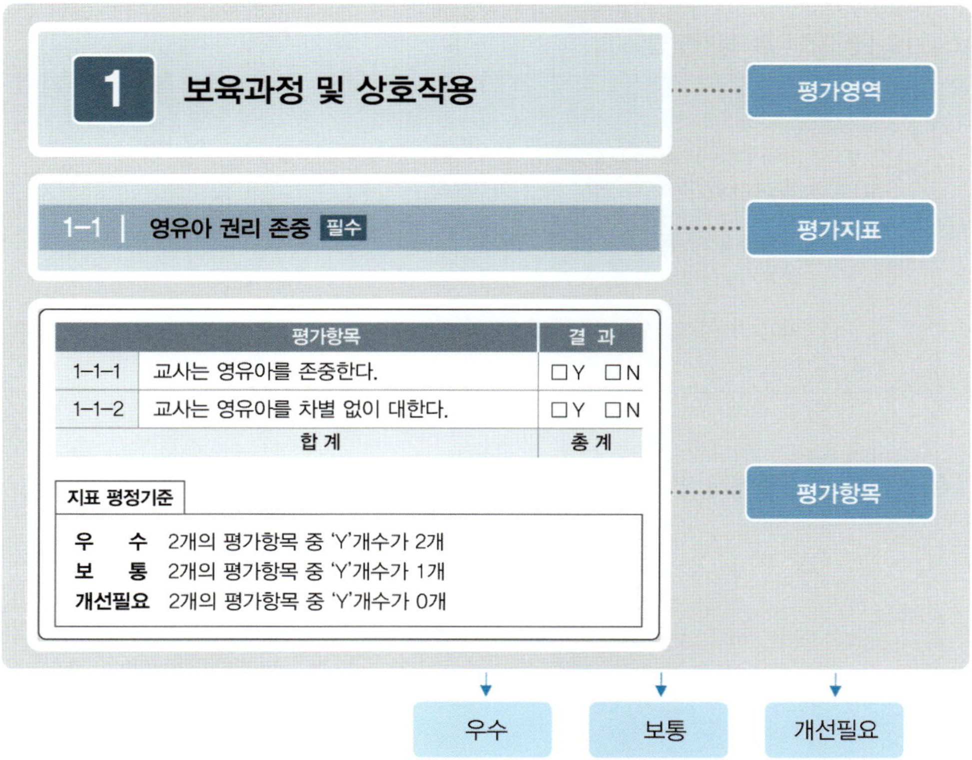

1-1-1	교사는 영유아를 존중한다.
평가내용	① 교사는 영유아의 개별적 요구나 질문을 주의 깊게 듣고 적절하고 반응함 ② 교사는 영유아가 이해할 수 있는 내용으로 눈을 마주치며 이야기함 ③ 교사는 인정과 격려를 통해 영유아의 말과 행동, 생각 및 감정을 지지해 줌 ④ 교사는 위협, 비난, 조롱 등 부정적 언어를 사용하지 않음
평점기준	4개 모두 충족해야 Y로 평정

그림 6-4. 평가지표의 구성체계

평가지표의 평가방법은 관찰, 면담, 기록 확인의 방법으로 이루어지며, 구체적인 방법은 〈표 6-19〉와 같다.

표 6-19. 평가지표의 평가방법

구분	내용
관찰	• 보육환경, 보육과정, 상호작용 등에 대한 관찰을 진행함 • 등원에서 하원까지 일과 동안 이루어짐
면담	• 원장과 교사 등을 대상으로 면담을 진행함 • 평가지표(항목 · 요소)에 관한 실행 여부 및 관련 내용을 확인함
기록	• 평가지표(항목 · 요소)에서 실행 여부 및 내용 확인을 위해 요구되는 관련 기록을 확인함

평가지표의 구성에서 평가영역 및 평가항목 수에 대한 구체적인 내용은 〈표 6-20〉과 같다.

표 6-20. 평가영역 및 평가항목 수

평가영역(항목수)	평가지표	평가항목수
1. 보육과정 및 상호작용(18)	1-1. 영유아 권리 존중 필수	2
	1-2. 보육계획 수립 및 실행	6
	1-3. 놀이 및 활동 지원	3
	1-4. 영유아 상호작용 지원	4
	1-5. 보육과정 평가	3
2. 보육환경 및 운영관리(14)	2-1. 실내 공간 구성 및 운영	4
	2-2. 실외 공간 구성 및 운영	3
	2-3. 기관 운영	4
	2-4. 가정 및 지역사회와의 연계	3
3. 건강 · 안전(15)	3-1. 실내외 공간의 청결 및 안전	3
	3-2. 급 · 간식	3
	3-3. 건강증진을 위한 교육 및 관리	3
	3-4. 등 · 하원의 안전	3
	3-5. 안전교육과 사고예방	3
4. 교직원(12)	4-1. 원장의 리더십	3
	4-2. 보육교직원의 근무환경	3
	4-3. 보육교직원의 처우와 복지	3
	4-4. 보육교직원의 전문성 제고	3

* 3-2, 3-4, 4-5 지표 내 필수요소 8개 포함

어린이집 등급평정 방식에 대해 살펴보면, 각 지표별 평가항목의 '충족' 개수에 따라 3개 등급(우수, 보통, 개선필요) 중 1개를 부여하며, 평가항목은 체크리스트 방식에 의해 '충족(Y)' 또는 '미충족(N)'에 체크하게 된다.

표 6-21. 등급평정 방식

평가항목 수	지표 평정		
	충족(Y) 항목 수		
2	2개	1개	0개
3	3개	2개	1개 이하
4	4개	2~3개	1개 이하
5	5개	3~4개	2개 이하
6	6개	3~5개	2개 이하

어린이집 평가제의 평가영역은 각 영역별 평가지표 중 '우수', '개선필요' 지표 개수에 따라 3개 등급(우수, 보통, 개선필요) 중 1개를 부여하며, 평가지표 중 '개선필요' 등급이 하나라도 있을 경우, '개선필요' 등급을 부여하게 된다. 평가영역에 대한 구체적인 내용은 〈표 6-22〉와 같다.

표 6-22. 평가영역

<table>
<tr><th colspan="2">평가영역(지표 수)</th><th colspan="2">영역 평정</th></tr>
<tr><td>1. 보육과정 및
상호작용(5)</td><td>'우수' 지표
4개 이상(필수 포함)</td><td rowspan="4">우수 및 개선필요
등급에 해당하지
않는 경우</td><td rowspan="4">'개선필요' 지표
1개 이상</td></tr>
<tr><td>2. 보육환경 및
운영관리(4)</td><td>'우수' 지표
3개 이상</td></tr>
<tr><td>3. 건강 · 안전(5)</td><td>'우수' 지표
4개 이상(필수 포함)</td></tr>
<tr><td>4. 교직원(4)</td><td>'우수' 지표
3개 이상</td></tr>
</table>

어린이집 등급은 4개 평가영역 중 '우수', '개선필요' 등급 개수에 따라 어린이집 등급(A, B, C, D) 중 1개를 부여하게 되며, 평가등급에 대한 기준 및 평가주기는 〈표 6-23〉과 같다.

표 6-23. 평가등급 기준 및 평가주기

등급구분	등급 부여기준	평가주기
A	4개 영역 모두 '우수'인 경우(※ 필수지표 및 요소 모두 충족)	3년
B	'우수' 영역이 3개 이하이며, '개선필요' 영역이 없는 경우	
C	'개선필요' 영역이 1개 있는 경우	2년
D	'개선필요' 영역이 2개 이상인 경우	

어린이집 평가제의 평가지표에 대한 세부 평가항목에 대한 구체적인 내용은 〈표 6-24〉와 같다.

표 6-24. 평가지표 세부 평가항목

평가영역	평가지표	평가항목
1. 보육과정 및 상호작용 (18)	1-1 영유아 권리존중 (2) 필수	1. 교사는 영유아를 존중한다.
		2. 교사는 영유아를 차별 없이 대한다.
	지표 등급	**우수**: 'Y'가 2개, 보통: 'Y'가 1개, 개선필요: 'Y'가 0개
	1-2 보육계획수립 및 실행 (6)	1. 표준보육과정을 바탕으로 어린이집의 철학을 반영한 보육계획을 수립한다.
		2. 영유아가 편안한 분위기에서 일상경험을 할 수 있도록 운영한다.
		3. 하루일과에서 영유아의 자유놀이가 충분히 이루어지도록 한다.
		4. 바깥놀이 시간을 매일 충분히 배정하여 운영한다.
		5. 특별활동은 운영 지침에 따라 운영한다.

평가영역	평가지표	평가항목
		6. 장애영유아 장애영유아를 위한 관련 서비스(치료지원 포함)를 일과 중에 통합적으로 제공한다.
	지표 등급	**(일반) 우수**: 'Y'가 5개, 보통: 'Y'가 3~4개, 개선필요: 'Y'가 2개 이하
		(장애) 우수: 'Y'가 6개, 보통: 'Y'가 3~5개, 개선필요: 'Y'가 2개 이하
	1–3 놀이 및 활동 지원 (3)	1. 교사는 놀이와 활동이 영유아의 자발적 선택에 의해 주도적으로 이루어지도록 격려한다.
		2. 교사는 영유아의 놀이 상황을 관찰하면서 놀이와 관련된 상호작용을 한다.
		3. 영유아의 다양한 놀이와 활동에 필요한 자료를 제공한다.
	지표 등급	**우수**: 'Y'가 3개, 보통: 'Y'가 2개, 개선필요: 'Y'가 1개 이하
	1–4 영유아 간 상호작용 지원 (4)	1. 교사는 영유아의 감정에 공감하고 스스로의 감정을 다룰 수 있도록 돕는다.
		2. 교사는 영유아가 일상에서 자신의 의견, 생각 등을 또래와 나눌 수 있도록 격려한다.
		3. 교사는 영유아가 적절한 약속과 규칙을 지키도록 격려한다.
		4. 교사는 영유아 간 다툼이나 문제가 발생할 경우 다양한 해결방식을 사용한다.
	지표 등급	**우수**: 'Y'가 4개, 보통: 'Y'가 2~3개, 개선필요: 'Y'가 1개 이하
	1–5 보육과정평가 (3)	1. 반별 보육일지에 하루일과 및 놀이실행에 대해 평가한 내용이 있고, 필요한 경우 평가내용을 다음 보육계획에 반영한다.
		2. 개별 영유아의 일상생활, 실내외 놀이 및 활동에 대한 관찰 내용을 기록하고, 영유아의 발달특성과 변화를 평가한다.
		3. 원장은 각 반별 보육과정 운영에 대한 평가를 통해 어린이집 전체 보육과정 운영을 파악하고 있다.
	지표 등급	**우수**: 'Y'가 3개, 보통: 'Y'가 2개, 개선필요: 'Y'가 1개 이하

평가영역	평가지표	평가항목
1영역 등급		(우수) '우수' 등급 지표가 4개 이상(필수 포함)
		(보통) '우수' 및 '개선필요' 등급에 해당하지 않는 경우
		(개선필요) '개선필요' 등급 지표가 1개 이상
2. 보육환경 및 운영관리 (14)	2-1 실내공간구성 및 운영 (4)	1. 보육실 내 흥미영역 또는 놀이영역은 영유아의 연령 및 발달특성을 고려하여 영유아의 놀이와 연계하여 구성한다.
		2. 실내 시설 및 설비가 영유아의 발달수준에 적합하다.
		3. 영유아의 요구를 충족하는 보육실 이외의 별도의 공간을 마련하고 있다.
		4. 비품과 활동자료를 보관하는 별도의 공간이 있고 체계적으로 정리하고 있다.
	지표 등급	**우수**: 'Y'가 4개, 보통: 'Y'가 2~3개, 개선필요: 'Y'가 1개 이하
	2-2 실외공간구성 및 운영 (3)	1. 옥외놀이터 등을 구비하고 있다.
		2. 영유아의 발달을 지원하는 다양한 놀이 및 활동자료가 준비되어 있다.
		3. 영유아의 발달에 적합한 다양한 바깥놀이 및 활동이 이루어진다.
	지표 등급	**우수**: 'Y'가 3개, 보통: 'Y'가 2개, 개선필요: 'Y'가 1개 이하
	2-3 기관운영 (4)	1. 모든 반을 편성 규정에 맞게 운영하고 있다.
		2. 어린이집 운영계획을 수립하여 부모에게 안내한다.
		3. 신규 보육교직원에게 오리엔테이션을 실시하고 있다.
		4. 신입 영유아 적응을 위한 지원을 하고 있다.
	지표 등급	**우수**: 'Y'가 3개, 보통: 'Y'가 2개, 개선필요: 'Y'가 1개 이하
	2-4 가정 및 지역사회 와의 연계 (3)	1. 어린이집을 개방하여 다양한 부모참여와 교육이 이루어진다.
		2. 평소 가정과 다양한 방법으로 소통하고 정기적인 개별면담을 통해 가족을 지원한다.
		3. 지역사회와 연계한 다양한 활동을 실시하고 있다.
	지표 등급	**우수**: 'Y'가 3개, 보통: 'Y'가 2개, 개선필요: 'Y'가 1개 이하

평가영역	평가지표	평가항목
2영역 등급		(우수) ‘우수’ 등급 지표가 3개 이상
		(보통) ‘우수’ 및 ‘개선필요’ 등급에 해당하지 않는 경우
		(개선필요) ‘개선필요’ 등급 지표가 1개 이상
3. 건강 · 안전 (15)	3-1 실내외 공간의 청결 및 안전 (3)	1. 실내외 공간을 청결하고 쾌적하게 관리한다.
		2. 실내외 공간과 설비를 위험요인 없이 안전하게 관리한다.
		3. 실내외 공간의 놀잇감 및 활동자료와 위험한 물건을 안전하게 관리한다.
	지표 등급	**우수**: ‘Y’가 3개, 보통: ‘Y’가 2개, 개선필요: ‘Y’가 1개 이하
	3-2 급 · 간식 (3)	1. 영양의 균형을 고려한 급 · 간식을 제공하고 있다.
		2. 식자재의 구입 · 보관 및 조리공간을 위생적으로 관리하고 있다.
		3. 조리 및 배식과정을 청결하고 위생적으로 관리하고 있다.
	지표 등급	**우수**: ‘Y’가 3개, 보통: ‘Y’가 2개, 개선필요: ‘Y’가 1개 이하
	3-3 건강증진을 위한 교육 및 관리 (3)	1. 손 씻기, 양치질 등 청결한 위생습관을 실천한다.
		2. 교사는 영유아의 건강상태를 살펴보고 적절하게 지원한다.
		3. 영유아와 보육교직원의 건강증진을 위한 예방관리와 교육을 실시한다.
	지표 등급	**우수**: ‘Y’가 3개, 보통: ‘Y’가 2개, 개선필요: ‘Y’가 1개 이하
	3-4 등 · 하원의 안전 (3)	1. 교사는 영유아의 출석을 확인하며 인계규정에 따라 귀가지도를 한다.
		2. 영유아는 등원부터 하원까지 성인의 보호하에 있다.
		3. 등 · 하원용 차량을 운행할 경우 안전요건을 갖추어 관리한다.
	지표 등급	**우수**: ‘Y’가 3개, 보통: ‘Y’가 2개, 개선필요: ‘Y’가 1개 이하
	3-5 안전교육과 사고예방 (3)	1. 영유아를 대상으로 안전교육을 지속적으로 실시하고 있다.
		2. 보육교직원은 안전교육을 받고 영유아 학대 예방 지침을 준수한다.
		3. 안전설비를 비상 시 효율적으로 사용할 수 있도록 관리하고 있다.
	지표 등급	**우수**: ‘Y’가 3개, 보통: ‘Y’가 2개, 개선필요: ‘Y’가 1개 이하

평가영역	평가지표	평가항목
3영역 등급		(우수) '우수' 등급 지표가 4개 이상(필수 포함)
		(보통) '우수' 및 '개선필요' 등급에 해당하지 않는 경우
		(개선필요) '개선필요' 등급 지표가 1개 이상
4. 교직원 (12)	4-1 원장의 리더십	1. 원장은 자신의 전문성 향상을 통해 어린이집 발전에 기여한다.
		2. 원장은 보육교직원을 존중한다.
		3. 원장은 건전한 조직문화 조성을 위해 노력한다.
	지표 등급	**우수**: 'Y'가 3개, 보통: 'Y'가 2개, 개선필요: 'Y'가 1개 이하
	4-2 보육 교직원의 근무 환경(3)	1. 교사를 위한 별도공간을 마련하고 있다.
		2. 교사를 위한 개인사물함과 업무지원 설비를 마련하고 있다.
		3. 성인용 화장실을 영유아용과 별도로 설치하여 사용하고 있다.
	지표 등급	**우수**: 'Y'가 3개, 보통: 'Y'가 2개, 개선필요: 'Y'가 1개 이하
	4-3 보육 교직원의 처우와 복지	1. 보육교직원의 복무와 보수에 관한 규정이 있으며, 이를 준수하고 있다.
		2. 교사의 직무스트레스를 예방하고 관리할 수 있는 서비스를 안내 및 제공한다.
		3. 보육교직원을 위한 복지제도를 운영하고 있다.
	지표 등급	**우수**: 'Y'가 3개, 보통: 'Y'가 2개, 개선필요: 'Y'가 1개 이하
	4-4 보육 교직원의 전문성 제고 (3)	1. 보육교직원의 전문성 제고를 위한 다양한 교육 기회를 부여하고 있다.
		2. 교사의 상호작용에 대한 관찰과 지원을 실시하고 있다.
		3. 교사에 대한 근무평가를 실시하고 있다.
	지표 등급	**우수**: 'Y'가 3개, 보통: 'Y'가 2개, 개선필요: 'Y'가 1개 이하
4영역 등급		(우수) '우수' 등급 지표가 3개 이상
		(보통) '우수' 및 '개선필요' 등급에 해당하지 않는 경우
		(개선필요) '개선필요' 등급 지표가 1개 이상

PART

3

보육과정의 운영

Chapter

07

영아반 보육과정 운영계획 및 운영

배울내용

1. 영아반 보육과정의 특성
2. 영아반 보육과정의 운영계획
3. 영아반 하루일과의 운영
4. 영아반 환경구성

학습목표

1. 영아반 보육과정의 특성을 이해한다.
2. 영아반 보육과정의 운영계획을 익히고 실제 보육과정을 작성해 본다.
3. 영아반 하루일과의 운영에 대해 숙지한다.
4. 영아반 환경구성을 이해하고 유의점을 숙지한다.

1. 영아반 보육과정의 특성

1) 0세반 보육과정의 특성

0세 영아는 월령에 따라 발달의 차이가 매우 크고 개별적인 요구가 많으므로 교사는 영아 개인에게 적합한 활동을 계획하고 민감하게 반응할 수 있어야 한다. 0세 영아의 특징은 〈표 7-1〉과 같다.

표 7-1. 0세 영아의 특징

구분	내용
개별 영아의 요구를 우선적으로 고려한다.	0세반 구성은 다른 연령에 비해 발달적 변화와 범위가 매우 크며 돌봄의 질이 생명과 발달에 큰 영향을 미치기 때문에 개별적 상호작용이 이루어져야 한다.
일상적 양육에 기반을 둔 보육과정을 운영한다.	0세 영아는 수면, 수유 및 이유, 배변 등의 생리적 요구를 충족시키는 것이 가장 적합한 실제이므로 영아의 건강하고 안정적인 일과를 안내하는 데 중점을 둔다.
개별적 관계 중심의 보육프로그램이 계획되고 융통성 있게 운영한다.	0세 영아는 자신의 신체 기능과 주변 환경을 주도적으로 탐색하려는 욕구가 강하고 양육자와 민감하게 반응하는 상호작용을 통해서 애착을 형성하는 시기이므로 개별적인 관계 중심의 보육과정을 운영한다.
민감하고 애정적인 교사의 역할과 상호작용이 질이 가장 중요하다.	양질의 상호작용이 이루어지는 일상적 양육과 놀이로 발달을 지원해야 하며 언어적 상호작용뿐만 아니라 민감하고 온정적인 비언어적 상호작용이 필수적이다.
월령별 발달이해를 기초로 한 교사의 역할이 개별적으로 실행되어야 한다.	월령의 차이가 가장 큰 연령이므로 1~3개월, 4~6개월, 7~9개월, 10~12개월로 나누어 영아의 발달적 특성을 이해하고, 이에 따라 교사의 역할을 실행해야 한다.

2) 1세반 보육과정의 특성

1세 영아 역시 0세와 마찬가지로 개별적 보육과 안정적 애착이 중요한 시기이다. 이와 더불어 1세 영아는 움직임이 활발해지고 활동반경이 넓어지는 시기이므로 놀이나 탐색활동의 범위와 수준을 확장할 필요가 있다. 1세 영아의 특징은 〈표 7-2〉와 같다.

표 7-2. 1세 영아의 특징

구분	내용
놀이와 탐색활동을 격려하는 일과 운영이 필요하다.	1세 영아는 서고 걷게 되면서 몸을 움직이는 신체, 운동의 욕구가 강해지므로 이를 격려하고 촉진해야 한다.
생활리듬이 안정되는 시기이므로 규칙적인 일상생활을 할 수 있도록 한다.	만 1세를 넘어서면 규칙적인 수면을 취할 수도 있고, 낮잠 시간이 줄어들어 오후에 긴 낮잠을 자게 된다. 규칙적인 리듬을 가질 수 있도록 도와주어야 한다.
산책 및 실외놀이에 대한 고려가 필요하다.	혼자서 걸을 수 있게 되면서 활동영역이 넓어지고 주변환경에 대한 호기심이 증가하기 때문에 산책 및 실외놀이에 보다 긴 시간이 필요하다.
배변 훈련을 시작할 수 있다.	이 시기의 영아는 배변훈련을 시작할 수 있으므로 부모와 의논하여 가정과 연계하여 일관성 있게 프로그램을 진행한다.

3) 2세반 보육과정의 특성

2세 영아는 자율성이 발달하는 시기로 스스로 할 수 있는 다양한 활동을 제공하여 자신을 시험해 보고 언어를 사용할 수 있게 되는 의미 있는 발달적 특성을 갖는다. 2세 영아의 특징은 〈표 7-3〉과 같다.

표 7-3. 2세 영아의 특징

구분	내용
일상에서 자조능력을 활용할 수 있다.	2세 영아는 스스로 하고 싶어 하고, 스스로 할 수 있는 것들이 많아진다. 보육과정 전체에서 자조능력을 활용할 수 있도록 격려한다.
의미 있는 언어적 상호작용이 일어난다.	2세 영아는 언어능력이 급격히 발달하는 시기이므로 교사와 영아, 영아와 영아 간의 언어적 상호작용이 일어나도록 한다. 교사는 좋은 언어의 모델이 되어야 하며, 좋은 언어환경을 구성할 필요가 있다.
집단활동이 이루어지며 이를 즐길 수 있다.	2세 영아는 개별활동의 비중이 더 높기는 하지만 다 함께 모여서 활동을 하는 집단활동이 가능해진다. 이러한 활동을 통해서 영아 역시 즐거움을 느낀다.

2. 영아반 보육과정의 운영계획

1) 연간 보육계획

2019년 제4차 어린이집 표준보육과정에 따라 개발된 보육프로그램에서 제시한 영아반 연간 주제목록은 〈표 7-5〉와 같다. 영아반의 경우 매월마다 주제가 달라지는 것이 아니라 각 연령에 따라 6~9개의 주제를 선정하여 하위 주제를 반복, 심화, 확장할 수 있도록 제시하고 있다. 어린이집에서 영아반 연간보육계획을 할 때는 어린이집표준보육과정 프로그램에서 제시한 주제를 참고하여 각 어린이집 영아의 발달, 흥미, 특성 등에 따라 융통성 있게 선정하도록 한다. 영아반 연간 보육계획 수립의 원리는 〈표 7-4〉와 같다(보건복지부, 2019). 이와 같이 연간 주제목록 및 보육계획 수립의 원리를 고려하여 작성한 1세, 2세 연간 계획안의 구체적인 예는 〈표 7-6〉, 〈표 7-7〉과 같다.

표 7-4. 영아반 연간 보육계획 수립의 원리

- 개념 : 추구하는 인간상이 놀이나 활동을 통해 경험할 수 있는 통합적 주제를 연령과 발달에 적합하게 세운 목록
- 원리 : 연령과 발달에 적합한 관심 있는 주제를 정하고 다양한 경험을 할 수 있도록 작성한다.
  - 표준보육과정에서 추구하는 인간상, 어린이집의 철학, 지역사회의 특성, 개인수준의 다양성 고려
  - 일 년간의 중요한 경험(어린이집 적응, 계절, 명절, 기관행사, 반 변경 등)의 일정을 염두에 두고 계획한다.
  - 놀이 경험에 따라 시기와 기간 등이 변경 가능하고 발현되는 놀이 경험이 즉각적으로 반영될 수 있도록 여지를 남기며 계획한다.
- 주제운영 : 주제와 내용에 따라서 환경구성을 구체적으로 작성한다.(구체적으로 파악)주제는 내용을 가지고 있고 놀이(활동)로 학습(지식, 기술, 태도=경험)된다.
  연간, 월간(주간), 변경(대체, 생성, 통합)예비, 무 주제
- 구체적으로 계획할 것은 일상, 활동, 주제와 내용에 따른 환경구성(충분히 지원계획 수립)
- 대강계획할 것은 놀이

표 7-5. 영아반 연간 주제목록

연간주제			
	0세	1세	2세
1	낯설어요	새로운 것이 낯설어요	어린이집이 좋아요
2	느껴보아요	느낄 수 있어요	봄나들이 가요
3	움직여요	놀이할 수 있어요	나는요
4	놀이는 재미있어요 I	나는 할 수 있어요	재미있는 여름이에요
5	놀이는 재미있어요 II	움직이는 것이 재미있어요	나는 가족이 있어요
6	좋아해요	좋아하는 놀이가 있어요	동물놀이해요
7		새로운 것도 좋아요	알록달록 가을이에요
8			겨울과 모양을 즐겨요
9			나는 친구가 있어요

0세는 월령에 따라 발달적 차이가 크고 일상적 양육활동이 놀이활동에 비해 많은 부분을 차지한다. 따라서 0세를 위한 연간주제는 0세의 발달특성과 발달과업을 중심으로 세상에 대한 호기심, 애착을 보이는 사람과 사물을 중심으로 주제를 선정한다. 이때 1세와의 연계를 고려하여 주제를 선정한다.

1세는 일상적 양육활동과 함께 0세에 비해 놀이활동이 점점 늘어나게 된다. 따라서 1세를 위한 연간주제는 1세의 발달특성과 발달과업, 적응, 계절, 어린이집이나 지역사회의 특성을 반영하되, 0세 및 2세와의 연계성을 고려하여 선정한다.

2세는 0~1세에 비해 일상적 양육활동과 함께 놀이활동의 비중이 커진다. 따라서 2세를 위한 연간주제는 2세의 발달특성을 반영하여 어린이집－나－가족－친구로 관계를 확장해 나가고, 동시에 계절의 변화, 흥미와 관심 등을 반영하는 주제를 선정한다.

혼합연령반은 혼합된 두 연령 모두를 고려하여 주제를 선정하고, 수준 차이 나는 활동을 계획한다. 이때 혼합된 두 연령 중 영아의 수가 많은 연령을 기준으로 주제를 선정하기보다는 연령이 많든 적든 발달 수준을 고려하여 주제를 선정한다. 예를 들어, 1세보다 2세가 더 많은 1~2세 혼합연령반의 연간주제를 선정할 때 2세가 전체적으로 생일이 느리거나 발달 수준이 1세와 유사할 때는 1세 중심의 주제를 선정하고 주제별 보육계획을 수립할 때 일부 활동에 대해서는 두 수준을 모두 고려한 수준 차이 나는 활동을 계획한다.

주제는 어린이집에서 이루어지는 연간 행사의 일정과 연계하여 계획하되, 0~1세는 행사와 연계하지 않아도 된다.

표 7-6. 1세 연간 계획안의 예

순서	주제	주	소주제	행사
1	새로운 것이 낯설어요	1	어린이집에 왔어요	오리엔테이션
		2		
		3	만나고 친해져요	어린이집 적응프로그램
		4		
		5	우리반에 무엇이 있을까요?	
		6		
		7	밖으로 나가 보아요	
		8		
2	느낄 수 있어요	1	만져보아요	봄소풍 어린이날행사
		2		
		3	살펴보아요	
		4		
		5	들어보아요	
		6		
		7	맡아보아요	
		8		
		9	맛보아요	
		10	온몸으로 느껴보아요	
3	놀이할 수 있어요	1	놀잇감은 재미있어요 1	부모상담 물 놀이
		2		
		3	놀잇감은 재미있어요 2	
		4		
		5	물놀이는 재미있어요	
		6		
		7	까꿍놀이는 재미있어요	
		8		

순서	주제	주	소주제	행사
4	나는 할 수 있어요	1	즐겁게 할 수 있어요	부모상담 물놀이
		2		
		3	말할 수 있어요	
		4		
		5	찾을 수 있어요	
		6		
5	움직이는 것이 재미있어요	1	바깥놀이는 재미있어요	가족참여수업
		2		
		3	몸을 움직여요	
		4		
		5		
		6	움직이게 할 수 있어요	
		7		
6	좋아하는 놀이가 있어요	1	그림책으로 놀아요	크리스마스 파티
		2		
		3	춤추고 놀이해요	
		4		
		5	흉내 내요	
		6		
		7		
		8	응가, 쉬 놀이가 좋아요	
		9		
7	새로운 것도 좋아요	1	함께 놀아요	
		2		
		3	선생님이 좋아요	
		4		

표 7-7. 2세 연간 계획안의 예

<table>
<tr><th>순서</th><th>주제</th><th>주</th><th>소주제</th><th>행사</th></tr>
<tr><td rowspan="7">1</td><td rowspan="7">어린이집이 좋아요</td><td>1</td><td>나는 ○○반이에요</td><td rowspan="2">오리엔테이션</td></tr>
<tr><td>2</td><td>엄마, 아빠와 헤어질 수 있어요</td></tr>
<tr><td>3</td><td>우리반 선생님과 친구들이에요</td><td rowspan="5">어린이집
적응프로그램</td></tr>
<tr><td>4</td><td>재미있는 놀잇감이 있어요</td></tr>
<tr><td>5</td><td>내가 좋아하는 놀잇감이에요</td></tr>
<tr><td>6</td><td>편안하게 지내요</td></tr>
<tr><td>7</td><td>안전하게 놀아요</td></tr>
<tr><td rowspan="5">2</td><td rowspan="5">봄나들이 가요</td><td>1</td><td>바깥놀이가 재미있어요</td><td rowspan="5">봄소풍
체력측정 1
어린이날행사</td></tr>
<tr><td>2</td><td>안전하게 바깥놀이해요</td></tr>
<tr><td>3</td><td>꽃구경은 즐거워요</td></tr>
<tr><td>4</td><td>벌레가 꿈틀꿈틀해요</td></tr>
<tr><td>5</td><td>봄나들이 갈까요</td></tr>
<tr><td rowspan="5">3</td><td rowspan="5">나는요</td><td>1</td><td>나는 ○○○이에요</td><td rowspan="5">부모상담
안전교육</td></tr>
<tr><td>2</td><td>내 몸을 살펴보아요</td></tr>
<tr><td>3</td><td>나는 느껴요</td></tr>
<tr><td>4</td><td>내가 좋아하는 것이 있어요</td></tr>
<tr><td>5</td><td>혼자서도 잘해요</td></tr>
<tr><td rowspan="6">4</td><td rowspan="6">재미있는 여름이에요</td><td>1</td><td>날씨가 더워졌어요</td><td rowspan="6">건강검진
물놀이</td></tr>
<tr><td>2</td><td>비가 많이 와요</td></tr>
<tr><td>3</td><td>깨끗하게 씻어요</td></tr>
<tr><td>4</td><td>물놀이가 재미있어요 1</td></tr>
<tr><td>5</td><td>물놀이가 재미있어요 2</td></tr>
<tr><td>6</td><td>여행을 가요</td></tr>
</table>

순서	주제	주	소주제	행사
5	나는 가족이 있어요	1	엄마 아빠가 좋아요	안전교육 가족참여수업
		2	우리 가족을 흉내 내요 1	
		3	우리 가족을 흉내 내요 2	
		4	우리 가족을 소개해요 1	
		5	우리 가족을 소개해요 2	
6	동물놀이해요	1	여러 가지 동물이 있어요	동물원 견학
		2	엄마 동물 아기 동물	
		3	동물처럼 소리를 내어 보아요	
		4	동물처럼 움직여 보아요	
		5	○○반이 좋아하는 동물	
		6	동물을 사랑해요	
7	알록달록 가을이에요	1	가을이에요	가을소풍 안전교육
		2	가을나들이	
		3	단풍이 물들어요	
		4	자연물로 놀이해요	
		5	알록달록 색깔나라	
		6	재미있는 그리기 나라	
8	겨울과 모양을 즐겨요	1	여러 가지 모양이 있어요	부모상담 체력측정2 크리스마스행사
		2	모양놀이를 해요	
		3	즐거운 성탄이에요	
		4	추워요	
		5	따뜻하게 지내요	

순서	주제	주	소주제	행사
9	나는 친구가 있어요	1	내 친구가 좋아요	안전교육 수료식
		2	친구와 함께하는 놀이가 있어요	
		3	우리는 ○○살(설날)	
		4	형 · 언니가 되었어요	
		5	즐거웠던 우리 반이에요	
		6		

출처: 보건복지부(2019). 어린이집 표준보육과정 2세 보육프로그램.

2) 주제별 보육계획안(월간 보육계획안)

영아반 보육프로그램에서는 연간 보육계획에서 제시한 주제를 월별로 수립하지 않고 주제와 진행 기간을 주차로 제시하고 있다. 따라서 월간 보육계획이라고 정의하기보다 주제별 보육계획이라는 용어가 적절하다고 볼 수 있으나 월별로 제시되지 않았다는 점만 차이가 있을 뿐 기존의 월간 보육계획의 개념적 정의와는 차이가 없다. 주제계획안을 작성할 때의 활동구성은 영아의 발달특성과 흥미를 고려하여 연령이 증가함에 따라 좀 더 세분화하여 구성하게 된다. 등원 및 맞이하기, 일상생활, 놀이, 활동, 귀가 및 가정과의 연계 등은 0~2세 모두 공통적으로 용어를 사용하고, 일상생활과 놀이는 연령에 따라 다르게 구성한다. 영아반 보육계획안의 활동 구성의 구체적인 내용은 〈표 7-8〉과 같다.

표 7-8. 영아반 보육계획안의 활동 구성

활동명	0세	1세	2세
등원 및 맞이하기	등원 및 맞이하기	등원 및 맞이하기	등원 및 맞이하기
활 동	기본생활 및 안전	기본생활 및 안전	기본생활 및 안전
일상생활	수유 및 이유	점심 및 간식	점심 및 간식
	낮잠	낮잠	낮잠
	기저귀 갈이	기저귀 갈이 · 배변활동	배변활동
놀이	신체	신체	신체
	언어	언어	언어
	감각 · 탐색	감각 · 탐색	감각 · 탐색
		역할 · 쌓기	역할 · 쌓기
			미술
			음률
	실외놀이 (대체활동)	실외놀이 (대체활동)	실외놀이 (대체활동)
귀가 및 가정과의 연계	귀가 및 가정과의 연계	귀가 및 가정과의 연계	귀가 및 가정과의 연계

〈표 7-7〉에서 제시한 연간 계획안에서 만2세의 "알록달록 가을이에요"라는 주제는 총6개의 소주제로 구성되어 있다. 이를 활동구성에 따라 적합한 활동을 계획한 것이 주제 계획안이며, 이는 〈표 7-9〉와 같다.

표 7-9. 만2세 알록달록 가을이에요 주제의 계획안

<table>
<tr><td rowspan="6">7</td><td rowspan="6">알록달록 가을이에요</td><td>1</td><td>가을이에요</td></tr>
<tr><td>2</td><td>가을나들이</td></tr>
<tr><td>3</td><td>단풍이 물들어요</td></tr>
<tr><td>4</td><td>자연물로 놀이해요</td></tr>
<tr><td>5</td><td>알록달록 색깔나라</td></tr>
<tr><td>6</td><td>재미있는 그리기 나라</td></tr>
</table>

↓

<table>
<tr><th colspan="2">주</th><th>1주</th><th>2주</th><th>3주</th><th>4주</th><th>5주</th><th>6주</th></tr>
<tr><td colspan="2">소주제
구분</td><td>가을이에요</td><td>가을나들이</td><td>단풍이
물들어요</td><td>자연물로
놀이해요</td><td>알록달록
색깔나라</td><td>재미있는
그리기 나라</td></tr>
<tr><td colspan="2">등원 및
맞이하기</td><td colspan="6">아침에 먹고 온 음식을 이야기해 보기</td></tr>
<tr><td colspan="2">활 동</td><td colspan="3">스스로 겉옷을 벗어 보기
길을 잃었을 때는 제자리에서 기다리기</td><td colspan="3">겉옷을 벗어 옷걸이에 걸어보기
주변의 어른에게 ‘도와주세요’ 이야기해 보기</td></tr>
<tr><td rowspan="3">일상
생활</td><td>점심 및
간식</td><td colspan="6">바르게 앉아서 먹어보기
먹어보지 않은(새로운, 좋아하지 않는) 음식을 먹어봐요</td></tr>
<tr><td>낮잠</td><td colspan="6">자고 나서 내 베개를 정리해 보기</td></tr>
<tr><td>배변
활동</td><td colspan="6">배변 후 선생님의 도움 받아(스스로)옷을 올려보기
지퍼, 단추 잠가보기</td></tr>
<tr><td rowspan="2">놀이</td><td>신체</td><td>낙엽비가
내려요</td><td>나뭇잎처럼
움직여 보기</td><td>나뭇잎
징검다리를
건너기</td><td>콩주머니
던지기</td><td>색풍선
놀이</td><td>같은 색깔
벽돌 도미노</td></tr>
<tr><td>언어</td><td>과일, 열매
까꿍카드</td><td>나들이
사진보며
이야기
나누기</td><td>나뭇잎에
그림
편지쓰기</td><td>자연물(탐색)
그림책</td><td>색깔에도
이름이
있어요</td><td>내가
좋아하는
색깔이
있어요</td></tr>
</table>

놀이	감각, 탐색	내 짝을 찾아 주세요 (과일반쪽 찾기)	숟가락으로 밤, 호두 옮기기	단풍잎(은행잎) 방석	조각 천 염색하기	색 탁구공을 옮기기	알록달록 색 소금 만들기
	역할 쌓기	낙엽을 청소해요	가을소풍 놀이	단풍잎 (은행잎) 왕관쓰고 놀이하기	열매, 나뭇잎 소꿉놀이	삼색밀가루 반죽으로 요리하기	삼색 밀가루 케이크 (생일파티 놀이)
		큰 나무, 작은나무 꾸미기	블록 돗자리 만들기	가을동산 만들기	나무무늬 블록으로 식탁, 의자 구성하기	알록달록 색깔 길 만들기	무지개 촉감블록 쌓고 무너뜨리기
	미술	알록달록 가을 나무 꾸미기	산책가방 만들기	나뭇잎 왕관 만들기	솔방울에 색깔 입히기	색깔 공을 굴려 그림그리기	까만 크레파스 그림
	음률	열매 마라카스를 흔들기	오리 소풍에 맞춰 춤추기	나무 악기 연주하기	춤추는 씨앗 (큰북 두드리기)	리듬악기 두드리며 '가을바람' 노래 부르기	색 스카프 흔들기
	바깥 놀이 대체	동물인형 목욕시키기	여러 가지 색, 모양의 나뭇잎이 있어요	가을 나들이	나뭇가지에 매달린 물체 탐색하기	흙으로 놀아요	색 돋보기로 바깥 풍경 관찰하기
		여러 가지 색, 모양의 나뭇잎이 있어요	가을 나들이	나뭇가지에 매달린 물체 탐색하기	흙으로 놀아요	색 돋보기로 바깥풍경 관찰하기	무지개 낙하산 놀이
귀가 및 연계	귀가	가을 날씨 이야기하며 귀가하기			나뭇잎의 변화 살펴보며 귀가하기		
	가정 및 지역사회 연계	가정과의 연계: 가족과 함께 공원 나들이 해보기 지역사회 연계: 공원으로 산책가기(어린이집에서 가까운 공원으로 산책가기)					

<table>
<tr><td rowspan="2">비고</td><td>잘자요 달님
숲속에
숲속에
날마다
자라요</td><td>풀밭에
풀밭에
나무에
나무에
봉숭아 하나,
둘, 셋</td><td>나무
사과야 빨리
익어라
행복한
껴안기</td><td>재미난
그림책
무엇을
만들까?
사과를
자르면</td><td>깜짝깜짝
색깔들
맛있는
그램책
사과가 쿵</td><td>엉뚱한
그림책
크고 작고
무엇을
만들까?</td></tr>
<tr><td colspan="6">이 주제는 10월 중순~11월에 실시해 보도록 하는 것이 바람직하다.
가을의 날씨를 고려하여 진행 시기를 정하고 색깔 주제와 연계하여 6주 동안 계획하되, 교사가 융통성 있게 운영할 수 있다.</td></tr>
</table>

3) 소주제별 보육계획(주간 보육계획)

영아반은 소주제가 주별로 구분되는 것이 아니라 1~3주 동안 놀이와 활동이 반복되도록 구성하기 때문에 주간 보육계획안보다는 소주제별 보육계획으로 볼 수 있다. 소주제별 보육계획은 주간 보육계획이 주마다 반복될 수 있기 때문에 1주 단위의 요일 구분이 없는 것 외에 개념의 차이는 거의 없다. 0~1세의 경우는 요일의 구분없이 반복적으로 이루어지는 활동들을 목록화하게 되며, 필요한 경우 주별로 분리해서 작성할 수 있다. 또한 일상생활과 놀이, 활동으로 구성하여 소주제별(주간) 보육계획을 작성한다. 〈표 7-10〉은 1세의 소주제별(주간) 보육계획의 예이다.

표 7-10. 1세 소주제별(주간) 보육계획안의 예

소주제 \ 구분		1주	2주
소주제		만져 보아요	
등원 및 맞이하기		부모와 교사가 반갑게 인사하기	
활동	기본생활 및 안전	혼자서 양말을 벗어요	
일상생활	점심 및 간식	즐겁게 먹어요	
	낮잠	내 이불, 내 베개를 찾아요	
	기저귀 갈이/배변활동	친구들도 기저귀가 있어요	
놀이	신체	둥근 고리 끼우기 놀이해요	촉감신발 신고 걸어요
	언어	내 이름을 부르면 대답해요	울퉁불퉁 종이에 끼적여요
	감각 · 탐색	선생님과 로션을 발라요	친구 기저귀를 만져보아요
	역할 · 쌓기	소꿉그릇에 밀가루 반죽을 담아요	촉감블록으로 놀이해요
	실외놀이	모래로 놀아요(바깥놀이 대체)	
귀가 및 가정과의 연계		놀이 사진을 함께 보아요	

출처: 보건복지부(2019). 어린이집 표준보육과정 1세 보육프로그램.

만2세 영아의 경우 소주제가 주별로 제시될 수 있으며, 월~금(또는 토)까지 구분된 주간 계획안으로 구성하여 실행할 수 있다. 만2세 "알록달록 가을이에요"에 대해 주간 계획안을 작성한 예는 〈표 7-11〉과 같다.

표 7-11. 만2세 알록달록 가을이에요의 주간 계획안의 예

7	알록달록 가을이에요	1	가을이에요
		2	가을나들이
		3	단풍이 물들어요
		4	자연물로 놀이해요
		5	알록달록 색깔나라
		6	재미있는 그리기 나라

<table>
<tr><th colspan="2">주제</th><td colspan="2">알록달록 가을이에요</td><th colspan="2">소주제</th><td colspan="2">가을이에요</td></tr>
<tr><th colspan="2">구 분</th><th>월</th><th>화</th><th>수</th><th>목</th><th>금</th><th>토</th></tr>
<tr><th colspan="2">등원 및 맞이하기</th><td colspan="6">아침에 먹고 온 음식을 이야기해 보기</td></tr>
<tr><th>활동</th><th>기본생활 및 안전</th><td colspan="6">스스로 겉옷을 벗어보기
길을 잃었을 때는 제자리에 기다리기</td></tr>
<tr><th rowspan="3">일상생활</th><th>점심 및 간식</th><td colspan="6">바르게 앉아서 먹기
새로운 음식 먹어보기</td></tr>
<tr><th>낮잠</th><td colspan="6">자고나서 내 베개를 정리해 보기</td></tr>
<tr><th>배변활동</th><td colspan="6">배변 후 선생님의 도움받아(스스로) 옷을 올려보기
–지퍼, 단추 잠가보기</td></tr>
<tr><th rowspan="7">실내 자유 놀이</th><th>신체</th><td colspan="6">낙엽비가 내려요</td></tr>
<tr><th>언어</th><td colspan="6">과일 열매 까꿍카드</td></tr>
<tr><th>감각 · 탐색</th><td colspan="2"></td><td colspan="4">내 짝을 찾아 주세요(과일반쪽찾기)</td></tr>
<tr><th>역할 · 쌓기</th><td colspan="6">낙엽을 청소해요 큰 나무 작은나무 쌓아보기</td></tr>
<tr><th>미술</th><td></td><td colspan="5">알록달록 가을나무 꾸미기</td></tr>
<tr><th>음률</th><td colspan="3"></td><td colspan="3">열매 마라카스를 흔들기</td></tr>
<tr><th>바깥놀이대체</th><td colspan="3">동물인형 목욕 시키기</td><td colspan="3">여러 가지 색, 모양의 나뭇잎이 있어요</td></tr>
<tr><th rowspan="2">귀가 및 가정과의 연계</th><th>귀가</th><td colspan="6">귀가–오늘 한 재미있는 활동 부모님께 이야기해 보기</td></tr>
<tr><th>가정과의 연계</th><td colspan="6">가정과의 연계–부모님과 함께 공원 산책하기</td></tr>
</table>

출처: 보건복지부(2019). 어린이집 표준보육과정 2세 보육프로그램.

4) 일일 보육계획

영아반 하루일과를 계획하고 운영할 때 고려하여야 할 점은 〈표 7-12〉, 일일 보육계획의 구체적인 예는 〈표 7-13〉과 같다.

표 7-12. 영아반 하루일과 계획과 운영 시 고려할 점

- 등원에서 귀가까지 일과를 수립한다.
- 0세는 수유 및 이유, 기저귀갈이, 낮잠 등 생리적 욕구를 고려하여 일상적인 양육활동에 대한 계획을 반영한다. 이때 개별 영아에 따라 생리적인 욕구가 다를 수 있으므로 정해진 일과시간을 그대로 따르기보다는 영아의 욕구에 우선하여 개별적으로 진행하는 것이 중요하다. 0세라 하더라도 일상적인 양육활동 이외에 놀이활동을 계획하는 것이 필요하다.
- 1세는 점심 및 간식, 기저귀 갈이, 낮잠 등 일상적인 양육활동과 함께 점차 놀이활동 시간이 늘어나도록 계획한다.
- 2세는 일상적인 양육활동에 비해 놀이활동의 비중이 점점 커지도록 하루일과를 계획한다.
- 실내 자유놀이활동 계획을 오전과 오후를 합해 2시간 이상 수립한다.
- 실외활동 계획을 영아는 최소 주 3회, 0세반은 30분 이상 수립하고, 만1, 2세는 매일 30분 이상 수립한다.
- 실내와 실외, 정적과 동적, 개별활동과 휴식 등의 균형을 고려하여 수립한다.
- 융통성 있는 일과운영이 가능하도록 수립한다.
- 일관성 있는 일과운영 계획을 수립한다.
- 일과운영 후 실행기록 및 평가를 한다. 일반적으로 일일평가와 보육활동으로 나누어 평가하며, 기록 내용은 보육목표의 성취 여부, 일과 운영의 적합성, 실행의 용이성, 영아들이 보인 전반적인 흥미와 반응, 하루 활동의 흐름과 활동 간의 전개 등을 중심으로 기록하고 평가하도록 한다.

표 7-13. 일일 보육계획의 구체적인 예

2세 일일 보육계획 및 실행	년 월 일 요일 날씨:	담임	원장

생활주제	알록달록 가을이에요
소주제	가을이에요
교사의 기대	가을에 볼 수 있는 색깔에 대해 이야기해 본다.

시간 및 활동명	활동 계획 및 방법	준비물 및 유의점	실행
7:30~9:00 등원 및 통합보육	• 등원하는 영아 반갑게 맞이하기 • 영아의 기분과 건강상태 확인하기 • 스스로 소지품 정리할 수 있도록 도와주기 • 투약의뢰서 유무 확인하기 • 통합 보육실에서 자유놀이하기	출석카드 투약의뢰서 일일연락장 영역별 놀잇감	부모님과 등원하는 영아에게 아침에 무엇을 먹었는지를 물어보거나, 자신이 무엇을 먹었는지에 대해 이야기를 나누었다.
9:00~9:30 화장실 가기 및 오전간식	• 화장실 다녀오기 및 손 씻기 • 준비된 간식 가지고 자리에 앉기 • 간식먹은 후 함께 자리 정리하기	씨리얼 우유	
9:30~10:50 오전 실내자유놀이	• 새로운 영역활동 개별적으로 소개하기 • 관심 있는 영역에서 자유롭게 활동하도록 돕고, 긍정적 상호작용 나누기 • 교사의 도움이 필요한 놀이에 적절히 참여하기 【신체】 낙엽비가 내려요 – 이전에 산책활동 통해 낙엽을 뿌리며 관찰한 경험 회상하기 – 환경 인쇄물로 만든 낙엽을 위로 던지며 움직임 관찰하기	과일열매사진, 까꿍판, 환경 인쇄물 종이, 낙엽, 영아용 빗자루와 쓰레받기, 영역별 기본 놀잇감	【언어】 벽에 붙은 과일 사진을 보고 '사과'라고 말하기도 하고 까꿍판을 열고 '사과'가 나오자 벽을 바라보며 사진을 찾는 모습이 관찰되었다. 벽에 사진과 까꿍판 사진을 탐색한 후 같은 사진을 찾아볼 수 있었다. 【역할】 종이 낙엽을 빗자루로 쓸

시간 및 활동명	활동 계획 및 방법	준비물 및 유의점	실행
	【언어】 과일 · 열매 까꿍카드 – 벽에 붙인 과일 · 열매 사진을 보고 함께 탐색하기 – 벽에 붙인 사진과 까꿍판 같은 사진 고르기 【감각 · 탐색】 【역할 · 쌓기】 낙엽을 청소해요 – 종이 낙엽이 떨어진 바닥을 함께 빗자루로 쓸고 쓰레받기에 담아보기 【미술】 【음률】		어서 쓰레받기로 담다가 몇 개가 담기 힘들자 손으로 집어 쓰레받기에 담기도 했다. 그리고 또 쏟아서 쓸고 담는 놀이를 반복했다. 어떤 친구는 쓰레받기에 낙엽을 담아서 휴지통에 넣으려고 하였다. "청소하자"라는 말에 대한 친구들의 반응이 전보다 빨라졌다.
10:50~11:10 정리정돈 및 화장실 가기	• 놀잇감 바르게 사용하도록 안내하고 함께 정리하기 • 화장실 다녀오기		
11:10~11:50 실외놀이 및 손 씻기	【실외활동】 동물 인형 목욕시키기 – 전주에 했던 활동 회상 질문하기 – 좋아하는 동물 인형을 스스로 선택하여 함께 목욕 놀이하기 (대체활동) 실내에서 동물 인형 목욕시키기 – 화장실 다녀오기 및 손 씻기	동물 인형, 수조 목욕 의자, 스펀지, 비누 수건	여러 가지 동물인형 바구니를 함께 들고 나갔다. 비누칠을 해 주면서 '세수해'라고 말하기도 하고 수건에 동물 인형을 눕혀서 '시원해'라고 말하기도 했다.
11:50~13:20 점심식사 및 이 닦기	• 골고루 음식 먹고 함께 정리하도록 안내하기 • 이 닦기 • 먼저 먹은 친구는 자유롭게 놀이하기	현미밥, 맑은 콩나물국, 채소 치즈 계란말이, 연근조림, 배추김치	밥을 먹다가 숟가락을 떨어뜨리자 한 친구가 자기 숟가락을 들고 '줄까'라고 했다. 다른 수저로 교체해 주니까 '좋아?'라고 친구에게 말을 했다.
13:20~14:50	• 편안한 분위기 느끼도록 낮잠		

시간 및 활동명	활동 계획 및 방법	준비물 및 유의점	실행
낮잠	준비 • 편하게 낮잠자기 • 개인 이불 함께 정리하기		
14:50~15:20 화장실 가기 및 오후간식	• 화장실 다녀오기 및 손 씻기 • 준비된 간식 가지고 자리에 앉기 • 간식 먹은 후 함께 자리 정돈하기	간장비빔 쌀국수 사과	
15:20~16:00 오후 실내자유놀이	• 원하는 영역에서 자유롭게 놀기 • 놀잇감 바르게 사용하도록 안내하고 함께 정리하기		【신체】 낙엽을 보여주며 "우리 공원에서 보았지요?"라고 말하니까 어떤 친구는 고개를 끄덕이기도 했다. 미리 만든 종이 낙엽을 손으로 집어 서로에게 뿌려주며 친구와 놀이할 수 있었다. '또'라고 말하며 손을 잡아끌기도 하였고 낙엽을 뿌리는 활동이 반복되었다.
16:00~17:00 기본반 하원	• 조용한 자유놀이 하고 있다가 부모님 오시면 귀가		귀가하는 친구에게 "오늘 뭐 했는지 엄마에게 말해보자"라고 했더니 손을 위로 올리면서 웃었다. 궁금해하는 어머니께 낙엽을 뿌리는 활동을 흉내 내는 것 같다고 말씀드렸다.
17:00~19:30 연장반 통합보육	• 연장반 교실로 이동 • 연장반에서 통합보육		연장반 교육계획안에 따라 오전 실내놀이 연장 활동 실시함

시간 및 활동명	활동 계획 및 방법	준비물 및 유의점	실행
놀이평가 및 다음날 지원계획	산책을 하면서 낙엽을 줍고 손으로 뿌리기도 한 경험이 영아들에게 인상 깊었던 것 같다. 낙엽비 활동을 할 때 이전 경험이 자연스럽게 회상되어 매우 즐거워하였는데 좀 더 활발한 활동 지원을 위해 내일은 넓은 공간에서 활동을 해 보아야겠다.		
비고	개별 침구 요청: OO어머니께 귀가 시간에 금요일에 보내드린 개별 침구를 보내주지 않아 여벌 침구로 낮잠 지도를 했다고 말씀드리고 내일 침구를 보내 달라고 말씀드림.		

출처: 보건복지부(2019). 어린이집 표준보육과정 2세 보육프로그램.
일과운영은 간단하게 일상생활, 놀이, 활동 등 지정된 양식은 없으며 자유롭게 기록 가능하다.

3. 영아반 하루일과의 운영

어린이집에 다니는 영유아들의 일과는 거의 비슷하다. 그러나 연령마다 또 개인차로 인해 일과를 융통성 있게 조정할 필요가 있다. 특히 영아반과 유아반은 발달적으로도 차이가 있으므로 일과운영에 있어서도 고려해야 할 부분이 있다. 일과가 영유아의 발달에 적합하게 운영될 때 영유아가 편안하게 어린이집 생활을 할 수 있을 것이다. 여기서는 표준보육과정에서 제시한 연령 구분대로 분류하여 적합한 일과운영에 대해 살펴보고자 한다.

1) 0~1세 영아반의 일과운영

2세 미만 영아들의 경우 교육으로 인한 반응과 결과가 잘 드러나지 않기 때문에 하루일과를 운영하는 데 있어서 그 중요성을 인식하지 못하고 있는 경우가 많다. 그러나 영아들의 발달특성을 이해하고 이에 적합한 보육을 하기 위해 교사는 영아들에게 적합한 하루일과를 구성하고 운영해야 할 필요가 있다. 2세 미만 영아들의 주요 일과별로 고려해야 할 사항은 다음과 같다.

(1) 등원

어린 영아들은 등원 시 언제나 부모와 떨어지는 데 어려움이 있다. 특히 만1세 정도가 되면 분리불안이 고조되기도 한다. 이를 고려하여 교사는 영아를 개별적으로 맞이하고 부모와 함께 영아의 신체적 · 심리적 상태에 대한 이야기를 나누며 영아를 안정적인 분위기에서 교실로 들어올 수 있도록 배려해야 한다. 너무 서둘러 부모와 떨어지게 하거나 교실로 데려오는 것이 아니라 충분히 시간을 가지고 부모와 헤어지고 교사와 함께 교실로 편안하게 들어올 수 있도록 배려하는 것이 하루를 안정되게 시작할 수 있도록 지원하는 방법 중의 하나이다.

(2) 놀이

이 시기 영아들은 탐색과 반복놀이 등을 즐긴다. 이동능력이 점점 발달해가면서 영아는 자신이 관심 있어 하는 대상에 자유롭게 접근하고 이를 가지고 탐색 중심의 놀이를 하며, 1세가 되어 가면서 탐색과 더불어 대상을 수집하고 조작하려고 하는 놀이가 증가한다. 교사는 이와 같은 영아의 특성을 이해하고 개별적인 놀이 형태와 흥미를 잘 파악하여 적합한 지도를 해야 한다. 즉, 교사가 틀을 정해놓고 짜여진 놀이를 하기보다는 영아가 자유롭게 탐색하고 놀이하는 가운데 교사는 영아에게 반응해 주며 함께 놀이를 하는 형식으로 지원하는 것이 중요하다.

(3) 배변지도

이 시기의 영아들은 기저귀에 배변을 주로 하지만 1세 후반 정도가 되면 배변훈련이 시작되는 영아도 있다. 대부분은 기저귀에 자신이 원하는 시간에 배변을 하므로 교사는 영아가 배변하는 횟수와 시간 정도를 파악하여 일관성 있고 민감하게 배변처리를 해 주어야 한다. 기저귀를 갈아주는 시간은 영아와 일대일로 상호작용할 수 있는 좋은 기회이므로 교사는 영아와 즐겁게 상호작용을 하며 영아의 욕구가 충족될 수 있도록 배려해야 한다. 배변훈련이 시작되는 영아들에게는 변기와 화장실과 친해질 수 있는 기회를 제공하고 영아가 배변할 시간 즈음에 화장실 갈 것을 권유하는 등의 지원을 하여 영아가 점점 화장실에서 배변하는 것에 친숙해질 수 있도록 지도한다. 무리한 배변훈련은 영아들의 정서를 불안하게 할 수 있으므로 영아가 배변훈련의 의지를 보이거나 발달적으로 성숙된 시기를 기다리는 것이 영아가 안정되게 배변훈련할 수 있는 적합한 방법이라 볼 수 있다.

(4) 식사

이 시기 영아들은 대부분 우유를 먹는다. 5~6개월 무렵부터 이유식을 시작하고, 1세 무렵 정도 되면 고형식을 먹게 되면서 점점 보통의 식사를 하게 된다. 우유를 먹는 영아들은 먹는 시간과 양을 잘 알고 적합한 시간에 적절한 양을 제공할 수 있도록 해야 한다. 그 외에도 이유 시기 이후의 영아들은 다양한 맛을 경험할 수 있도록 배려해야 한다. 이 시기에 익숙해진 맛은 이후 시기의 맛의 선호도에 영향을 미치므로 세심한 배려를 해야 한다. 1세 이후 점점 직접 밥을 먹으려고 시도하지만 흘리는 등의 실수가 잦은 편이다. 이때 교사는 못하게 하기보다는 영아의 의지를 인정하면서 적절하게 식사할 수 있도록 모범을 보이면서 지도한다.

(5) 낮잠

어린 영아들일수록 하루에 잠을 자는 시간이 많다. 1세가 되고 점점 연령이 증가하면서 횟수와 시간이 줄고 대개는 1번 정도의 낮잠을 자게 된다. 낮잠을 자주 자고 많이 자는 영아의 경우 교사는 자는 시간과 횟수를 이해하고 영아의 생활 리듬에 따라 낮잠 시간을 배려할 수 있도록 한다. 잠드는 데 힘들어하거나 짜증을 부리는 영아의 경우, 정서적으로 안정되게 교사가 다독여주고 시간이 걸리더라도 편안하게 잠들 수 있도록 배려한다.

(6) 귀가

교사는 영아가 하루 동안 생활한 모습을 세심하게 살피고, 이를 바탕으로 영아의 부모가 왔을 때 특이한 부분에 대해서는 함께 나누는 시간이 필요하다. 또한 부모와 영아 및 교사가 함께 하루에 대한 이야기를 즐겁게 나누고 영아는 이를 즐겁게 바라볼 수 있도록 한다.

2) 2세반 영아의 일과운영

(1) 등원

영아가 등원 시 교사는 개별적으로 맞이해 주며 영아의 표정이나 기분 등을 살핀다. 영아를 기쁘게 맞이한다는 것을 느낄 수 있게 해 주며 즐거운 마음으로 어린이집으로 들어올 수 있도록 배려한다.

(2) 놀이

2세 영아는 언어적으로도 많이 발달했으며, 놀이에 있어서도 역할놀이와 같은 언어적인 요소가 가미된 놀이를 많이 한다. 상징놀이도 나타나 영아의 놀이가 더욱 풍부해진다. 교사는 영아들이 어떤 이야기를 하며 어떤 놀이를 하고 있는지 세심하게 관찰해 볼 필요가 있으며 적절한 시간에 개입하여 영아의 놀이가 더욱 확장될 수 있도록 지원해야 한다. 또한 영아의 활동성이 많이 증가하며 신체조절력이 발달하므로 적절한 신체활동을 지속적으로 할 수 있도록 지원하는 것이 필요하다.

(3) 배변지도

이 시기의 영아들은 대부분 배변훈련을 했지만, 여전히 기저귀를 하고 있는 영아들이 있다는 것을 이해해야 한다. 배변훈련이란 모든 영아가 같은 시기에 하는 것이 아니다. 속도의 차이가 있음을 이해하고 배변훈련을 한 영아들은 더욱더 자연스럽게 배변을 하고 옷을 벗고 입는 등의 행동을 스스로 해 볼 수 있도록 지도한다. 기저귀를 하고 있는 영아는 배변훈련에 대한 발달적인 신호를 잘 살피고 적합한 지도가 이루어질 수 있도록 해야 한다.

(4) 식사

2세 영아는 우유보다는 밥을 주로 먹게 된다. 영아의 영양과 건강을 고려하여 다양한 종류의 식사를 지속적으로 제공하여 영아의 맛에 대한 선호가 한쪽으로 편중되지 않도록 하는 것이 바람직하다. 또한 식사의 즐거움을 느낄 수 있도록 정서적 환경을 배려하는 것이 필요하다. 식사를 할 때도 자신이 직접 먹는 것에 제법 익숙해져 잘 해낼 수 있다. 스스로 하려고 하는 성향이 강하므로 교사는 이를 인정하고 스스로 잘 성취해 낼 수 있도록 지원하는 것이 필요하다.

(5) 낮잠 및 휴식

활동량이 급증하는 시기이므로 교사는 영아가 적절한 시간에 낮잠을 자고 휴식할 수 있도록 배려해야 한다. 적당한 낮잠은 다음 활동으로 전이하는 데에 신체적으로나 심리적으로 긍정적인 영향을 미치므로 편안하고 안정된 분위기를 조성하여 잠을 잘 수 있도록 해야 한다. 이 시기 영아들은 정서적인 변화가 심한 편이므로 적절한 휴식을 통해 정서를 편안하게 하는 것 또한 필요하다. 자신의 이부자리를 스스로 준비해 보고 정리해 보는 등의 기회도 제공하여 성취감을 맛볼 수 있도록 하는 것 또한 필요하다.

(6) 귀가

영아의 옷과 머리 등을 살펴주며 오늘 한 것에 대한 이야기를 나누고 부모와 만날 것에 대한 기대를 나누는 것 또한 중요하다. 영아의 하루일과 중 특별히 기억할 만하고 칭찬할 만한 것들을 이야기하고 격려하여 하루에 대한 성취감을 가지고 귀가할 수 있도록 배려한다. 부모와 만났을 때도 영아가 하루 지낸 이야기들을 즐겁게 나누고 뿌듯한 마음으로 귀가할 수 있도록 한다.

4. 영아반 환경구성

보육환경이란 넓은 의미로는 물리적 · 인적 · 심리적 · 시간적 환경를 포괄하는 개념이지만 여기서는 보육공간과 놀잇감을 중심으로 한 물리적 환경에 초점을 두고자 한다. 쾌적한 보육공간과 적절한 놀잇감이 갖추어진 어린이집의 물리적 환경은 보육활동 전반에 영향을 미치는 중요한 요인이다. 영아를 위한 환경은 편안하고, 안전하며, 영아의 발달에 적합하도록 구성되어야 한다. 0~1세 및 2세 영아를 위한 보육환경의 구성원리는 〈표 7-14〉와 같다.

표 7-14. 0~1세 및 2세 영아를 위한 보육환경의 구성원리

- 영아의 건강과 안전을 최우선으로 고려한다. 쾌적하고 위생적인 공간과 설비, 놀잇감이 마련되고, 지속적으로 청결하게 관리되어야 한다.
- 정서적 안정감을 줄 수 있어야 한다. 집과 같이 포근하고 편안하게 느껴지도록 환경을 구성한다. 또한 영아가 안락하게 쉴 수 있는 휴식공간을 갖춘다.
- 움직임과 이동성을 확보한다. 공간은 영아가 탐색하며 활동할 수 있을 만큼 충분히 넓어야 한다. 또한 걸음마를 배우고 활동성이 증가하는 영아의 발달특성을 고려한 공간배치가 필요하다.
- 탐색과 발견의 기회가 마련되어야 한다. 영아의 특성을 반영하여 탐색과 놀이가 충분히 이루어지도록 다양한 놀이 영역을 구성한다.
- 영아의 일과를 고려하여 일상생활 영역과 놀이 영역을 함께 구성한다. 영아에게는 수유, 낮잠, 기저귀 갈이 등 일상생활을 위한 공간이 필요하다.

1) 0~1세 영아를 위한 보육환경 구성

(1) 실내 환경구성

영아를 위한 환경의 구성은 크게 일상생활 영역과 놀이 영역으로 구성된다. 보건복지부(2019)의 영아보육프로그램에 의하면, 영아를 위한 보육환경 구성을 〈표 7-15〉와 같이 제시하고 있다.

표 7-15. 영아반 보육환경의 구성

구분	일상생활 영역		놀이 영역					
0세반	수유	기저귀 갈이	신체	언어	감각 · 탐색	–	–	–
1세반	수유	기저귀 갈이	신체	언어	감각 · 탐색	역할 · 쌓기	–	–
2세반	–	–	신체	언어	감각 · 탐색	역할 · 쌓기	미술	음률

0~1세 영아를 위한 실내 보육공간은 놀이 공간과 더불어 비품 정리공간, 휴식을 위한 공간, 수유 및 기저귀 갈이를 위한 공간 등의 일상생활 영역이 필요하다. 0~1세 영아는 혼자서 이동하기 어려워 실외환경을 접할 기회가 제한적이므로 보육공간은 햇빛이 잘 드는 곳에 위치하는 것이 좋다.

① 일상생활 영역의 환경구성

일상생활 영역의 환경구성은 개인사물함 영역, 휴식 영역, 수유 영역, 기저귀 갈이 영역으로 구분할 수 있으며, 각 영역의 구성, 놀잇감 및 교재교구, 구성의 예 및 유의점에 대해 구체적으로 살펴보면 〈표 7-16〉~〈표 7-19〉와 같다.

표 7-16. 개인사물함 영역의 환경구성

구분	내용
구성	영아의 겉옷, 여벌옷, 기저귀 가방, 개인 소지품이나 일과 중 만든 물건 등을 보관 정리하는 사물함이 필요하다. 사물함은 가능한 한 보육실 내 또는 입구 가까운 곳에 두어 물품의 정리가 용이하도록 한다. 이와 더불어 각 영아의 상태를 기록하거나, 교사와 부모와의 의사소통을 위해 수첩 등을 비치한다.
놀잇감 및 교재교구	• 서랍장이나 사물함 • 영아 개인의 사진이 부착된 이름표 • 영아 부모와의 소통을 위한 수업 및 통신문
구성의 예	 
유의점	• 사물함이나 개인 서랍에는 영아의 이름과 사진을 부착하여 영아가 자기 것을 구분할 수 있도록 돕는다. • 사물함 대신 선반을 활용해도 좋다. • 영아가 자기물건 등을 넣어두거나 찾아갈 수 있도록 아래쪽에 바구니 등을 놓아두는 것도 좋다.

표 7-17. 휴식 영역의 환경구성

구분	내용
구성	영아가 조용히 쉴 때 이용하는 공간으로 조용한 곳에 아늑함과 부드러움을 느낄 수 있도록 구성한다. 교사가 쉬고 있는 영아를 언제나 쉽게 관찰할 수 있는 곳에 마련한다. 0~1세 영아의 경우, 다른 연령에 비해 더욱 충분한 낮잠이 필요하므로 개별 영아의 필요에 따라 자유로이 이용할 수 있는 휴식공간이 필요하다. 따라서 영아가 안정감을 느끼도록 선호하는 인형이나 애착물을 함께 두어도 좋다. 또한 영아가 누워서 볼 수 있는 곳에 모빌을 설치하거나, 잠에서 깨어나거나 잠들려는 영아에게 부드러운 음악을 제공하기 위한 카세트 등을 비치한다.
놀잇감 및 교재교구	• 부드러운 느낌의 베개 및 담요 • 푹신한 의자나 가구, 바닥 깔개, 드리우는 천(캐노피) • 헝겊 그림책, 인형
구성의 예	
유의점	• 휴식공간을 별도로 마련하기 힘든 경우에는 놀이공간 중 의사소통을 위한 영역을 이용하여 휴식을 취할 수도 있다. • 아주 어린 영아의 질식사고 예방을 위해 바닥 깔개나 침구류는 너무 푹신하지 않아야 한다. • 0~1세 영아는 월령에 따라, 개인 특성에 따라 낮잠 자는 시간이 불규칙하고 개별적이기 때문에 좀 더 오래 자는 영아를 위한 배려가 필요하다.

표 7-18. 수유 영역의 환경구성

구분	내용
구성	영아의 월령이 증가함에 따라 수유 및 식사 자세의 변화가 이루어진다. 모유수유처럼 성인에게 안기어 수유하는 상태에서 우윳병 혼자 잡고 마시기, 이유식 먹기, 의자에 앉아서 성인의 도움으로 먹기, 식탁에 앉아 혼자 먹기 등의 순서로 이어진다. 0~1세 영아의 이러한 발달특성을 고려하여 위생적이고 편안한 수유 및 식사를 위한 공간의 확보에 노력해야 한다. 우윳병과 젖꼭지는 사용할 때마다 소독해야 하는데, 매번 소독하기 어려운 경우에는 소독된 우윳병과 젖꼭지를 넉넉히 준비해 둔다. 이유식을 하는 영아나 식사를 시작하는 영아를 위한 별도의 테이블을 마련할 수 있다. 일반적으로 영아의 이유식과 식사를 위해서는 보육실 내 낮은 책상을 이용하기도 한다.
놀잇감 및 교재교구	• 냉장고, 수유 준비 테이블, 우윳병과 젖꼭지 소독을 위한 도구 • 푹신한 의자나 베개, 바닥 깔개 • 낮은 책상이나 영아용 식사 테이블
구성의 예	
유의점	• 우유는 냉장고에 보관하고, 분유는 습기가 차지 않도록 건조하고 서늘한 곳에 보관한다. • 식탁에 앉아 혼자 먹기가 가능한 월령인 경우에는 낮은 책상에서 다른 영아들과 소집단으로 함께 식사를 하도록 하는 것도 좋은 방법이다.

표 7-19. 기저귀 갈이 영역의 환경구성

구분	내용
구성	기저귀 갈기는 영아와 교사 간 긴밀한 상호작용이 이루어지는 중요한 시간이며, 이 시간 동안 교사와의 언어적 상호작용을 통해 영아의 언어발달을 촉진할 수 있는 시간이기도 하다. 기저귀 갈이 영역은 영아의 휴식공간 가까이에 따뜻한 공간이어야 한다. 영아를 눕히기에 적당한 크기로, 청소하기 쉬운 마감재를 사용한 매트를 사용한다. 사용한 기저귀를 처리할 폐기용 비닐과 휴지통을 준비한다. 기저귀를 가는 데 필요한 도구를 수납할 장이나 선반을 비치한다. 그리고 배변훈련을 시작하는 영아를 위해 화장실을 안전하게 구성한다. 영아가 미끄러지지 않도록 바닥에 미끄럼 방지처리를 하고, 손을 씻을 수 있도록 수건, 물비누 등을 비치한다. 영아용 변기를 비치하여 영아의 배변훈련을 돕는다. 성인용 변기일 경우에는 성인용 변기 위에 영아용 변기 뚜껑을 올려서 사용한다. 이동용 변기를 사용할 경우에는 항상 변기가 깨끗하게 비워져 있도록 한다.
놀잇감 및 교재교구	• 매트, 기저귀, 물휴지, 파우더, 일회용 장갑, 폐기용 비닐, 휴지통 • 수납장이나 선반 • 거울, 모빌 • 영아용 변기(영아용 변기 뚜껑) 또는 이동식 변기, 개수대 • 휴지, 물비누, 수건(종이수건)
구성의 예	 
유의점	• 기저귀 갈이 영역은 가능하면 음식을 준비하는 곳에서 떨어진 곳에 배치한다. • 기저귀를 가는 동안 영아가 탐색할 수 있도록 거울이나 모빌 등을 설치해도 좋다. • 화장실 청소용품이나 소독제 등은 영아의 손에 닿지 않는 곳에 보관한다.

② 놀이 영역의 환경구성

놀이 영역의 환경구성은 신체 영역, 언어 영역, 감각 및 탐색 영역, 역할 및 쌓기 영역으로 구분할 수 있으며, 각 영역의 환경구성, 놀잇감 및 교재교구, 구성의 예 및 유의점에 대한 구체적인 내용은 〈표 7-20〉~〈표 7-23〉과 같다.

표 7-20. 신체 영역의 환경구성

구분	내용
구성	영아들은 움직임에 대한 욕구가 강하고 끊임없이 움직인다. 영아기는 신체 및 운동 기능의 발달과 협응이 급격한 성장을 보이는 시기이므로 일상생활을 통해 자연스럽게 다양한 대근육 활동을 할 수 있는 환경을 구성할 필요가 있다. 영아가 기고, 걷고, 움직이기 시작하면서 영아의 움직임 발달을 고려한 안전하면서도 도전적인 환경을 제공한다. 보육실 내에서 영아가 오르고, 내리고, 타고, 밀고, 뛰고, 길 수 있는 시설과 설비를 갖춘다.
놀잇감 및 교재교구	• 잡고 걸을 수 있도록 벽을 따라 설치된 철봉 • 잡고 서서 밀고 걸을 수 있는 바퀴 달린 장난감 • 실내용 미끄럼틀, 그네, 흔들말, 세발자전거나 붕붕차 • 낮은 계단과 경사로, 건너뛰거나 통과하는 장애물 • 영아용 침대에서 사용 가능한 놀이기구 • 스펀지 블록, 공
구성의 예	 
유의점	• 1세 영아들은 걷기 시작하면서 활동이 범위가 넓어지기 시작하지만 스스로의 조절력은 충분하게 발달하지 못하기 때문에 안전사고가 일어나기 쉬우므로 공간 구성 안에 이에 대한 배려가 필요하다.

표 7-21. 언어 영역의 환경구성

구분	내용
구성	이 영역은 보육실 중 가장 조용하고 밝은 곳에 두되 출입구, 화장실, 피아노 등과 떨어진 곳에 배치한다. 영아와 교사의 언어적 상호작용을 풍부하게 경험할 수 있도록 공간을 구성한다. 교사와 함께 앉아 책을 읽어 줄 수 있을 만큼의 공간을 확보하는 것이 좋다. 이 영역에는 영아를 위한 감각책, 그림책뿐만 아니라 인형이나 그림, 사진 같은 다양한 자료를 준비하여 언어적 상호작용이 빈번하게 일어날 수 있도록 한다. 또한 책을 읽거나 놀이를 하면서 영아와 교사가 편안한 느낌을 경험하도록 아늑한 분위기의 공간을 구성한다.
놀잇감 및 교재교구	• 낮은 소파나 푹신한 등받이 쿠션, 방석, 책장이나 상자 • 단순한 그림책, 감각 그림책, 스펀지책, 헝겊책 등 영아용 그림책 • 손인형, 그림이나 사진, 끼적거릴 도구 • 모형 전화기나 카세트
구성의 예	
유의점	• 영아용 책꽂이에 그림책을 비치할 경우에는 글을 모르는 영아의 특성을 고려하여 책의 앞면을 볼 수 있도록 정리한다. • 책이나 자료를 사용한 뒤에 영아가 정리하는 습관을 기르도록 돕는다. • 자연조명이 잘되는 밝은 곳에 배치하는 것이 좋으며, 아늑한 분위기를 위해 적절한 조명을 사용할 수도 있다.

표 7-22. 감각 및 탐색 영역의 환경구성

구분	내용
구성	영아는 보고, 듣고, 만지고, 냄새 맡고, 맛보는 오감을 이용하여 자신의 환경을 탐색한다. 영아가 풍성한 감각적 경험을 형성할 수 있도록 다양한 재질과 형태의 놀잇감을 제공한다. 영아의 발달에 맞추어 놀잇감의 종류를 선별 제공한다. 누워 있는 영아에게는 모빌, 딸랑이 등을, 앉거나 이동하기 시작하면서는 쌓기 상자, 통 안에 모양 맞추어 넣기, 작동에 따라 소리 나는 놀잇감 등 그 범위를 넓혀간다. 손과 눈의 협응과 소근육의 발달이 이루어지기 시작하는 영아에게는 소근육 조작 경험을 충분히 할 수 있도록 배려한다.
놀잇감 및 교재교구	• 모빌, 딸랑이, 손에 쥘 수 있는 놀잇감, 오뚝이 • 건드리면 다양한 소리가 나는 놀잇감, 상자블록, 누르면 작동하는 놀잇감 • 다양한 질감의 인형, 여러 가지 재질과 크기의 공 • 모양 블록, 모양 끼우기 통, 고무나 플라스틱 재질의 고리 끼우기 등 • 휴지, 물비누, 수건(종이수건)
구성의 예	 
유의점	• 영아는 밝은 색상, 대비가 분명한 것, 단순한 디자인, 두드러지는 특징이 있는 것, 사람 얼굴 모양 등을 선호하므로 이런 특징을 갖춘 놀잇감을 마련한다. • 모든 자료는 항상 청결하게 관리하고 파손된 자료는 즉시 수리한다. • 영아가 삼킬 수 있는 작은 자료는 비치하지 않는다.

표 7-23. 역할 및 쌓기 영역의 환경구성

구분	내용
구성	영아는 초보적 수준의 역할놀이를 통해서도 자신을 표현하는 기회를 가질 수 있다. 가상놀이나 역할놀이를 할 수 있는 놀잇감을 좋아하기 시작하면서 자신을 둘러싼 생활을 모방하는 놀이를 할 수 있다. 영아의 창의적 표현을 도울 수 있는 공간을 준비한다. 쌓기 놀이를 통해 영아는 공간에 대한 지각력뿐만 아니라 도형에 대한 이해의 기초를 형성한다. 또한 쌓기놀이 과정에서 일어나는 또래와의 자연적인 상호작용은 영아의 사회성 발달에도 긍정적인 영향을 미친다. 이를 위해 다양한 재질과 크기의 쌓기 놀잇감을 준비한다.
놀잇감 및 교재교구	• 다양한 인형(인형놀이를 위한 인형, 봉제인형) • 밀고 당기는 놀잇감(쇼핑용 손수레, 유모차, 자동차) • 부엌용품, 청소용품 등의 역할 놀잇감 • 다양한 크기, 색, 모양의 쌓기 놀잇감 • 쌓기놀이에 함께 할 수 있는 모형 자동차 및 인형
구성의 예	 
유의점	• 영아가 삼킬 수 있는 작은 자료는 비치하지 않는다. • 제공하는 자료가 위생적이고 안전한지 점검한다.

(2) 실외 환경구성

0~1세 영아는 신체조절능력이 덜 발달되어 다른 연령에 비해 바깥 놀이가 자유롭지 못하다. 그러나 바깥 놀이터는 영아가 날씨의 변화와 자연현상을 감각적으로 경험할 수 있는 공간이며, 0~1세 영아가 직접 참여하지 않더라고 다른 연령의 영유아의 놀이를 관찰할 수 있는 흥미로운 공간이다.

실외 환경은 동적인 영역과 정적인 영역을 구분하여 배치한다. 동적인 영역에서는 걷기 전 영아를 위한 유모차나 걷기 시작한 경우에는 붕붕차 등 영아의 발달 수준에 맞추어 바깥 놀이를 위한 놀잇감도 준비한다. 영아는 교사와 함께 미끄럼틀과 그네, 시소 등의 놀잇감을 경험할 수도 있다. 정적인 영역에서는 휴식하기나 물놀이나 모래놀이 등을 할 수 있도록 실외 환경을 구성할 수 있다.

그림 7-1. 0~1세 실외 환경의 예

2) 2세 영아를 위한 보육환경 구성

(1) 실내 환경구성

2세 영아를 위한 실내 보육 공간은 다양한 놀이공간과 더불어 비품 정리공간, 휴식을 위한 공간, 간식 및 식사를 위한 공간, 화장실 등의 일상생활 영역이 필요하다.

① 일상생활 영역의 환경구성

일상생활 영역의 환경구성에는 개인사물함 영역, 휴식 영역, 간식 및 식사 영역, 화장실 영역으로 구분할 수 있으며, 각 영역의 구성, 놀잇감 및 교재교구, 구성의 예 및 유의점에 대해 구체적으로 살펴보면 〈표 7-24〉~〈표 7-27〉과 같다.

표 7-24. 개인사물함 영역의 환경구성

구분	내용
구성	개인사물함은 영아의 여벌 옷, 비품 등 개인용품을 보관 정리하기 위하여 설치한다. 따라서 가능하면 보육실 내 또는 입구 가까운 곳에 물품의 정리가 용이하도록 한다. 사물함이나 개인 서랍에는 영아의 이름과 사진을 부착하여 영아가 자기 것을 구분할 수 있도록 돕는다. 각 영아의 상태를 기록하거나, 교사와 부모와의 의사소통을 위해 수첩 등을 비치한다.
놀잇감 및 교재교구	• 서랍장이나 사물함 • 영아 개인의 사진이 부착된 이름표 • 영아 부모와의 소통을 위한 수첩 및 통신문
구성의 예	
유의점	• 2세 영아들은 스스로 하고자 하는 욕구가 강한 시기이다. 영아가 스스로 옷을 입고 벗고 정리하며 자신감을 기르고, 자기 것에 대한 소유감을 갖도록 사물함은 영아가 쉽게 접근하여 이용할 수 있도록 구성한다.

표 7-25. 휴식 영역의 환경구성

구분	내용
구성	영아가 조용히 쉴 때 이용하는 공간으로 조용한 곳에 아늑함과 부드러움을 느낄 수 있도록 구성한다. 2세 영아는 긴 낮잠을 자기도 하고 기분이 좋으면 자지 않으려 할 수도 있다. 다른 활동 영역과는 분리된 조용하고 편안한 휴식공간이 필요하다. 교사가 쉬고 있는 영아를 언제나 쉽게 관찰할 수 있는 곳에 마련한다. 영아가 안정감을 느끼도록 선호하는 인형이나 애착물을 함께 두어도 좋다.
놀잇감 및 교재교구	• 부드러운 느낌의 베개 및 담요 • 푹신한 의자나 가구, 바닥 깔개, 드리우는 천(캐노피) • 헝겊 그림책, 인형
구성의 예	
유의점	• 휴식공간을 별도로 마련하기 힘든 경우에는 놀이 공간 중 의사소통을 위한 영역을 이용하여 휴식을 취하게 할 수도 있다.

표 7-26. 간식 및 식사 영역의 환경구성

구분	내용
구성	간식 및 식사시간은 음식을 먹으면서 교사와 또래와 함께 이야기 나누며 상호작용을 할 수 있는 시간이다. 2세 영아들은 활동적이고 쉽게 산만해지기 쉬워 음식을 엎지르거나, 떨어뜨리는 일이 빈번히 발생한다. 이런 이유로 간식 및 식사 영역에는 안전하고 쉽게 닦을 수 있는 재질의 바닥과 도구가 배치되어야 한다. 일반적으로 영아의 간식과 식사를 위해서는 보육실 내 낮은 책상을 이용한다. 영아들이 빈번하게 지나다니거나 활발하게 놀이하는 곳과 떨어진 장소의 책상을 활용하고, 간식 전과 후에는 물휴지나 행주로 책상을 깨끗이 닦는다.
놀잇감 및 교재교구	• 낮은 책상이나 물휴지, 행주
구성의 예	
유의점	• 식탁에 앉아 혼자 먹기가 가능하므로 또래 영아가 함께 하는 소집단으로 친밀한 식사 공간을 구성한다. • 가능하면 스스로 배식할 수 있도록 낮은 조리대나 급식대를 배치해도 좋다.

표 7-27. 화장실 영역의 환경구성

구분	내용
구성	배변훈련을 시작하는 영아를 위해 화장실을 안전하게 구성한다. 영아가 미끄러지지 않도록 바닥에 미끄럼 방지처리를 하고, 손을 씻을 수 있도록 수건, 물비누 등을 비치한다. 2세 영아는 일상생활 중 옷 입기, 손 씻기, 배변 등 자조기술이 필요한 부분에서 혼자서 스스로 하려는 경향을 보인다. 영아가 혼자 할 수 있도록 화장실에서 변기를 사용하는 방법, 세면대에서 손 씻는 순서와 방법 등을 사진이나 그림으로 안내해 주면 좋다. 영아용 변기를 비치하여 영아의 배변훈련을 돕는다. 성인용 변기일 경우에는 성인용 변기 위에 영아용 변기 뚜껑을 올려서 사용한다. 이동용 변기를 사용할 경우에는 항상 변기가 깨끗하게 비워져 있어야 한다.
놀잇감 및 교재교구	• 영아용 변기(영아용 변기 뚜껑) 또는 이동식 변기, 개수대 • 휴지, 물비누, 수건(종이수건), 휴지통 • 변기 사용하는 방법, 손 씻는 순서와 방법 등에 대한 사진이나 그림
구성의 예	 
유의점	• 화장실은 영아가 접근하고 이용하기 쉽도록 구성되어야 한다. • 부드러운 조명이나 큰 거울 등을 설치하면 좀 더 집 같은 느낌을 준다. • 영아가 대 · 소변의 실수를 하거나 변기의 물을 내리지 않아 생기는 냄새 제거를 위해 환기에 신경을 써야 한다. • 청소용품이나 소독제 등은 영아의 손이 닿지 않는 곳에 보관한다.

② 놀이 영역의 환경구성

놀이 영역의 환경구성은 신체 영역, 언어 영역, 감각 및 탐색 영역, 역할 및 쌓기 영역, 미술 영역, 음률 영역으로 구분할 수 있으며, 각 영역의 구성, 놀잇감 및 교재교구, 구성의 예 및 유의점을 구체적으로 살펴보면 〈표 7-28〉~〈표 7-33〉과 같다.

표 7-28. 신체 영역의 환경구성

구분	내용
구성	영아들은 움직임에 대한 욕구가 강하고 끊임없이 움직인다. 만2세가 되면 신체의 움직임이 민첩해지고 신체활동을 더 즐기게 되므로 보다 넓은 대근육 활동영역이 필요하다. 대근육 활동은 실외놀이터를 주로 이용하기도 하지만 보육실 내에서 다른 활동에 방해가 되지 않는 범위 내에서 영아가 오르고, 내리고, 타고, 밀고, 뛰고 길 수 있는 시설과 설비를 갖추어 줄 필요가 있다.
놀잇감 및 교재교구	• 실내 미끄럼틀, 종합 놀이대 • 이동식 목마, 자동차, 끌차 • 공, 후프, 볼풀 놀이대 • 낮은 계단과 경사로, 건너뛰거나 통과하는 장애물
구성의 예	 
유의점	• 비가 오거나 추워서 바깥 놀이가 어려운 날에는 실내에서 대근육 활동을 포함한 신체활동을 할 수 있도록 보육실 중심 공간을 이용하기도 한다.

표 7-29. 언어 영역의 환경구성

구분	내용
구성	2세 영아는 자신의 의사를 말로 표현하기 시작하며 즐기는 시기로 언어를 이용한 의사소통에 많은 흥미를 보인다. 영아가 말하고, 듣고, 읽고, 쓰는 의사소통의 기회를 충분히 경험할 수 있도록 공간과 놀잇감을 배치한다. 성인인 교사뿐만 아니라 또래와의 언어적 상호작용을 풍부하게 경험할 수 있도록 배려한다. 또한 문자에도 관심이 확장되는 시기이므로 교사와 함께 앉아 책을 읽어 줄 수 있을 만큼의 공간을 확보하고 영아와 교사가 편안한 느낌을 경험하도록 아늑한 분위기로 구성한다. 이 영역에는 그림책뿐만 아니라 사진책, 포스터, 동시판, 노래판, 팸플릿, 전단지, 메뉴판 등을 준비하여 영아가 생활 속에서 문자의 역할을 이해하고 문자와 친숙해질 수 있도록 돕는다. 또한 벽면에는 칠판이나 커다란 전지를 붙여주고 분필, 크레파스, 색연필, 사인펜 등을 비치하여 영아의 끼적거리는 활동을 격려한다. 카세트와 녹음기, 마이크 등을 이용하여 자신의 말소리를 녹음하고 듣는 등의 말하기와 듣기 경험을 확장하도록 한다.
놀잇감 및 교재교구	• 낮은 소파나 푹신한 등받이 쿠션, 방석, 책장 • 다양한 주제의 그림책, 사진책 • 포스터, 동시판, 노래판, 팸플릿, 전단지, 메뉴판 • 칠판이나 전지 및 끼적거릴 도구(분필, 크레파스, 색연필, 사인펜) • 녹음기, 마이크, 카세트
구성의 예	 
유의점	• 영아용 책꽂이에는 그림책의 앞면을 볼 수 있도록 정리한다. • 책이나 자료는 사용 후 제자리에 스스로 정돈할 수 있도록 환경구성 시 배려한다. • 자연조명이 잘 되는 밝은 곳에 배치하는 것이 좋으며, 아늑한 분위기를 위해 적절한 조명을 할 수도 있다. • 공간이 부족한 경우 언어 영역을 안락하게 구성하여 휴식 영역으로 공유할 수도 있다.

표 7-30. 감각 및 탐색 영역의 환경구성

구분	내용
구성	2세 영아는 손의 소근육 발달이 정교해지는 시기로 다양한 조작놀이를 제공함이 효과적이다. 자연물이나 소형 블록, 구슬꿰기 등 영아가 정교하게 손을 이용할 수 있는 경험을 하도록 배려한다. 퍼즐이나 분류 등의 활동을 즐기기도 한다. 이 영역의 놀잇감들은 낮은 교구장에 바구니나 쟁반에 담아 준비해 두어 영아가 흥미에 따라 선택하여 활동할 수 있도록 배치한다. 또한 2세가 되면 동식물에 관심을 가지기 시작하므로 실내에서 기를 수 있는 동물(거북이, 달팽이, 토끼 등)이나 식물, 주변의 다양한 자연물 등을 관찰할 수 있는 공간을 마련해 주어도 좋다.
놀잇감 및 교재교구	• 여러 가지 조작 놀잇감(소형 블록, 구슬꿰기 놀잇감, 레고 등) • 퍼즐 및 분류 놀잇감 • 실내에서 키울 수 있는 동 · 식물, 돋보기 • 교구장과 바구니, 쟁반
구성의 예	 
유의점	• 놀잇감은 영아의 시선을 끌 수 있도록 영아의 눈높이에 맞추어 비치한다. • 영아가 삼킬 수 있는 작은 조각의 놀잇감 사용은 가능한 한 피하고 사용 시에는 영아에게 충분한 주의를 준다. • 자료를 보관하는 교구장 바닥에 놀잇감 사진을 붙여주고 영아 스스로 정리할 수 있도록 돕는다.

표 7-31. 역할 및 쌓기 영역의 환경구성

구분	내용
구성	역할놀이를 위한 공간도 영아의 발달에 따른 흥미를 고려한다. 이 시기의 영아는 가족과 관련된 역할놀이를 선호하므로 가족놀이, 아기놀이 등을 위한 놀잇감을 제공한다. 2세 영아는 친구를 배려하고 놀잇감을 공유하면서 활동하기에 어려운 시기이다. 따라서 분쟁의 소지를 사전에 예방하기 위해 충분한 양의 쌓기 놀잇감을 준비하는 것이 중요하다. 놀잇감으로 울타리를 만들고, 집짓기, 성 쌓기, 도로나 기차 만들기를 즐긴다.
놀잇감 및 교재교구	• 다양한 인형(인형놀이를 위한 인형, 봉제인형) • 밀고 당기는 놀잇감(쇼핑용 손수레, 유모차, 자동차) • 부엌용품, 청소용품 등의 역할 놀잇감 • 크기가 너무 작지 않은 다양한 재질과 크기의 블록 • 동물, 자동차, 사람 등의 소품
구성의 예	 
유의점	• 블록 등의 놀잇감을 보관하는 교구장 바닥에 밑면의 모양이나 사진을 붙여주어 영아 스스로 정리할 수 있도록 돕는다. • 영아의 수를 고려하여 충분한 양의 놀잇감을 비치한다. • 계절을 고려하여 역할 놀잇감을 변화시켜 준다.

표 7-32. 미술 영역의 환경구성

구분	내용
구성	영아의 창의적 표현을 도울 수 있는 공간은 활동적이면서도 물이 필요하므로 세면대나 출입구 가까운 곳에 배치한다. 끼적거리고, 찢고, 오리고, 자르고, 붙이는 다양한 조형 경험이 영아의 탐색 능력과 더불어 대근육 및 소근육 조절능력과 협응력을 길러준다. 2세의 표현 활동은 그리기, 찍기 같은 평면적 조형 활동과 꾸미기, 붙이기, 판화 같은 입체적 조형 활동으로 이루어질 수 있다. 아름다움을 감상할 수 있는 공간적 배려도 필요하다. 명화나 아름다운 그림이나 사진 등을 영아의 눈높이에 맞추어 붙여주어도 좋다.
놀잇감 및 교재교구	• 다양한 크기와 모양의 종이, 색종이, 구길 수 있는 재료 • 끼적거릴 수 있는 도구(크레파스, 색연필 등), 물감, 붓 • 사진이 많은 잡지책, 모루, 수수깡, 빈 과자 상자나 봉투 • 안전가위, 풀, 접착용 테이프 • 밀가루 반죽, 풀물감, 찍기놀이 도장, 스티커
구성의 예	 
유의점	• 영아가 삼킬 수 있는 작은 자료는 비치하지 않는다. • 책상 위나 바닥에 비닐 등의 깔개를 깔아 보호하고 쉽게 청소할 수 있도록 한다. • 제공하는 자료가 위생적이고 안전한지 점검한다. • 바닥에 물이나 물감 등이 떨어져 영아가 미끄러지는 사고가 발생하지 않도록 유의한다.

표 7-33. 음률 영역의 환경구성

구분	내용
구성	영아는 자신의 욕구에 따라 악기를 이용하여 소리를 내보며 음악을 통해 자신의 감정을 표현하는 경험을 할 수 있다. 또한 영아는 여러 가지 음악을 들으면서 그 속에 담긴 감정을 느껴볼 수도 있다.
놀잇감 및 교재교구	• 카세트나 녹음기 • 리듬악기(북, 트라이앵글, 마라카스, 탬버린, 캐스터네츠 등)
구성의 예	 
유의점	• 영아가 스스로 예술적인 경험을 할 수 있도록 여러 가지 매개체(악기, 음악 테이프, 리본, 스카프, 의상 등)을 준비하고, 움직이는 모습을 볼 수 있도록 벽에 큰 거울을 비치하면 좋다.

(2) 실외 환경구성

바깥 놀이터는 영아가 날씨의 변화와 자연현상을 감각적으로 경험할 수 있는 공간이다. 영아를 위한 실외 환경은 영아의 신체 크기에 적합한 공간을 확보하고, 발달단계에 따른 지각력과 개별운동을 고려하여 구성한다. 영아가 다양한 바닥 소재와 흥미로운 시야, 소리, 냄새 등을 경험할 수 있도록 배려한다.

실외 환경은 동적인 영역과 정적인 영역을 구분하여 배치한다. 동적인 영역에서는 바퀴 달린 놀잇감이나 세발자전거 등을 이용하기 위해 단단한 바닥재 영역이 필요하며, 미끄럼틀과 그네, 시소 등의 놀잇감을 배치해도 좋다. 정적인 영역에서는 휴식을 위한 공간과 더불어 영아가 만지고 탐구할 수 있도록 잔디, 모래, 돌, 진흙, 물 등의 탐색 공간을 포함하여 환경을 구성할 수 있다. 놀잇감 보관을 위한 보관창고가 필요할 수도 있다. 외부의 차량이나 사람들로부터 영아를 보호할 수 있도록 배려하고, 안전을 위해 놀이 상황을 교사가 한눈에 파악하고 필요 시 도울 수 있도록 공간을 구성한다.

그림 7-2. 2세 실외 환경의 예

Chapter

08

유아반 보육과정 운영계획 및 운영

배울내용

1. 유아반 보육과정의 특성
2. 유아반 보육과정의 운영계획
3. 유아반 하루일과의 운영
4. 유아반 환경구성

학습목표

1. 유아반 보육과정의 특성을 이해한다.
2. 유아반 보육과정의 운영계획을 익히고 실제 보육과정을 작성해 본다.
3. 유아반 하루일과의 운영에 대해 숙지한다.
4. 유아반 환경구성을 이해하고 유의점을 숙지한다.

1. 유아반 보육과정의 특성

유아반 보육과정의 특성을 살펴보면 〈표 8-1〉과 같다.

표 8-1. 유아반 보육과정의 특성

구분	내용
교사의 돌봄의 역할과 교육적 역할이 공존한다.	안전하고 사랑이 충만한 신뢰를 기반으로 한 역할뿐만 아니라 유아들의 다양한 교육적 요구에 부응하는 교육적 역할이 동시에 수행될 필요가 있다.
언어적 상호작용이 매우 중요하다.	유아기에는 언어가 유창해지면서 언어가 학습의 중요한 도구가 된다. 교사와 유아 간의 의미 있고 수준 높은 언어적 상호작용뿐만 아니라 유아와 유아 간의 의미 있는 상호작용이 일어날 수 있도록 한다.
개별활동과 집단활동이 비슷한 수준을 갖는다.	유아기에는 개별적인 활동뿐만 아니라 소집단 혹은 대집단으로 이루어지는 집단활동도 매우 중요하다. 이를 통해 다양한 의사소통의 기술, 사회적 능력 등을 습득할 수 있다.

2. 유아반 보육과정의 운영계획

1) 연간 보육계획

2019년 제4차 어린이집 표준보육과정에 따라 개발된 보육프로그램에서 제시한 유아반 연간 주제목록은 〈표 8-3〉과 같다. 유아반의 주제는 월에 따라 제시되고 있으며 연령에 따라 동일한 주제를 선정하더라도 그 내용과 활동이 심화되고 확장될 수 있도록 구성한다.

어린이집에서 유아반 연간 보육계획을 할 때는 어린이집 표준보육과정 프로그램에서 제시한 주제를 참고하여 각 어린이집 유아의 발달, 흥미, 특성 등에 따라 융통성 있게 선정하도록 한다. 유아반 연간 보육계획 수립의 원리는 〈표 8-2〉와 같다(보건복지부, 2019). 이와 같이 연간 주제목록 및 보육계획 수립의 원리를 고려하여 작성한 4세반 연간계획안은 〈표 8-4〉와 같다.

표 8-2. 유아반 연간 보육계획 수립의 원리

- 1년 동안 유아가 경험해야 할 내용을 제시한 것으로 교육과정이 추구하는 인간상·목표·내용을 경험 가능한 주제로 선정해 놀이, 일상생활, 활동 등 통합적으로 운영하여 유아, 보육교직원, 학부모 및 지역사회 모두가 함께 실현해가기 위함이다.
- 주제선정 목적 : 주제선정을 통해 통합적인 경험을 하기 위함이다.
- 주제선정 방향 : 친근한 주제, 관심을 보이는 주제, 우연한 상황에 발생되는 주제 등 내용은 표준보육과정에서 추구하는 인간상, 목적 및 목표와 어린이집 철학이 반영되어야 하고, 계절, 명절, 행사 등 어린이집의 일 년간의 중요한 경험을 포함한다. 영유아의 흥미와 요구, 개인차, 놀이, 사전경험, 지역적 특성, 계절 등에 기초하여 계획한다.
- 일일계획의 경우에는 급·간식, 낮잠 및 휴식시간 등과 같은 일상생활 관련 내용이 포함되어야 하고 주제는 영유아들의 놀이경험에 따라 시기와 기간을 새롭게 변경 가능하다.

표 8-3. 유아반 연간 주제목록

월	3세	4세	5세
3월	어린이집과 친구	어린이집과 친구	어린이집과 친구
4월	봄	봄	봄
5월	동식물과 자연	동식물과 자연	소중한 가족
	나와 가족	나와 가족	
6월	우리 동네	우리 동네	우리 동네
7월	건강과 안전	건강과 안전	신나는 여름

월	3세	4세	5세
	여름	여름	
8월	교통기관	교통기관	교통과 안전
9월	우리나라	우리나라	세계 속의 우리나라
		세계와 여러 나라	
10월	가을과 열매	가을과 열매	가을과 자연
11월	환경과 생활	환경과 생활	지구와 환경
12월	겨울과 놀이	겨울과 놀이	겨울과 놀이
1월	생활도구	생활도구	기계와 생활
2월	형님이 되어요	형님이 되어요	초등학교에 가요

연간 보육계획안에서 선정하는 주제는 유아에게 친숙하고 구체적이며, 자주 경험하는 것에서부터 연령이 높아질수록 넓은 개념에 대한 주제가 포함될 수 있다. 또한 연간 보육계획안에는 지역 내의 특별한 행사나 어린이집 유아의 관심이 높은 내용이 주제로 선정될 수 있다. 따라서 만3세에서 만5세 유아를 위한 연간 보육계획안 주제는 다른 연령과의 연계 속에서 유아의 연령, 흥미, 발달적 적합성을 고려하여 계획하고자 하는 교사의 자세가 중요하다.

표 8-4. 4세반 연간 계획안

월	주제	주	소주제	행사
3	어린이집과 친구	1	어린이집의 환경	오리엔테이션
		2	어린이집에서의 하루	
		3	어린이집에서 만난 친구	
		4	함께 만드는 어린이집	

월	주제	주	소주제	행사
4	봄	1	봄의 변화	체력측정
		2	봄의 풍경	
4–5	동 · 식물과 자연	1	동 · 식물과 우리 생활, 궁금한 동 · 식물	봄소풍
		2	식물과 우리 생활 궁금한 동 · 식물	
		3	자연과 더불어 사는 우리	
5	나와 가족	1	나의 몸과 마음	가족참여 수업 부모상담
		2	소중한 나	
		3	소중한 가족	
		4	가족의 생활과 문화	
6	우리 동네	1	우리 동네 모습, 우리 동네 생활	
		2	우리 동네 사람들	
		3	우리 동네 전통과 문화	
6–7	건강한 안전	1	즐거운 운동과 휴식, 깨끗한 나와 환경	안전교육
		2	맛있는 음식과 영양	
		3	안전한 놀이와 생활	
7	여름	1	여름의 날씨와 물놀이	원내 여름캠프
		2	여름 풍경	
7–8	교통기관	1	여러 가지 육상 교통기관	안전교육 자전거 면허시험
		2	고마운 육상 교통기관	
		3	항공/해상 교통기관	
		4	즐거운 교통생활	

월	주제	주	소주제	행사
8–9	우리나라	1	우리나라 사람들의 생활	민속의 날 행사
		2	우리나라의 놀이와 예술	
		3	우리나라의 역사, 우리나라의 자랑거리	
9	세계 여러나라	1	세계 여러 나라 사람들의 생활	안전교육
		2	세계 여러 나라의 문화유산	
		3	세계 여러 나라와의 교류, 세계의 자연과 사회현상	
10	가을과 열매	1	가을 풍경	가을소풍
		2	가을의 변화	
		3	풍성한 가을	
		4	추석과 놀이	
		5	가을 나들이	
11	환경과 생활	1	물과 우리 생활	안전교육
		2	돌 · 흙과 우리 생활	
		3	바람 · 공기과 우리 생활	
		4	빛과 우리의 생활, 소리와 우리의 생활	
12	겨울과 놀이	1	겨울 날씨	부모상담 구세군
		2	겨울 풍경	
		3	감사와 사랑을 나눠요	
		4	건강한 겨울나기	
		5	신나는 겨울놀이	
1	생활도구	1	다양한 생활도구	안전교육 체력측정2
		2	생활 도구를 움직이는 힘	
		3	생활 도구로서의 미디어, 미래의 생활 도구	

월	주제	주	소주제	행사
2	형님이 되어요	1	많이 컸어요	수료식
		2	동생들에게 알려 주어요	
		3	형님이 될 준비를 해요	
		4	즐거웠던 우리 반	

출처: 보건복지부(2019). 어린이집 표준보육과정 4세 보육프로그램.

2) 월간 보육계획안

유아반의 월간 보육계획안은 각 생활주제마다 3~6개의 주제로 구성되며, 각 소주제마다 교사의 기대를 설정한다. 여기서는 자유놀이활동과 대·소집단 활동으로 나누고 각각 영역과 활동으로 구분한다. 4세반 월간 보육계획안의 예는 〈표 8-5〉와 같다.

표 8-5. 4세반 월간 보육계획안(실시기간: 6월)

6	우리동네	1	우리 동네 모습과 생활
		2	우리 동네 사람들
		3	우리 동네 전통과 문화

↓

주제	알록달록 가을이에요		
소주제	우리 동네 모습과 생활	우리 동네 사람들	우리 동네 전통과 문화
교사의 기대	• 우리 동네의 모습에 관심을 갖는다. • 우리 동네를 둘러본다. • 우리 동네의 공공기관에	• 우리 동네 사람들에게 관심을 갖는다. • 우리 동네 사람들이 하는 일을 알고 다양한 직	• 우리 동네의 전통과 문화에 관심을 갖는다. • 우리 동네의 전통과 문화를 경험한다.

		서 하는 일을 알아본다. • 우리 동네의 생활공간을 바르게 이용한다.	업을 경험한다. • 배려가 필요한 이웃에게 관심을 갖는다.	• 우리 동네를 아끼고 사랑하는 태도를 기른다.
기본생활		동네에서 만나는 어른들께 바르게 인사하기		
등원		바르게 인사하고 제자리에 가방을 정리한다.		
놀이활동	쌓기놀이 영역	• 옹기종기 우리동네	• 병원꾸미기	• 동네 성을 쌓아요
	역할놀이 영역	• 국수 장터 • 사람들마다 이야기가 있어요	• 119 긴급 구조대	• 작은 마을 음악회
	미술영역	• 반짝반짝 우리 동네의 밤	• 우리 동네 사진관	• 우리 동네 캐릭터 꾸미기
	언어영역	• 우리 동네 수수께끼 • 볼거리 자랑거리	• 무슨 말을 해야 할까요? • 도울 때도 생각이 필요해요	• 할머니가 들려주시는 • 우리 동네 이야기
	수과학 · 조작영역	• 거꾸로 봐요 • 용돈을 바르게 사용하면	• 이것이 필요해요	• 할머니의 항아리
	음률영역	• 산마을		
	이야기 나누기	• 아동 안전지킴이집은 무엇일까요? • 우리 동네 다문화가족	• 동네에서 만나고 싶은 사람들 • 우리가 잠든 동안에도 나도 배려할 수 있어요	• 마을을 지켜주는 나무 • 할아버지 행복한 나눔 동네
	동화, 동시, 동극	• 재래시장에 간 민이 • 어디서나 인사를 잘해요	• 위층과 아래층에서 생긴 일 • 무슨 소리일까요? • 우리 동네 행복지킴이	
	음악	• 덩덩덩 신나는 우리동네		• 사랑하는 우리 이웃
	신체 · 게임	• 꼭짓점 돌아 인사 나누기 • 깃발을 찾아요	• 누구의 움직임일까? • 동네 사람들을 소개해요	• 바위처럼 해 봐요 요렇게 • 추억의 놀이 열 발 뛰기
	요리	• 먹자 골목 빈대떡		• 김치장떡 부침개
	미술	• 올망졸망 집짓기		• 우리 동네 캐릭터 꾸미기

				• 현수막은 우리 동네 알림이
	현장 체험	• 우리 동네 아동안전지킴이집을 찾아라	• 할아버지 할머니 함께 지내요!	• 동네방네 축제 체험
실외활동		• 동대문을 열어라	• 궁금해요 우리동네	• 깨끗한 우리 동네 캠페인
점심 및 낮잠(휴식)				
오후 자유놀이활동		• 점토로 만든 우리 동네 숲	• 어디로 데려다 줄까요?	• 골목에서 놀며 부르던 노래
귀가 및 가정과의 연계		• 우리 동네에서 제일 좋아하는 곳을 찾아오세요		• 우리 동네의 자랑거리를 찾아와요

출처: 보건복지부(2019). 어린이집 표준보육과정 4세 프로그램을 참고로 재구성.
연간 보육계획안은 원 운영 철학과 교사의 의견을 반영하여 순서나, 내용을 변경될 수 있다.

3) 주간 보육계획

유아반의 주간 보육계획은 각 영역별 활동이 골고루 경험될 수 있도록 일상, 놀이, 활동으로 구분하여 작성한다. 또한 매 주간 보육계획에는 소주제의 교사 기대를 진술하여, 한 주 동안의 수업 방향을 제시할 수 있도록 한다. "우리 동네" 주제에 대한 주간 보육계획에 대한 구체적인 예는 〈표 8-6〉과 같다.

표 8-6. 우리 동네 주제에 대한 주간 보육계획의 예

6	우리 동네	1	우리 동네 모습, 우리 동네 생활
		2	우리 동네 사람들
		3	우리 동네 전통과 문화

↓

반 이름		○○반		시기	2020년 ○○월 ○○주	
주제		우리 동네		소주제	우리 동네 전통과 문화	
교사의 기대		• 우리 동네의 전통과 문화에 관심을 갖는다. • 우리 동네의 전통과 문화를 경험한다. • 우리 동네를 아끼고 사랑하는 태도를 기른다.				
날짜/요일		22(월)	23(화)	24(수)	25(목)	26(금)
활동 / 소주제		우리 동네 전통과 문화 관심가지기		우리 동네 전통과 문화 알아보기	우리 동네를 아끼고 사랑하기	
놀이활동	쌓기놀이영역			동네 성을 쌓아요		
	역할놀이영역			작은 마을 음악회		
	언어영역	할머니가 들려주시는 우리 동네 이야기				
	수 · 조작영역		할머니의 항아리			
	과학영역					
	미술영역		우리 동네 캐릭터 꾸미기			
	음률영역	골목에서 높여 부르던 노래				
	이야기 나누기		마을을 지켜주는 나무 할아버지		행복한 나눔 동네	
	동화, 동시, 동극					
	음악					
	신체		바위처럼			

			해 봐요, 요렇게!			
	게임	추억의 놀이 열 발 뛰기				
	요리			김치장떡 부침개		
	미술	우리 동네 캐릭터 꾸미기				현수막은 우리 동네 알림이
	현장체험			동네방네 축제체험		
바깥놀이 활동					깨끗한 우리 동네 캠페인	

출처: 보건복지부(2019). 어린이집 표준보육과정 4세 보육프로그램.

4) 일일 보육계획

유아반 하루일과를 계획하고 운영할 때 고려하여야 할 점은 〈표 8-7〉과 같다.

표 8-7. 유아반 하루일과 계획과 운영 시 고려할 점

- 일과에서 바깥놀이를 포함하여 영유아의 놀이가 충분히 이루어지도록 편성하여 운영할 것을 강조한다. 일과에는 놀이 외에도 등원과 하원 간식과 점심, 손씻기와 화장실 다녀오기, 안전에 대한 지도 등 매일 반복되는 일상생활도 포함된다.
- 교사는 영유아의 놀이를 지원하는 활동도 계획할 수 있다. 놀이, 일상생활, 활동이라는 일과는 교사가 미리 계획할 수 있지만 영유아와 의논하여 순서를 정할 수도 있고, 날씨의 변화나 놀이에 대한 흥미 지속 여부에 따라 달라질 수 있다.
- 놀이시간을 충분히 운영한다. 영유아들이 놀이의 흐름이 끊어지지 않고 충분히 놀았다고 느낄 수 있도록 놀이시간을 편성하는 것이 중요하다. 중요한 배움의 순간을 놓칠 수 있다고 판단되면 놀이시간을 연장할 수 있다. 바깥놀이를 포함한 놀이시간은 일과 가운데 가장 우선적으로 충분히 편성되어야 한다.
- 일상생활이 융통성 있게 영유아 주도적으로 이루어지도록 한다. 영유아들은 놀이와 활동뿐 아니라 일상생활을 통해서도 기본생활습관, 안전, 인성 등 다양한 배움의 기회를 갖는다. 교사는 영유아가 자율적이고 주도적으로 일상생활을 할 수 있도록 충분한 시간을 허용해 주어 영유아가 편안함을 느끼는 가운데 즐거운 배움이 일어나도록 지원한다.
- 놀이와 연결하여 활동을 운영한다. 활동은 교사가 계획하여 제안할 수도 있고, 영유아가 다른 유아들과 공유하기 위해 준비할 수도 있다. 일과 중 활동 시간은 교사가 계획하여 실시하거나 놀이의 흐름을 위해 필요하다면 놀이 중간에 잠깐 모여서 활동을 실시하고 다시 놀이로 연결할 수 있다.
- 일과를 융통성 있게 운영한다. 일과의 순서는 일관성이 있어야 하지만 융통성 있게 운영되어야 한다. 교사는 전날의 놀이 흐름에 대한 기록과 평가를 반영하여 다음 날의 일과를 다른 순서로 조직할 수 있다.

그리고 보육활동의 평가는 활동별 교사의 기대 설정의 적절성, 활동자료의 적절성, 시간과 운동의 적절성, 활동의 전·후와 활동 간 연계의 적절성, 활동영역 배치의 적절성, 활동에 대한 유아의 참여 정도, 상호작용 전략의 효과성, 교사가 기대한 활동의 실행 여부 등을 기록한다. 일일 보육계획에 대한 구체적인 예는 〈표 8-8〉과 같다.

표 8-8. 일일 보육계획의 예

반 이름	○○반	시 기	2020년 ○월 ○일 ○요일	수업일수	○/○○○일
주제	우리 동네	소주제	우리 동네 전통과 문화	일일주제	우리 동네 전통과 문화에 관심 가지기
교사의 기대	• 우리 동네의 전통과 문화에 관심을 갖고, 우리 동네의 자랑거리를 찾는다. • 우리 동네에 있는 바위에 얽힌 전설을 알고, 신체를 이용하여 특이한 바위의 모습을 다양하게 표현한다. • 마을을 지켜주는 오래된 나무의 전설을 알고, 나무를 소중하게 생각하고 보호하려는 태도를 기른다.				

시간 및 활동명	활동 내용(계획)	준비물	실행 및 평가
7:30~9:00 등원 및 통합보육	• 선생님, 친구들과 인사나누기 • 유아의 기분이나 상태 확인하기 • 투약의뢰서 유무 확인하기 • 실내 자유놀이	출석표지판	• 일찍 등원하는 유아들이 많아져 새로운 점토를 제공해 주었다.
9:00~9:10 하루일과 안내	〈인사 나누기〉 • 인사 노래 부르기 • 일과계획표를 보며 일과를 계획	일과 계획표	
9:10~9:30 이야기 나누기	• 활동명: 마을을 지켜주는 나무 할아버지 • 활동목표 – 마을을 지켜주는 오래된 나무에 관심을 갖는다. – 마을의 자랑거리인 나무를 소중하게 생각하고 보호하려는 바른 태도를 기른다. • 활동방법 • 우리 마을을 지켜주는 느티나무와 함께 찍은 옛날 사진을 보며 이야기한다. • 우리 마을에 전해오는 느티나무 이야기를 들려준 후 이야기를 나눈다. – (느티나무 할아버지 인형이 나오며) 친구들아, 안녕! 나는 오래전부터 이 마을을 지키고 있던 나무란다. 100	유아들이 준비해 온 옛날사진(느티나무에서 찍은 할아버지 어렸을 때 사진), 느티나무 할아버지 이야기 나누기 자료(차 정리, 느티나무 할아버지, 잔치 사진, 제사 사진, 휴식 사진, 여러 마을의 나무 사진)	• 유아들이 느티나무 할아버지 손인형을 매우 좋아하였다. 사진만 소개하는 게 아니라 손인형으로 이야기를 들려주어 집중할 수 있었다. • 우리 동네에 있는 큰 나무를 찾아 사진을 찍고 싶다는 의견이 나와서 내일 바깥놀이 시간에 사진을 찍기로 결정했다.

시간 및 활동명	활동 내용(계획)	준비물	실행 및 평가
	살도 넘어서 다들 나한테 나무 할아버지라고 한단다. 아주 예전에 이 마을에는 좋은 일도 많이 있었지만 나쁜 일도 있었단다. –(느티나무에서 잔치하는 그림을 보여주며) 좋은 일이 있을 때는 나무 앞에서 잔치를 열고 –(느티나무에서 제사 지내는 사진을 보여주며) 나쁜 일이 있을 때는 나무 앞에서 제사도 지내고 소원도 빌었단다. • 사는 곳에 따라 마을을 지켜주는 나무 할아버지가 다름을 이야기 나눈다. • 우리 마을을 지켜주는 나무 할아버지 이야기를 듣고 난 후 느낌을 이야기 나눈다.		
9:30~9:40 화장실 다녀오기	• 화장실 다녀오기	개인수건	
9:40~10:00 오전 간식	• 손을 씻은 후 간식먹기 – 간식은 먹은 후 자리를 정리하고 놀이하기	호두, 우유, 행주, 걸레, 티슈	
10:00~11:00 자유놀이 및 손 씻기	【언어영역】 • 할머니가 들려주는 우리 동네 이야기 – 우리가 살고 있는 동네의 모습을 생활을 보고 이야기 나눈다. – 할머니가 어렸을 때 우리 동네의 옛날 모습과 생활을 이야기 나눈다.	현재 우리 동네 아이들의 생활모습 삽화 과거 우리 동네 아이들의 생활모습 삽화	
	【수 · 조작영역】 • 할머니의 항아리 – 할머니의 항아리 회전 그림책을 감상한다. – 유아들에게 할머니의 항아리 게임을	할머니의 항아리 회전 그림책 화살표 돌림판1개 항아리 게임판 2개 항아리 그림카드18개	• 화살표 돌림판을 좋아하여 많은 유아들이 게임에 참여하고 싶어했다.

시간 및 활동명	활동 내용(계획)	준비물	실행 및 평가
	소개한다. – 할머니의 항아리 게임판을 나누어 활동한다. – 할머니의 항아리 활동을 한 후 놀이를 평가한다.		
11:00~12:00 바깥놀이 손 씻기	**【미술영역】** • 우리 동네 캐릭터 꾸미기 – 우리 동네를 상징하는 캐릭터를 보면서 이야기를 나눈다. – 동네마다 조금씩 다른 캐릭터에 대해 이야기 나눈다. – 유아가 꾸미고 싶은 우리 동네 캐릭터에 대해 이야기 나눈다. – 우리 동네 캐릭터를 꾸미기 위해 필요한 재료를 탐색한다. – 유아들이 만들고 싶은 캐릭터를 정하여 미술활동을 한다. – 유아들이 완성한 캐릭터를 감상한 후 평가를 한다.	다양한 미술활동 재료(도화지, 풀, 다양한 필기구, 색종이, 가위, 찰흙, 지점토, 색깔 점토, 조형 철사, 점토 놀이 도구 등)	• 찰흙보다 색깔 점토의 인기가 높아서 대부분의 유아들이 색깔 점토를 사용하고 싶어 했다. 다른 종류의 색깔 점토를 준비하는 것이 좋겠다.
12:00~13:20 점심식사 및 이 닦기	• 화장실에서 손 씻기 • 골고루 음식 먹고 스스로 자리 정리하기 • 이 닦은 후 휴식 및 조용한 놀이하기		
13:20~14:50 낮잠	• 화장실 다녀오기 • 낮잠 준비하기 • 교사와 동화책을 읽은 후 개별적으로 낮잠 자기 – 동화 〈이렇게 잘까 저렇게 잘까〉	동화책 〈이렇게 잘까 저렇게 잘까〉	• 민지가 낮잠을 자다 울다가 깸(감기 걸려 있음)
14:50~15:20 화장실 가기 및 오후간식			

시간 및 활동명	활동 내용(계획)	준비물	실행 및 평가
15:20~16:00 놀이	**【신체활동】** • 활동명: 바위처럼 해 봐요, 요렇게! • 활동목표 – 우리 동네의 자랑거리인 바위에 관심을 갖는다. – 우리 동네에 있는 바위에 얽힌 전설을 안다. – 신체를 이용하여 특이한 바위의 모습을 다양하게 표현한다. • 활동방법 – '동강의 아이들' 동화를 듣고 난 후 이야기를 나눈다. – 우리 동네에 있는 바위의 독특한 모습과 바위가 갖고 있는 전설에 대해 이야기 나눈다. – 독특하고 다양한 모습의 바위를 보고 신체로 표현하는 방법에 대해 이야기 나눈다. – 독특한 바위 사진을 보면서 몸으로 다양하게 표현한다. – '바위처럼 해 봐요, 요렇게!' 활동 후 느낀 점이나 재미있었던 점에 대해 이야기를 나눈다.	그림책 〈동강의 아이들〉 (김재홍, 길벗 출판사, 2000)	• 그림책에 나오는 동강에서 볼 수 있는 바위들에 관심이 높았다. 실제로 바위의 모습을 보고 싶어 해 내일 동강과 바위의 사진자료를 소개해 주기로 하였다. • 주로 익숙한 동물모양의 바위자료를 준비했는데 다른 모양의 바위를 준비하는 것도 좋겠다.
16:00~17:00 기본반 하원	기본반 하원(개인 소지품 챙기기)		
17:00~19:30 연장반 통합보육	• 연장반 교실로 이동 • 연장반에서 통합보육		• 연장반 교육계획안에 따라 오전 실내놀이 연장 활동 실시함
일일평가			
비고			

출처: 보건복지부(2019). 4세 누리과정 교사용 지도서 내용을 재구성.

3. 유아반 하루일과의 운영

1) 유아(만3~5세)반 하루일과 운영

유아의 하루일과는 연간 계획안과 주간 보육계획안을 기초로 하여 유아의 흥미와 일과 중 일어나는 상황을 중심으로 유아의 건강이나 기분상태, 날씨, 분위기 등에 따라서 일과를 융통성 있게 운영해야 한다. 하루일과는 따뜻한 일상적 보호와 교육적 경험이 동시에 이루어져야 하며, 유아의 연령에 따른 성숙도와 발달 단계를 고려하여 각 집단에 맞는 활동을 제공해야 한다.

만3~5세 유아들은 개별적인 발달 수준, 흥미, 사전경험, 기질 등으로 인한 다양한 요구를 가지고 있다. 이런 요구를 바탕으로 교사는 유아가 어린이집에 등원하여 하원하기까지 교육적 활동과 일상적 생활, 정적인 활동과 동적 활동, 개별 활동과 대·소집단 활동, 교사주도의 활동과 유아주도의 활동, 실내 활동과 실외 활동 등이 서로 균형을 이루어 경험할 수 있도록 활동을 계획하고 지도해야 한다. 또한 유아-교사, 유아-유아, 유아-교구 간 활발하고 다양한 상호작용이 일어나도록 해야 한다. 유아가 활동에 적극적으로 참여할 수 있도록 돕고 휴식이 필요한 유아에게는 보육실에 적절한 공간을 마련하여 개인적 휴식을 취할 수 있도록 해야 한다.

만3세 유아는 인과관계를 알고 결과를 예측하는 능력이 발달하지만 주의집중 시간이 짧으므로 대집단 활동보다는 개별적인 학습활동을 중심으로 간단한 소집단 활동을 실행한다. 만4~5세 유아의 경우 점차 주의 집중력의 시간도 늘어나고 사고력이 발달하므로 구조화된 프로그램의 시간을 서서히 늘리고 자유 놀이 활동과 대·소집단 활동 시간의 비율을 점차 늘려나가도록 한다. 자유놀이 활동시간에 놀이가 심화되어 진행 중일 때는 일과에 융통성을 두어 활동시간을 연장하거나 오후 자유놀이 활동과 연계하여 놀이가 확장될 수 있도록 배려하도록 한다. 만3~5세반 일과운영의 강조점은

〈표 8-9〉와 같다.

표 8-9. 만3~5세반 일과운영

- 안전하고 위생적으로 보육환경을 구성하고 발달적으로 적합하게 운영해야 한다.
- 유아 발달 수준과 생활 리듬을 고려한 일과를 제시해야 한다.
- 유아 연령별 발달 수준의 차이와 개인차에 따른 교사의 역할이 중요하다.

2) 유아반 하루일과 실제

유아반 하루일과의 구체적인 예는 〈표 8-10〉과 같다.

표 8-10. 유아반 하루일과의 실제

시간	구분	내용
7:30 ~ 9:00	등원 및 통합보육	• 유아의 기분과 건강상태 확인하기 • 스스로 소지품을 정리할 수 있도록 도와주기 • 투약의뢰서 유무 확인하기 • 통합 보육실에서 자유놀이하기
9:00 ~ 10:30	놀이 및 오전 간식	• 새로운 영역활동 소개하기 • 어린이집, 가정에서 사용하는 생활도구에 관심 가지기 • 관심 있는 영역에서 자유롭게 활동하도록 돕고, 교사 및 또래와 긍정적 상호작용 나누기 • 교사의 도움이 필요한 놀이에 적절히 참여하기 • 놀잇감 바르게 사용하고 정리하도록 안내하기
10:30 ~ 10:50	정리정돈 및 화장실 가기	• 가지고 놀던 놀잇감을 제자리에 정리한 후 화장실 다녀오기

시간	구분	내용
10:50 ~ 11:20	대 · 소집단 활동	• 대집단 또는 소집단으로 이야기 나누기, 조형, 게임, 동극 등의 활동하기
11:20 ~ 12:20	실외활동 손 씻기	• 산책 및 실외 자유놀이 ※ 우천 시: 실내 유희실에서 활동하기 • 화장실 다녀오기 및 손 씻기
12:20 ~ 13:20	점심식사 및 이 닦기	• 좋아하는 음식과 싫어하는 음식 함께 먹어보기 • 개별적인 상호작용을 하며 올바른 식습관 지도하기 • 이 닦기
13:20 ~ 14:00	조용한 활동 정리정돈 및 낮잠준비	• 점심식사가 끝난 유아들은 책보기 등 조용한 활동을 하며 기다리기 • 정리정돈 및 화장실 다녀오기 • 베개 및 낮잠 이불 찾아 자기 자리에 눕기
14:00 ~ 15:00	낮잠 및 휴식	• 동화듣기 • 낮잠 자기 및 음악 들으며 누워서 휴식하기
15:00 ~ 15:30	낮잠깨기 및 정리정돈 오후간식	• 먼저 일어난 유아들은 화장실을 다녀온 후 다른 유아가 일어날 때까지 책보기 등의 정적인 놀이하기 • 낮잠 침구장에 정리하기 • 화장실 다녀오기, 손 씻고 간식 먹기 • 준비된 간식 가지고 자리에 앉기 • 간식 먹은 후 스스로 자리 정리하기
15:30 ~ 16:00	실내자유놀이 기본반 귀가준비 연장반 교실 이동	• 관심 있는 영역에서 자유롭게 활동하도록 돕고, 교사 및 또래와 긍정적 상호작용 나누기 • 교사의 도움이 필요한 놀이에 적절히 참여하기 • 놀잇감 바르게 사용하고 정리하도록 안내하기 • 연장반 보육실로 이동 준비하기 • 기본반 귀가준비

시간	구분	내용
16:00 ~ 19:30	연장반 통합보육 귀가	• 개별적으로 조용한 놀이를 하면서 부모님이 오시는 대로 귀가하기 • 자신의 소지품 정리하기/선생님과 친구에게 인사하기 • 가정에서 가족들이 사용하는 다양한 생활도구를 찾아보도록 연계하기 • 자유놀이 및 휴식(쉼), 일상생활(손 씻기, 화장실 가기 등)

출처: 보건복지부(2019). 제4차 어린이집 표준보육과정에 기초한 연령별 보육프로그램의 활용.
2020년 온종일활기찬 어린이집(보육지원체계 개편에 따른 어린이집 운영안내 교사용.
간단하게 일과를 일상생활, 놀이, 활동 등으로 기술할 수 있다. 일정한 양식이 지정되지 않음을 참고하기 바랍니다.

3) 유아반 일과운영

3세 이후 시기는 스스로 할 수 있는 것들이 많아지며 지적 호기심도 많아지는 시기이다. 따라서 교사는 하루일과 운영에 있어서 유아의 발달특성을 잘 파악하고 적합한 운영을 할 수 있도록 해야 한다. 3~5세 유아를 위한 하루일과 운영에 있어서 고려해야 할 점은 다음과 같다.

(1) 등원

하루를 즐겁게 시작할 수 있도록 유아의 기분을 읽어주거나 특별한 점 등을 이야기 나누며 유아를 맞이한다. 교사와 부모, 교사와 유아 간에 오가는 인사나 태도 등은 유아가 사회적 관계를 맺는 데 중요한 모델이 될 수 있으므로 교사는 언제나 즐겁고 정성스런 모습으로 부모와 유아들을 대한다.

(2) 놀이시간

유아들은 대 · 소근육 조절능력이 향상되었고 언어적 능력 또한 향상되어 놀이가 좀 더 확장되고 다양해진다. 교사는 실내 · 외 놀이시간을 균형 있게 구성하여 유아들이 자신의 관심과 흥미를 확장시켜 나갈 수 있도록 지원해야 한다. 교실 내 환경구성 또한 다양해지므로 유아들이 자율적으로 자신의 관심과 흥미에 맞게 놀이를 선택하고 놀이를 통해 성취감과 자신감을 가질 수 있도록 지원하도록 한다.

(3) 정리정돈

자신이 가지고 논 놀잇감이나 자신이 한 활동의 뒷정리를 스스로 하는 시간이다. 교사는 정리하는 습관을 가질 수 있도록 하루일과 중 정리시간을 할애하고 정리할 시간을 알려주고 스스로 정리할 수 있도록 격려한다.

(4) 대 · 소집단 활동

유아의 경우 대 · 소집단 활동을 의도적으로 배치하여 또래들과 함께 활동을 공유할 수 있는 시간을 가질 수 있도록 배려한다. 교사는 유아들과 다양한 활동을 공유할 수 있도록 주제의 흐름에 맞고, 유아들의 관심과 흥미가 관련되어 있으며, 유아들의 발달에 의미가 있는 활동들을 구성하여 지원할 수 있도록 해야한다. 또한 미술, 문학, 음악, 동작, 수 · 과학 등의 교과와 영역이 통합되어 균형된 활동들이 구성될 수 있도록 해야 한다.

(5) 배변과 씻기

자율적으로 배변을 할 수 있는 시기이므로 하루 중 어느 때나 유아들이 자신의 욕구에 따라 배변할 수 있도록 지원한다. 일정한 간격을 두고 배변할 시간에 대해 환기시켜 줌으로써 유아들이 배변조절을 더욱 잘할 수 있도록 돕는다. 더불어 배변한 후 깨끗하게 처리하고 손을 씻는 것이 습관화될 수 있도록 지도한다. 손을 씻는 것은 식사와 간식 전, 활동 후에 지속적으로 이루어질 수 있도록 지도한다.

(6) 낮잠 및 휴식

어린이집에서의 활동이 점점 많아지는 시기이므로 적절하게 휴식하며 신체적으로나 심리적으로 편안하게 지낼 수 있도록 배려한다. 연령이 증가할수록 낮잠 시간이 줄거나 일찍 일어나는 유아들이 있는데 이때는 개별적으로 조용한 활동을 할 수 있도록 자신의 몸 상태를 이해하고 적절하게 휴식을 취하는 것 또한 자기조절능력이므로 이러한 경험을 지속적으로 하는 것이 좋다.

(7) 평가 및 귀가

유아들은 하루일과를 마칠 때쯤 자신의 하루를 회상해 보고 평가해 보는 시간을 가진다. 이때 스스로 하루일과의 과정을 이해하고 여기서 느낀 정서적인 것들을 나누며 또한 다양한 경험들의 의미에 대해서도 이해하는 기회를 가진다. 교사는 유아들이 하루일과를 돌아보며 만족감과 즐거움을 느끼며 귀가할 수 있도록 지원하고 배려해야 한다.

4. 유아반 환경구성

유아를 위한 보육실 구성의 원리 및 유의사항은 〈표 8-11〉과 같다.

표 8-11. 유아를 위한 보육실 구성의 원리 및 유의사항

• 건강과 안전이 보장되는 환경에서 유아는 자유롭게 움직이고 탐색하고 새로운 도전을 시도할 수 있다. 또한 편안함을 느끼며 생활할 수 있는 공간으로 구성한다. • 흥미 영역을 중심으로 교육적이고 정서적으로 안정된 환경을 제공한다. • 흥미 영역은 유아의 놀이 흐름에 따라, 주제에 따라 수시로 바꾸어 준다. • 초기에는 교사가 배치해 주지만 점차적으로 유아들과 함께 의논하면서 재배치할 수 있다. • 융통성 있게 공간을 변경할 수 있어야 한다. • 이동성이 보장될 수 있도록 반드시 통로를 구성한다. • 유아의 요구에 따라 놀잇감을 선택할 수 있어야 한다. • 휴식과 개인적 생활이 보장되는 공간이 마련되어야 한다. • 진행되고 있는 주제를 흥미 영역의 구성과 교재교구, 활동 등에 반영한다.

1) 실내 환경구성

어린이집 표준보육과정의 영역별 내용범주가 반영된 흥미 영역 구성 및 교재교구를 살펴보면 다음과 같다(교육부, 보건복지부, 2019; 박찬옥 외, 2010).

(1) 쌓기놀이 영역

쌓기놀이 영역의 구성, 교구와 자료, 구성의 예 및 유의점에 대해 구체적으로 살펴보면 〈표 8-12〉와 같다.

표 8-12. 쌓기놀이 영역의 환경구성

<table>
<tr><th>구분</th><th>내용</th></tr>
<tr><td>구성</td><td>쌓기놀이 영역은 여러 가지 크기와 모양, 재질의 블록과 소품을 이용하여 어떤 사물을 구성하거나 구조물을 쌓아 보거나 꾸며 보는 등의 과정을 경험하는 영역이다. 따라서 유아는 쌓기놀이를 통해 다양한 구성활동을 하면서 관찰력, 측정 기술, 원인과 결과에 대한 사고력 등을 기를 수 있다. 쌓기놀이 영역은 활동적이며 소음이 발생하는 영역이므로 언어나 과학 등 정적인 영역과는 떨어지게 배치하는 것이 좋으며, 소음 방지를 위하여 바닥에 카펫을 깔아 준다.</td></tr>
<tr><td>교구와 자료</td><td>
<table>
<tr><th>구분</th><th>교구와 자료</th></tr>
<tr><td>다양한 블록</td><td>종이 벽돌 블록, 단위 블록, 공간블록, 우레탄 블록 등</td></tr>
<tr><td>크고 작은 모형</td><td>동물, 사람, 공룡 등의 인형이나 모형, 탈것(예: 기차, 트럭, 레미콘, 구급차, 경찰차, 여객기, 운전대) 등</td></tr>
<tr><td>사회극 놀이 소품</td><td>여러 종류의 가면, 교통 신호나 표지판 등</td></tr>
<tr><td>기타 자료</td><td>쌓기놀이에 도움을 주는 책, 그림 자료 등</td></tr>
</table>
</td></tr>
<tr><td>구성의 예</td><td>
3세는 블록의 종류를 다양하게 주기보다는 같은 종류의 블록을 충분히 제공하는 것이 좋으며, 서로 방해받지 않고 놀이에 몰두할 수 있도록 충분한 공간을 제공해야 한다. 또한 3세에게는 소근육을 많이 사용해야 하는 작은 끼우기 블록보다는 발과 다리의 대근육을 사용하여 구성할 수 있는 적당히 큰 쌓기 블록이 좋다.
4세는 3세보다 소근육이 발달하므로 적당한 크기의 쌓기 블록과 함께 중간 정도 크기의 끼우기 블록도 함께 제공할 수 있다. 또한 3세보다는 블록과 소품의 종류를 다양하게 내준다.
5세 유아는 다양한 구조물을 구성하고 경험한 내용들을 중심으로 친구들과 협의하여 다소 복잡한 구조물을 만드는 것도 가능하므로, 이를 고려하여 영역을 구성한다. 5세의 경우 소품은 유아들이 직접 제작한 것을 활용할 수도 있다.</td></tr>
</table>

구분	내용
유의점	• 유아의 구성능력 및 조작능력을 고려하여 다양한 종류의 블록을 순차적으로 제공한다. • 확장 활동으로 발전시킬 수 있도록 관련 사진이나 그림카드를 제공한다. • 쌓기 놀이 공간의 높낮이를 조절하여 구성할 수 있도록 책상, 널빤지, 의자 등을 제공한다. • 유아가 구조물을 쌓을 때 방해받지 않고 활동에 몰두할 수 있도록 충분한 공간을 마련해 주고 통행이 많지 않은 곳에 배치하며, 역할놀이 영역과 인접하게 배치하면 두 영역의 통합적 활동이 활발하게 이루어지는 효과가 있다.

(2) 언어 영역의 환경구성

언어 영역의 구성, 교구와 자료, 구성의 예 및 유의점에 대해 구체적으로 살펴보면 〈표 8-13〉과 같다.

표 8-13. 언어 영역의 환경구성

<table>
<tr><th>구분</th><th colspan="2">내용</th></tr>
<tr><td>구성</td><td colspan="2">언어 영역은 듣기, 말하기, 읽기, 쓰기와 관련된 활동을 경험하는 영역이다. 유아는 언어 영역의 활동을 통해 일상생활에 필요한 언어능력을 향상시키고 올바른 의사소통능력 및 태도를 기를 수 있다. 따라서 언어 영역은 주변의 자극으로부터 격리될 수 있도록 조용하고 안정된 공간에 배치하는 것이 좋으며 활동주제나 유아의 흥미에 따라 다양한 언어 활동 자료를 비치하여 듣기, 말하기, 읽기, 쓰기 활동이 이루어지도록 하며, 안락한 의자나 쿠션 등을 두어 편안하게 언어활동에 몰입하도록 한다.</td></tr>
<tr><td rowspan="5">교구와 자료</td><td>구분</td><td>교구와 자료</td></tr>
<tr><td>듣기</td><td>다양한 종류의 책, CD 플레이어, 헤드폰, 카세트 레코드와 테이프 등</td></tr>
<tr><td>말하기</td><td>이야기 꾸미기 자료와 융판, 그림카드 막대 인형이나 퍼펫, 인형극 틀, 녹음기 마이크 등</td></tr>
<tr><td>읽기</td><td>종류별 책과 책꽂이, 그림책, 잡지류, 글씨가 적혀 있는 다양한 종류의 카드(예: 친구 이름카드, 글자카드, 모래 글자카드) 등</td></tr>
<tr><td>쓰기</td><td>각종 필기구, 단어카드, 컴퓨터와 프린터, 한글 고무 글자판과 스탬프, 잉크 소형 화이트보드와 마커 펜, 가위, 펀치, 스테이플러 등</td></tr>
</table>

<table>
<tr><th>구분</th><th>내용</th></tr>
<tr><td>구성의 예</td><td>

3세는 친숙한 글자를 모양으로 인식하여 주변의 친숙한 인쇄물에 많은 관심을 보이며, 그림책을 즐겨본다. 따라서 3세에게는 다양한 그림책을 제공해 주는 것이 필요하다. 듣기 활동을 위해 카세트와 테이프, 이어폰을 비치해 주어 동화 듣기나 유아의 목소리를 녹음하여 들어볼 수 있게 한다. 말하기 활동을 위해 융판에 활동주제 관련 자료를 제시해 주어 유아가 이야기를 재구성하고 확장할 수 있도록 하며, 여러 가지 인형 등 다양한 말하기 자료를 제시한다. 읽기 활동을 위해 질적으로 내용이 우수한 그림책을 제공해 주고 읽기에 관심을 나타내지 않는 유아를 위해서는 직접 조작할 수 있는 책, 책장을 넘기면 입체가 되는 책, 헝겊책 등 다양한 종류의 책을 구비하여 흥미를 갖도록 한다. 쓰기 활동을 위해서는 자석 쓰기판, 화이트보드와 마커펜, 필기류와 다양한 재질의 종이 등의 활동자료를 제시해 준다.
4세는 쉬운 단어와 짧은 문장 읽기가 가능해진다. 따라서 짧고 반복되는 단어와 문장이 있는 동시, 동화를 제시해 주어 유아 스스로 글자 읽기에 흥미를 가지도록 한다. 듣기자료는 CD 플레이어와 CD, 카세트테이프, 다양한 책 등으로 구성한다. 말하기 자료에는 이야기 꾸미기 자료와 융판, 이야기 꾸미기 그림카드, 여러 종류의 인형과 인형극 틀, 그림동화, 녹음기, 공테이프, 마이크 등을 제공한다. 쓰기 자료로는 자신과 친구 이름을 코팅, 자석판과 마커펜, 음각 글자판과 종이, 모래 상자 등을 제공한다.
5세는 듣고 말하기 활동에서 나아가 읽고 쓰는 활동이 보다 활발하게 이루어진다. 4세의 언어 영역 자료 외에도 슬라이드, 주제에 따른 화보 모음 책, 잡지류, 사전 등을 제시하며 자신, 또래 친구, 가족들에게 하고 싶은 이야기를 글로 적어 보거나 단어카드를 이용해 문장을 만들어 볼 수 있으며, 활동주제와 관련하여 작은 책 만들기 활동도 가능해지도록 한다.
</td></tr>
<tr><td>유의점</td><td>
• 책이나 자료는 사용한 후 제자리에 정리정돈할 수 있도록 한다.
• 유아가 이야기를 직접 만들거나 소리를 녹음해 보는 기회를 가질 수 있도록 다양한 손인형이나 동화를 준비한다.
• 초기에는 주로 책 보기나 듣기 등의 활동을 계획하고, 점차 읽기나 쓰기를 위한 활동을 구성하는 것이 좋다.
</td></tr>
</table>

구분	내용
	• 읽기나 쓰기 활동을 위해서는 자연조명이 되는 밝은 곳에 배치하도록 하는 것이 좋으며, 조금 더 아늑한 곳에서 듣기나 말하기 활동을 하기 원하는 유아를 위해 적절한 조명을 사용할 수 있도록 한다.

(3) 역할놀이 영역의 환경구성

역할놀이 영역의 구성, 교구와 자료, 구성의 예 및 유의점에 대해 구체적으로 살펴보면 〈표 8-14〉와 같다.

표 8-14. 역할놀이 영역의 환경구성

<table>
<tr><th>구분</th><th colspan="2">내용</th></tr>
<tr><td>구성</td><td colspan="2">역할놀이 영역은 유아가 가족이나 성 역할뿐만 아니라 우리 사회의 다양한 직업이나 사회 구성원의 역할을 상상놀이 및 사회 극놀이 등을 통해 경험하는 영역이다. 유아는 역할놀이를 통해 자기중심적인 사고에서 벗어나 자신과 다른 사람의 생각과 감정을 더 잘 알고 적절하게 상호작용할 수 있으며 주변 사람들이나 공동체에서 함께 살아가는 방법을 익힌다. 따라서 역할놀이 영역은 동적인 영역에 배치하는 것이 좋으며, 진행되고 있는 생활주제와 관련된 소품을 제공하여 활동이 더욱 흥미롭고 풍부하게 이루어지도록 한다.</td></tr>
<tr><td rowspan="3">교구와 자료</td><td>구분</td><td>교구와 자료</td></tr>
<tr><td>기본도구</td><td>거울, 소파, 유아용 탁자, 의자, 옷장 등</td></tr>
<tr><td>소품</td><td>가족놀이 소품(예: 인형류, 주방용품, 일상용품, 의류, 신발류, 열쇠, 우산, 가방, 빗, 넥타이, 머플러 등), 교통기관 놀이 소품(예: 차표, 지도, 여행 소책자, 여행 가방 등), 가게 놀이 소품(예: 모형 과일, 시장바구니, 지갑 등), 병원놀이 소품(예: 의사 가운, 청진기, 바늘을 뺀 주사기, 붕대, 혈압계 등), 기타 주유소 놀이, 은행 놀이, 방송국 놀이, 미용실 놀이, 서점놀이, 목욕탕 놀이 등의 각종 역할놀이 소품 등</td></tr>
</table>

<table>
<tr><th>구분</th><th>내용</th></tr>
<tr><td>구성의 예</td><td> 
3세는 실제와 상상을 구별하기 힘든 시기로 실물 사진과 실물 자료들을 준비하여 역할놀이를 활성화한다. 유아들이 자발적으로 역할놀이에 흥미를 나타낼 때 참여하도록 하고 집이나 병원, 주유소, 목욕탕 등 유아의 일상생활에서 자주 접하는 기관이나 장소를 나타낼 수 있는 소품과 장치를 준비하며 역할놀이를 하는 것으로 시작하여 점차 참여의 수준을 높이도록 한다.
4세는 유아 자신의 노력이 들어간 물건에 대한 애착이 강한 시기로 소품을 유아들이 직접 만들어서 놀이에 활용하도록 한다. 낮은 선반이나 옷장, 싱크대 등을 이용해서 다른 영역과의 경계를 지을 수 있으며, 영역 내에서 유아들이 여러 종류의 옷을 입고 자신의 변화를 관찰할 수 있도록 유아용 전신거울을 설치하도록 한다.
5세는 가정생활을 나타내는 것은 물론, 주제활동의 전개와 유아들 간의 계획에 따라 병원, 미용실, 음식점, 세탁소, 서점 등의 사회극놀이를 통해 다양한 사회구성원의 역할을 해 볼 수 있도록 한다.</td></tr>
<tr><td>유의점</td><td>• 유아가 많이 참여할 수 있도록 충분한 공간을 제공하며, 쌓기놀이 영역과 가깝게 배치함으로써 놀이의 확장이 이루어질 수 있다.
• 모든 자료는 항상 청결하게 관리하고 파손된 자료는 즉시 수선한다.
• 양성평등 교육, 다문화 이해 교육 등이 이루어질 수 있는 장소이므로 관련 소품을 제공하여 자연스러운 놀이로 유도한다.
• 교사의 적절한 참여와 알맞은 소품을 제때 제시함으로써 유아의 적극적인 참여를 돕고 경험을 풍부하게 한다.
• 주도적인 성향이 있는 유아들이 항상 역할놀이를 지배할 수 있으므로 각 역할은 저 나름대로의 중요성과 의미가 있음을 이해하도록 알려주며 자연스럽게 서로 역할을 바꾸어 할 수 있도록 지도한다.</td></tr>
</table>

(4) 수 · 조작 영역의 환경구성

수 · 조작 영역의 구성, 교구와 자료, 구성의 예 및 유의점에 대해 구체적으로 살펴보면 〈표 8-15〉와 같다.

표 8-15. 수 · 조작 영역의 환경구성

<table>
<tr><th>구분</th><th colspan="2">내용</th></tr>
<tr><td>구성</td><td colspan="2">수 · 조작 영역은 일대일 대응, 분류, 비교, 서열 등의 수 활동이나 퍼즐 맞추기나 끼워서 구성하기, 간단한 게임 등 논리적 문제해결, 소근육 조작 등과 관련된 활동을 주로 하는 영역이다. 유아는 수 · 조작 활동을 통해 눈과 손의 협응력과 소근육 발달, 논리 · 수학적 개념 발달, 문제해결력과 집중력을 향상시킬 수 있으며, 문제를 탐색하고 해결해 가는 과정에서 자신감과 자율성을 기를 수 있다. 수 · 조작 영역은 개별적 탐색활동이 많이 이루어지는 곳으로 주의집중이 잘되도록 조용한 곳에 배치하며, 난이도가 다른 다양한 놀잇감을 준비하여 유아의 발달 수준과 흥미에 따른 수 · 조작 활동이 이루어지도록 한다.</td></tr>
<tr><td rowspan="6">교구와 자료</td><td>구분</td><td>교구와 자료</td></tr>
<tr><td>구성활동자료</td><td>레고 블록, 코코 블록, 다목적 블록, 꽃 블록 등</td></tr>
<tr><td>수활동 자료</td><td>일대일 대응, 분류, 비교, 서열, 부분과 전체, 무게나 부피, 길이측정, 공간과 형태 개념에 도움이 되는 교재교구 등</td></tr>
<tr><td>조작활동 자료</td><td>퍼즐, 자물쇠 맞추기, 볼트와 너트 맞추기 등</td></tr>
<tr><td>일상생활 자료</td><td>옮겨 담기, 바느질, 끈 끼우기, 구슬꿰기, 단추끼우기, 지퍼 올리기, 끈 매기 등</td></tr>
<tr><td>게임활동</td><td>기억하기와 색깔 맞추기와 같은 간단한 게임, 로또 게임 등</td></tr>
<tr><td>구성의 예</td><td colspan="2"></td></tr>
</table>

구분	내용
	3세는 수 · 조작 놀이를 위해 의자와 책상에 앉는 것보다 낮은 책상을 활용하는 것이 좋으며 바닥에는 카펫을 깔아준다. 수 활동을 위해 1~10까지 셀 수 있는 구체물(작은 동물모형, 조개류, 솔방울 등), 크기를 비교할 수 있는 놀잇감, 각종 수 세기판, 주사위 윷, 큰 글자의 시계, 달력, 분류자료(조개, 열매, 병뚜껑 등의 구체물) 등을 제시한다. 조작놀이를 위해 5~10조각의 퍼즐류, 일상생활 훈련자료, 작은 구슬을 숟가락으로 옮기기 등을 제시한다. **4세는** 개별놀이와 소집단 놀이를 모두 수용하도록 영역을 구성해 준다. 수 활동을 위해 색깔이나 형태, 크기가 다른 끼우기 블록, 수 막대 등 구체물을 제시하며, 조작활동을 위해 계절과 활동주제를 반영한 퍼즐, 작은 블록류, 끈, 구슬 끼우기, 지퍼 올리기와 단추 끼우기 등의 일상생활 훈련 등 주로 소근육을 사용하는 자료들을 제시한다. 퍼즐, 게임 등의 교구를 제작할 때 아이들의 사진을 이용하여 제작하면 유아들이 더 흥미를 보이며, 10~20조각 정도를 마련한다. **5세는** 책상에서만이 아니라 게임판이나 교구를 바닥에 펼쳐 사용할 수 있도록 바닥에 카펫을 깔고 편안한 자세로 활동할 수 있도록 해야 한다. 5세는 전략적인 수 놀이 게임을 즐기며, 개별적인 탐색을 즐기는 조작활동을 한다. 그러므로 교구와 유아들 간의 상호작용과 전략을 유발하는 그룹게임이나 다양한 게임판을 제시해 주며, 15~30조각 정도의 퍼즐 맞추기, 바느질하기, 실뜨기, 직조 짜기 등 조작 활동을 할 수 있도록 한다.
유의점	• 놀잇감은 유아의 시선을 끌 수 있도록 눈높이에 맞추어 비치하며, 특히 무거운 것은 유아가 안전하게 꺼내 사용할 수 있는 위치에 놓도록 한다. • 다양한 교재 · 교구를 제공함으로써 그래프나 공간, 도형 등과 관련된 대 · 소집단 활동이 자연스럽게 확장될 수 있도록 한다. • 퍼즐의 조각들이 분실되거나 흩어져서 정리되지 않은 상태로 유아에게 제공되지 않도록 하며, 정리정돈이 쉽도록 바구니나 쟁반에 담아 둔다. • 자료들을 보관하는 교구장의 바닥에는 자료의 모양이나 사진을 붙여줌으로써 유아가 스스로 자료를 꺼내고 정리할 수 있도록 해 준다. • 주도적인 성향이 있는 유아들이 항상 역할놀이를 지배할 수 있으므로 각 역할은 저 나름대로의 중요성과 의미가 있음을 이해하도록 알려주며 자연스럽게 서로 역할을 바꾸어 할 수 있도록 지도한다.

(5) 과학 영역의 환경구성

과학 영역의 구성, 교구와 자료, 구성의 예 및 유의점에 대해 구체적으로 살펴보면 〈표 8-16〉과 같다.

표 8-16. 과학 영역의 환경구성

<table>
<tr><th>구분</th><th>내용</th></tr>
<tr><td>구성</td><td>과학 영역은 여러 가지 과학 기자재를 활용하여 생물과 무생물, 물질의 성질, 자연현상 등 유아가 접하는 자연환경을 관찰, 실험, 탐구, 감상하는 활동을 하는 영역이다. 유아는 과학 영역의 활동을 통해 주변의 환경이나 사물, 생명체에 대해 알고 지속적으로 탐색하고, 과학적인 사고를 형성할 수 있도록 돕는 영역이다. 따라서 과학 영역은 곤충이나 작은 동물, 식물을 기를 경우 조용하고 햇볕이 잘 드는 안정된 장소로 물 공급을 쉽게 받을 수 있도록 수도 가까이에 배치한다.</td></tr>
<tr><td>교구와 자료</td><td>
<table>
<tr><th>구분</th><th>교구와 자료</th></tr>
<tr><td>기본 도구</td><td>거울, 자석, 돋보기, 현미경, 프리즘, 전지, 온도계, 습도계, 관찰용지, 필기도구, 자, 저울 등</td></tr>
<tr><td>생명체 관련자료</td><td>식물, 자연물(예: 나뭇잎, 열매, 씨앗, 솔방울, 조개껍데기 등), 동물(예: 거북이, 금붕어, 햄스터, 병아리, 토끼, 개구리 등), 어항, 새장, 개미집, 동식물 관련 책, 표본 등</td></tr>
<tr><td>기계류</td><td>시계(예: 손목시계, 모래시계 등), 라디오, 텔레비전, 컴퓨터 등의 부속품, 열쇠와 자물쇠, 다양한 바퀴, 여러 가지 물체와 물질 등</td></tr>
<tr><td>자연현상 관련 자료</td><td>기후 관련 사진이나 그림, 기상도, 구름 사진이나 그림, 돌, 흙, 달, 별, 해 등의 사진이나 그림 등</td></tr>
</table>
</td></tr>
<tr><td>구성의 예</td><td> </td></tr>
</table>

구분	내용
	3세는 살아 있는 생물 특히 움직이는 동물에 대해 관심이 많다. 따라서 교사는 유아가 좋아하는 동물에 대해 자주 이야기할 기회를 제공하고 작은 곤충에서 큰 동물까지 직접 또는 비디오나 사진, 그림책을 자주 경험할 수 있도록 한다. 유아가 관심을 보이는 동 · 식물에 대해서는 관심을 집중하며 오랫동안 탐색할 수 있도록 동 · 식물을 키울 수 있는 공간을 마련한다. 과학적 탐색을 하면서 자료들을 벽에 부착할 수 있으므로 쉽고 안전하게 붙일 수 있는 작은 게시판을 과학 영역에 붙여둔다. **4세는** 관찰하고 탐색하기 쉽도록 관찰대나 낮은 탁자를 사용할 수도 있다. 자석, 현미경, 확대경, 기계류, 저울, 낙엽, 씨앗, 개미집, 조개껍데기 등을 계절에 맞게 제시해 주어 유아가 자유롭게 탐색해 볼 수 있게 한다. **5세는** 직접 경험이 가능하도록 동 · 식물 기르기, 다양한 수집물 관찰하기, 과학적 도구 사용해 보기, 기계와 부품 탐구하고 조립하기 등의 활동을 할 수 있도록 마련하고 기록용지와 쓰기 도구를 제공한다. 스스로 탐색하고 실험할 수 있도록 그림책, 백과사전, 활동카드, 녹음기 등도 제시한다.
유의점	• 과학 영역의 교재 · 교구는 계절, 생활주제, 유아의 흥미에 기초하여 다양한 자연물이나 실물을 제시한다. • 유아 스스로 관찰 탐색활동이 가능한 자료를 준비해 주고, 또래와 함께 찾아볼 수 있는 과학사전, 그림책, 사진 등을 충분히 비치한다. • 일회성 실험이나 전시보다 유아가 지속적으로 관찰하고 예측하며, 그 결과를 기록해 볼 수 있도록 기록지를 준비해 준다. • 큰 동물을 사육할 경우에는 유아들과 자유롭게 뛰어다닐 수 있는 넓은 공간이나 실내와 실외가 연결되도록 구성한다. • 생물을 기를 경우, 교실에서 충분히 관찰한 후 자연을 소중하게 여기도록 원래 있었던 곳(연못, 공원, 숲 등)으로 보내주는 과정이 필요하다.

(6) 음률 영역의 환경구성

음률 영역의 구성, 교구와 자료, 구성의 예 및 유의점에 대해 구체적으로 살펴보면 〈표 8-17〉과 같다.

표 8-17. 음률 영역의 환경구성

<table>
<tr><th>구분</th><th>내용</th></tr>
<tr><td>구성</td><td>음률 영역은 생활 주변에서 듣는 다양한 소리에 관심을 가지고 탐색하고 음악을 듣고 노래를 부르고 여러 가지 악기를 다루어 보고 음악에 맞추어 자유롭게 몸을 움직이거나 창의적인 신체 표현활동을 경험하는 영역이다. 유아는 음률 영역의 활동을 통해 음악적 아름다움의 요소를 찾아보며, 음악이나 움직임과 춤으로 표현하고, 음악을 감상하는 능력을 키운다. 따라서 음률 영역은 음악에 맞추어 신체를 자유롭게 움직일 수 있는 충분히 넓은 공간이 필요하며, 소음이 많이 나는 영역이므로 다른 영역의 활동에 방해가 되지 않도록 배치하며 바닥에는 카펫을 깔아 안정된 분위기를 조성하며 소음도 줄일 수 있도록 한다.</td></tr>
<tr><td>교구와 자료</td><td>
<table>
<tr><th>구분</th><th>교구와 자료</th></tr>
<tr><td>기본 교구</td><td>녹음기, 헤드폰, 카세트테이프, 다양한 음악 테이프나 CD, 악보, 악기 관련 사진, 각종 연주회나 춤 공연 등의 사진이나 동영상 자료 등</td></tr>
<tr><td>생활 속 악기</td><td>젓가락, 냄비 뚜껑, 깡통, 빨래판, 체, 콩, 부채 등</td></tr>
<tr><td>우리나라 전통악기류</td><td>장구, 소고, 북, 꽹과리, 가야금, 피리 등</td></tr>
<tr><td>외국 악기류</td><td>리듬 악기(예: 탬버린, 캐스터네츠, 트라이앵글, 마라카스 등), 멜로디 악기(예: 실로폰, 멜로디언, 키보드, 피아노 등)</td></tr>
<tr><td>기타</td><td>스카프, 리본, 작은 낙하산 등의 신체표현 도구나 음악 연주회나 춤 공연, 오페라 등에서 공연자가 입는 무대 의상 등</td></tr>
</table>
</td></tr>
<tr><td>구성의 예</td><td> 
3세는 다양한 장르의 음악을 듣고 자유롭게 표현해 보는 활동을 할 수 있도록 하며, 다양한 리듬 악기나 유아나 교사가 만든 악기, 소리를 녹음하여 들을 수 있는 녹음기 등을 비치하여 원할 때는 언제나 활용할 수 있도록 한다.</td></tr>
</table>

구분	내용
	4세는 음악과 함께 몸을 마음대로 움직여 보고 노래를 부르며 여러 가지 악기를 자유롭게 만지고 경험해 보도록 리듬 악기와 유아들이 직접 만든 마라카스와 수술, 기본막대, 우드블록, 핸드벨, 실로폰, 소고 등을 제시한다. 동작활동 자료로 다양한 동작카드, 한삼, 탈, 스카프, 접이부채, 응원 반짝이 수술 등이 있다. **5세는** 음악을 들어보고 만들어 가는 경험을 할 수 있도록 유아 스스로 조작 가능한 CD 플레이어를 제공하며, 그림으로 된 간단한 가사 악보를 벽에 부착하여 간단한 연주를 해 보도록 한다. 음률 영역에 전신거울을 두어 유아가 자기가 표현하는 모습을 볼 수 있도록 하여도 좋다. 음률활동을 위한 자료에는 다양한 동작카드, 한삼, 탈, 스카프, 접이부채, 응원 반짝이 수술 등이 있다.
유의점	• 유아가 스스로 음률활동에 참여할 수 있도록 여러 가지 매개체(악기, 음악테이프, 리본, 의상 등)를 제공하고, 움직이는 모습을 볼 수 있도록 벽에 큰 거울을 준비해 주는 것이 좋다. • 공연관람, 지역인사나 전문가 초대, 비디오 관람 등 다양한 방법으로 움직임과 춤 경험, 음악적 표현 및 감상활동을 하도록 한다. • 유아가 소리를 정확히 변별하는 활동을 할 때는 집중할 수 있도록 주변 소리를 차단하는 장치를 하도록 한다. • 움직임이나 춤과 관련된 활동을 할 때, 신체 접촉을 꺼리는 유아가 있으면 강요하지 않도록 하며, 서로 부딪히거나 다치지 않도록 미리 주의를 준다. • 우리나라 전통악기와 함께 다른 나라의 악기를 다양하게 준비하고, 유아가 쉽게 다룰 수 있는 리듬 악기나 타악기에서 시작하여 점차 멜로디 악기로 확장한다.

(7) 미술 영역의 환경구성

미술 영역의 구성, 교구와 자료, 구성의 예 및 유의점에 대해 구체적으로 살펴보면 〈표 8-18〉과 같다.

표 8-18. 미술 영역의 환경구성

<table>
<tr><th>구분</th><th>내용</th></tr>
<tr><td>구성</td><td>미술 영역은 자연과 사물의 아름다움을 체험하고 그리기, 만들기, 꾸미기, 구성하기 등의 활동을 하며 자신의 느낌이나 생각을 자유롭게 표현하고 미적 아름다움을 감상하는 경험을 하는 영역이다. 유아는 미술 영역 활동을 통해 미술적 아름다움의 요소를 이해하며, 자신의 생각이나 느낌을 표현하면서 성취감을 얻고, 정서적인 긴장감도 해소한다. 따라서 미술 영역은 조용하고 밝은 곳이 좋으며, 물을 사용할 수 있는 공간과 가까이 배치한다.</td></tr>
<tr><td>교구와 자료</td><td>
<table>
<tr><th>구분</th><th>교구와 자료</th></tr>
<tr><td>종이류</td><td>도화지, 색종이, 색지, 골판지, 포장지 등</td></tr>
<tr><td>그리기 도구</td><td>크레파스, 색연필, 볼펜, 물감, 먹물, 붓, 사인펜, 매직, 핑거페인트 등</td></tr>
<tr><td>만들기 도구</td><td>가위, 풀, 테이프, 스테이플러, 펀치, 핑킹, 가위 등</td></tr>
<tr><td>각종 자료</td><td>찰흙, 고무점토, 밀가루 점토, 나뭇가지, 나무젓가락, 빨대, 실, 솜, 스펀지, 수수깡, 자연물(예: 솔방울, 돌, 나뭇잎, 조개껍데기, 깃털 등) 등</td></tr>
<tr><td>여러 가지 재활용품</td><td>상자, 헝겊, 요구르트병, 휴지말이 등</td></tr>
</table>
</td></tr>
<tr><td>구성의 예</td><td>

3세는 미술활동이 능숙치 않으므로 다른 유아의 방해를 받지 않고 마음껏 집중할 수 있는 충분한 공간과 시간을 마련해 주는 것이 필요하다. 소근육 발달이 잘 이루어지지 않아 미술 영역의 놀잇감이나 자료 사용이 미숙하지만 다양한 내용의 미술활동이 이루어질 수 있도록 여러 가지 모양과 색, 질감을 가진 종이류, 다양한 그리기 도구, 점토류를 포함하여 쉽게 이용할 수 있는 기본 미술 영역 자료를 제시한다.
4세는 다양한 매체를 이용하여 자신의 생각과 느낌을 표현하는 작업 활동과 함께 작품전시 및 감상 활동을 할 수 있도록 자료와 공간을 제공한다. 기본적인 미술 자료 이외에도 폐품이나 헝겊, 나뭇잎 등 주변에 있는 사소한 물건들도 작업 활동의 자료가 될 수 있다.
</td></tr>
</table>

구분	내용
	그러므로 미술 영역에는 기본 자료 외에도 유아가 관심을 보이거나 새로운 활동이 전개될 때 적절한 자료를 첨가시켜 줄 수 있다. **5세는** 미술적 표현과 자료의 탐구를 통한 창의적 표현력을 길러줄 수 있도록 풍부하고 다양한 자료를 항상 비치하여 유아가 필요에 따라 손쉽게 꺼내 사용할 수 있도록 한다. 미술활동의 자료는 모양, 크기나 재질 등이 매우 다양하므로 큰 자료와 작은 자료를 유아가 보기 쉽게 잘 분류해 두어야 한다. 자료들은 주제나 시기에 따라 교체하거나 첨가해 준다. 그러나 기본 자료는 가능한 한 필요에 따라 유아들이 쉽게 활용할 수 있는 위치에 보관하는 것이 좋다.
유의점	• 교사는 결과물을 중요하게 여기기보다는 유아의 경험 과정에 동참하면서 세심히 관찰하고 적절한 도움을 주되 유아가 주체적으로 활동할 수 있도록 한다. • 미술 영역에는 다양한 자료를 보관할 수 있는 자료 정리장을 구비하고, 유아가 손쉽게 자료를 꺼내어 활동할 수 있도록 배치한다. 또한 완성된 작품을 말릴 수 있는 설비도 준비한다. • 미술 영역에서 사용하는 물이나 물감 등이 바닥에 떨어질 경우, 유아가 미끄러지는 사고가 발생할 수 있으므로 유의한다. • 책상 위나 바닥에 비닐 등을 깔아 보호하고 쉽게 청소할 수 있도록 한다. • 제공하는 자료가 위생적이고 안전한지 점검한다. • 유아의 작품은 소중히 다루고 게시판이나 복도에 전시공간을 마련하여 자주 전시한다.

2) 실외 환경구성

실외놀이 환경도 실내와 마찬가지로 흥미 영역별로 구성할 때 교육적으로 효과적이다. 유아를 위한 실외 환경구성원리로 유아의 발달에 적합한 환경, 안전한 환경, 다양성을 고려한 환경, 도전성을 고려한 환경, 안락함을 주는 환경이어야 하며, 조용하고 편안한 영역, 대근육 영역, 탐색 영역, 소꿉놀이 영역으로 구성되어야 한다(김혜경 외, 2003). 이렇게 실외놀이 공간을 영역별로 구성하면 유아는 창의적이고 폭넓은 다양한 경험을 할 수 있게 되며 놀이 활동에 자발적으로 참여할 수 있게 된다.

실외공간의 영역 구분은 모래놀이나 미술활동 등 조용한 활동을 위한 공간이 1/3 정도, 그네뛰기, 달리기, 자전거타기 등 활동적인 공간이 2/3 정도 배치하는 것이 바람직하다. 실외놀이 공간구성에 있어 중요한 점은 통로를 분명히 구분해 놓는 일이다. 통로가 분명하게 구분되어 있지 않으면 유아들은 서로 부딪치게 되고 공간이 있어도 마음대로 이동할 수 없기 때문이다(교육부, 2000).

실외놀이 환경을 구성하기 위해 일반적으로 갖추어야 할 놀이시설은 미끄럼틀, 그네, 철봉, 종합놀이기구, 모래놀이 장소 등 고정된 시설 외에 유아의 발달 수준, 흥미, 놀이의 종류에 따라 쉽게 이동하여 구성 · 활용할 수 있는 유동적인 시설을 함께 비치하고 안전성 여부를 항상 점검 · 확인하여야 한다. 실외놀이터의 바닥재료는 시멘트, 모래, 자갈, 흙 등 다양하게 구성되어 있으면 좋으나 오르기 시설물이 있는 바닥은 유아의 안전을 위하여 탄력성 있는 바닥재를 설치하는 것이 적합하다. 실외놀이 흥미영역은 운동놀이 영역, 모래 · 물놀이 영역, 식물과 동물 기르기 및 다양한 탐구 영역, 휴식을 위한 공간과 놀잇감을 보관할 수 있는 영역으로 구성할 수 있다(교육과학기술부, 2012).

(1) 운동놀이 영역

운동놀이 영역에서는 오르기, 매달리기, 구르기, 달리기 등 다양한 운동놀이를 할 수 있기 때문에 대근육 운동 능력을 기르고 기구를 이용하는 방법을 습득할 수 있게 해 준다. 따라서 여러 가지 시설물을 설치하되 시설물의 각각의 용도나 특징, 다른 시설물과의 관계 등을 고려하여 설치하여야 하며, 시설물이 설치되지 않은 빈 공간도 제공하여 유아가 마음껏 뛰어놀거나 간단한 도구(공놀이, 훌라후프 등)를 이용한 놀이와 게임을 할 수 있도록 해야 한다. 활동적인 공간으로 조용한 영역과 떨어지도록 배치해야 하며 그네, 평균대, 뜀틀, 미끄럼틀, 정글짐 등의 기구를 비치해 준다.

(2) 물 · 모래놀이 영역

물과 모래는 특정한 결과물을 요구하지 않기 때문에 유아들에게 실패나 좌절의 감정을 주지 않고 유아들의 내적인 불만이나 긴장 등을 발산하거나 해소시켜 줄 수 있다. 물놀이 영역은 배수가 잘되고 수도가 가까우며 햇볕이 잘 비치는 곳에 위치하고 직사광선을 막을 수 있는 넝쿨 식물, 천막이나 나무 그늘을 활용하며 다양한 보조자료를 함께 제공한다. 또한 물놀이는 모래놀이와 함께 이루어지는 경우가 많으므로 서로 인접하게 배치하면 놀이를 확장할 수 있다. 물놀이 기구, 비닐, 앞치마, 방수가운 등의 물놀이 자료를 제공해 주는 것이 좋다.

모래놀이는 실내에서도 할 수 있지만 실외놀이 공간에서 모래놀이를 하면 제약을 받지 않고 유아 마음대로 놀 수 있는 이점이 있다. 모래는 자신이 원하는 대로 모양을 만들 수 있기 때문에 유아들에게 인기가 많은데 여러 가지 소품을 제공하면 구성놀이와 상상놀이를 촉진시킬 수도 있다. 다양한 크기와 모양의 그릇, 다양한 크기의 통 등의 모래놀이용 기구를 제공해 주면 된다.

(3) 자연탐구 및 관찰 영역

자연탐구 및 관찰 영역은 식물 기르기 영역과 동물 기르기 영역으로 구성할 수 있다. 식물 기르기 영역은 햇빛이 잘 들고 물을 사용하기 좋은 곳에 배치하며 계절에 따라 유아가 직접 씨를 뿌리고 재배하는 수확 과정을 통해 식물의 성장과 변화를 관찰하고 이해하도록 한다. 사계절 내내 꽃과 열매를 관찰할 수 있도록 작은 꽃, 풀과 나무 등으로 조화롭게 조성한다. 동물 기르기 영역은 햇빛이 잘 들고 바람이 잘 통하며 배수가 잘 되는 장소에 배치하며 물과 사료 공급이 쉬운 곳에 설치하여 유아가 직접 먹이를 주고 관찰하도록 하는 것이 좋다. 동 · 식물의 성장 과정을 관찰하고 사랑할 수 있으며 자연학습을 할 수 있으므로 관리가 까다롭지 않은 동 · 식물을 키우는 것이 효과적이다.

(4) 작업 영역

작업 영역은 실외에서 접할 수 있는 다양한 환경의 특성을 통해 다양한 주제와 활동으로 놀이를 확장해 가므로 그림 그리기, 큰 블록 쌓기, 목공놀이, 점토놀이 등이 이루어진다. 미술 영역은 유아들이 서로 작업할 수 있는 테이블을 준비해 주고 종이, 크레용, 가위, 풀 등의 미술 재료들을 제공해 주어 미술을 통한 자기표현을 확장시켜 줄 수 있다. 실외놀이터 울타리에 커다란 종이를 고정시켜서 유아들이 그림을 그리거나 물감을 칠할 수도 있고 포스트 컬러를 분무기에 넣어서 뿌려 보는 활동도 할 수 있다. 목공놀이는 소음이 많이 생길 뿐만 아니라 주변이 지저분해지기 쉬우므로 다른 놀이 영역과 떨어진 장소에 배치하는 것이 좋다. 특히 유아의 안전을 위해 통행이 빈번하지 않은 장소가 적절하며 날씨에 상관없이 목공놀이를 할 수 있도록 천막을 치거나 지붕을 만들어 주는 것이 좋다.

(5) 역할놀이 영역

상상놀이는 유아기에 많이 나타나므로 실외에 여러 가지 소품들, 즉 놀이집이나 텐트 등을 설치하여 극화놀이가 확장될 수 있도록 하며 동기를 부여하는 소품들을 여러 장소에 제공해 줄 수 있다. 교실의 역할놀이 영역에서 사용되는 소품들을 밖으로 가지고 나와서 실외극놀이에 사용한다. 그늘진 곳에 물 · 모래놀이 영역과 인접하여 배치하면 다양한 놀이를 할 수 있다. 역할놀이는 자신감을 향상시키고 즐거운 활동에 참여하면서 다양한 개념들을 형성하도록 돕기 때문에 특수아이들에게 매우 좋은 활동이다.

(6) 정적 혹은 휴식 영역

유아가 동적 활동을 한 후, 책 보기, 조작놀이, 휴식 취하기를 하면서 긴장을 풀도록 하기 위해 그늘지고 구석진 곳에 다른 활동으로부터 방해를 받지 않도록 배치한다. 즉, 정적 놀이 공간은 다양한 종류의 나무 그늘이나 정자, 지붕이 있는 테라스에 설치하거나 텐트나 비치 파라솔 등을 활용하여 그늘을 마련해 준다. 또한 유아가 많이 왕래하지 않는 조용한 장소에 배치하거나 건물에 연결된 베란다에 설치할 수 있다. 교사는 이 영역에서 실내활동을 연장하고 확장할 수 있도록 다양한 활동을 계획하여 공간을 다양하고 융통성 있게 운영할 수 있다. 의자, 벤치, 돗자리, 책, 조작 놀잇감, 음악 CD, 이어폰 등을 비치해 준다.

PART

4

보육과정의 실제

Chapter

09

어린이집 표준보육과정의 이해

배울내용

1. 2020 개정 표준보육과정의 배경 및 특성
2. 표준보육과정의 구성방향
3. 표준보육과정의 운영

학습목표

1. 2020 개정 표준보육과정의 배경 및 특성을 안다.
2. 표준보육과정의 구성방향을 이해한다.
3. 표준보육과정의 편성 및 운영에 대해 숙지한다.

1. 2020 개정 표준보육과정의 배경 및 특성

1) 표준보육과정의 연혁

어린이집에서 운영하는 보육과정은 국가 수준의 보육목표와 영유아의 발달과 개인차를 고려하여 이들이 경험하게 될 보편적인 보육내용을 제시하고 있다(보건복지부, 2013). 보육과정의 목적은 영유아의 전인적인 성장과 발달을 돕고 민주시민으로서의 자질을 길러 영유아가 심신이 건강하고 조화로운 사회 구성원으로 자랄 수 있도록 하는 데 있다(「영유아보육법」, 2020).

우리나라는 1991년 「영유아보육법」이 제정되어 보육의 법적 토대를 구축하였고, 2004년에 개정된 「영유아보육법」 제29조에 의거하여 표준보육과정 개발 및 보급을 위한 법적 근거를 마련하게 되면서, 2007년부터 2세 미만 보육과정, 2세 보육과정, 3~5세 보육과정이 개발되어 보육현장에 적용되어 왔다. 그리고 2011년 5세 누리과정이 제정되면서, 2012년 0~4세 영유아를 대상으로 한 「제2차 표준보육과정」을 개발하여 적용하였으며, 2012년 「5세 누리과정」이 개정됨에 따라 2013년 1월에 「3~5세 누리과정」을 포함하여 「제3차 어린이집 표준보육과정」을 고시하여 적용되어 왔다.

2019년 「2019 개정 누리과정」이 개정되면서 누리과정 개정 방향 및 내용을 고려하여 2020년 「제4차 어린이집 표준보육과정」(0~2세)을 개정하게 되었다.

2) 누리과정의 연혁

누리과정은 2011년 정부가 취학 전 아동의 교육과 보육에 대한 국가 책임을 강화하고자 도입한 비용지원 제도인 동시에 어린이집과 유치원의 3~5세 유아에게 적용되는 교육과정이며, 보육과정으로 2013년 3월부터 어린이집의 3~5세 보육과정과 유치원 교육과정으로 기능해 왔다.

누리과정은 생애 초기에 공정한 출발을 보장하고, 3~5세 유아교육과 보육의 질을 한 단계 향상시켰으며, 학부모의 학비 부담 경감 등의 성과가 있었던 것으로 평가된다. 그러나 누리과정이 어린이집과 유치원에서 실행되면서 누리과정은 교육과정으로서의 체제를 갖추지 못했으며, 연령별로 교육내용을 제시하다보니 내용이 너무 많아 현장에서 실행하기에 부담을 가지게 되었고, 무엇보다 현장의 다양성과 자율성에 제약을 받는다는 문제점이 지적되어 왔다. 이런 문제점들을 보완하기 위해서 교육부는 2019년 7월에 「2019 개정 누리과정」을 고시하여 현장에서 적용되고 있다.

3) 제4차 어린이집 표준보육과정 개정 배경

(1) 「2019 개정 누리과정」: 1단계 개정

「2019 개정 누리과정」의 개정 근거가 된 배경은 '교실혁명을 통한 유아중심의 교육문화 조성' 과제 중 '유아가 중심이 되는 교육패러다임의 전환'이다. 따라서 「2019 개정 누리과정」은 국정의 방향을 충실히 반영하여 유아 중심, 놀이 중심, 교사의 자율성 강화를 기본방향으로 하여 개정되었다.

(2) 「제4차 어린이집 표준보육과정」(0~2세) 개정: 2단계 개정

2019년 말 현재, 어린이집에 다니는 0~5세 대상 보육과정 중 3~5세를 위한 보육과정(누리과정)은 이미 개정되었고, 0~2세는 어린이집에만 해당되므로 보건복지부 주관으로 0~5세 영유아의 연속적 경험과 연령 간 발달적 연계를 위해 누리과정 개정 방향 및 내용을 고려하여 「제3차 어린이집 표준보육과정」 중 0~1세 및 2세 보육과정의 개정이 요구되었다.

이러한 맥락에서 2020년 「제4차 어린이집 표준보육과정」(0~2세)을 개정하게 되었으며, 「제4차 어린이집 표준보육과정」 개정의 특성은 〈표 9-1〉과 같다.

표 9-1. 「제4차 어린이집 표준보육과정」 개정의 특성

- 총론은 누리과정 개정 방향과 취지를 수용하되, 보육의 정체성 유지, 영유아보육의 특성반영
- 영역별 내용은 제3차 어린이집 표준보육과정을 토대로 영아보육의 특성 반영
- 기존의 연령 체계 유지: 0~1세 보육과정, 2세 보육과정
- 구성체계 조정: 영역, 내용범주, 내용 유지, 0~1세 4수준, 2세 2수준 세부내용 통합
- 기존의 6개 영역 유지 및 내용 간략화
- 영유아 중심, 놀이 중심 추구
- 영유아의 개별 기본권 보장 강조

「제4차 어린이집 표준보육과정」 개정의 특성은 누리과정 개정 방향을 고려하면서도 0~1세 보육과 2세 보육의 정체성 및 특성을 반영하고, 영유아의 개별 기본권을 보장하고, 영유아 중심과 놀이 중심으로 6개 영역을 통해 영유아의 건강한 발달을 도모하고자 하였다.

어린이집 표준보육과정은 0~5세 영유아를 위한 국가 수준의 보육과정이며 0~1세 보육과정, 2세 보육과정, 3~5세 보육과정(누리과정)으로 구성되어 있다. 표준보육과정의 성격을 구체적으로 살펴보면 〈표 9-2〉와 같다.

표 9-2. 표준보육과정의 성격

제4차 어린이집 표준보육과정(2020)	누리과정(2019)
어린이집 표준보육과정(이하, '표준보육과정'이라 함)은 0~5세 영유아를 위한 국가 수준의 보육과정이며 0~1세 보육과정, 2세 보육과정, 3~5세 보육과정(누리과정)으로 구성한다.	누리과정은 3~5세 유아를 위한 국가 수준의 공통 교육과정이다.

제4차 어린이집 표준보육과정(2020)	누리과정(2019)
가. 국가 수준의 공통성과 지역, 기관 및 개인 수준의 다양성을 동시에 추구한다. 나. 영유아의 전인적 발달과 행복을 추구한다. 다. 영유아 중심과 놀이 중심을 추구한다. 라. 영유아의 자율성과 창의성 신장을 추구한다. 마. 영유아, 교사, 원장, 부모 및 지역사회가 함께 실현해가는 것을 추구한다.	가. 국가 수준의 공통성과 지역, 기관 및 개인 수준의 다양성을 동시에 추구한다. 나. 유아의 전인적 발달과 행복을 추구한다. 다. 유아 중심과 놀이 중심을 추구한다. 라. 유아의 자율성과 창의성 신장을 추구한다. 마. 유아, 교사, 원장(감), 학부모 및 지역사회가 함께 실현해가는 것을 추구한다.

2. 표준보육과정의 구성방향

1) 추구하는 인간상

우리나라의 「교육기본법」 제2조[1] 교육이념과 「영유아보육법」 제3조[2] 보육이념을 바탕으로 표준보육과정이 추구하는 인간상은 〈표 9-3〉, 〈그림 9-1〉과 같다. 구체적으로 표준보육과정에서 추구하는 인간상은 '건강한 사람, 자주적인 사람, 창의적인 사람, 감성이 풍부한 사람 및 더불어 사는 사람'이다.

1) 「교육기본법」 제2조(교육이념)
교육은 홍익인간(弘益人間)의 이념 아래 모든 국민으로 하여금 인격을 도야(陶冶)하고 자주적 생활능력과 민주시민으로서 필요한 자질을 갖추게 함으로써 인간다운 삶을 영위하게 하고 민주국가의 발전과 인류공영(人類共榮)의 이상을 실현하는 데에 이바지하게 함을 목적으로 한다.

2) 「영유아보육법」 제3조(보육이념)
① 보육은 영유아의 이익을 최우선적으로 고려하여 제공되어야 한다.
② 보육은 영유아가 안전하고 쾌적한 환경에서 건강하게 성장할 수 있도록 하여야 한다.
③ 영유아는 자신이나 보호자의 성, 연령, 종교, 사회적 신분, 재산, 장애, 인종 및 출생지역 등에 따른 어떠한 종류의 차별도 받지 아니하고 보육되어야 한다.

표 9-3. **표준보육과정의 인간상**

제4차 어린이집 표준보육과정(2020)	누리과정(2019)
표준보육과정이 추구하는 인간상은 다음과 같다. 가. 건강한 사람 나. 자주적인 사람 다. 창의적인 사람 라. 감성이 풍부한 사람 마. 더불어 사는 사람	누리과정이 추구하는 인간상은 다음과 같다. 가. 건강한 사람 나. 자주적인 사람 다. 창의적인 사람 라. 감성이 풍부한 사람 마. 더불어 사는 사람

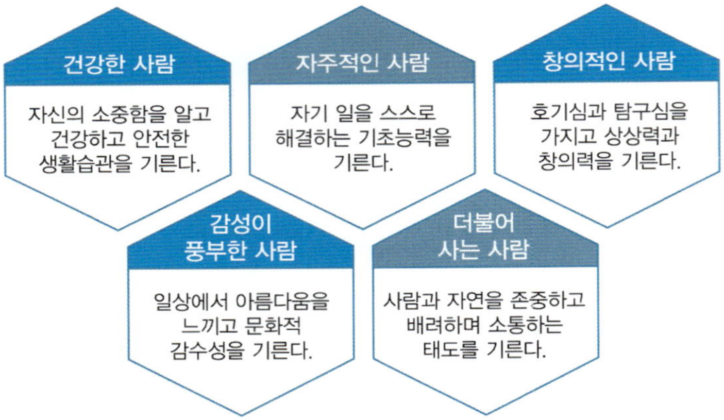

그림 9-1. **추구하는 인간상**

2) 표준보육과정의 목적과 목표

표준보육과정의 목적은 영유아가 놀이를 통해 심신의 건강과 조화로운 발달을 이루고 바른 인성과 민주 시민의 기초를 형성하는 데에 있다. 이를 실현하기 위한 목표로는 0~2세 보육과정 목표, 3~5세 보육과정 목표로 구분하여 제시하고 있는데, 구체적인 목적과 목표는 〈표 9-4〉와 같다.

표 9-4. 표준보육과정의 목적과 목표

제4차 어린이집 표준보육과정(2020)	누리과정(2019)
표준보육과정의 목적은 영유아가 놀이를 통해 심신의 건강과 조화로운 발달을 이루고 바른 인성과 민주 시민의 기초를 형성하는 데에 있다. 이를 실현하기 위한 목표는 다음과 같다. **[0~2세 보육과정 목표]** 가. 자신의 소중함을 알고 건강하고 안전한 환경에서 즐겁게 생활한다. 나. 자신의 일을 스스로 하고자 한다. 다. 호기심을 가지고 탐색하며 상상력을 기른다. 라. 일상에서 아름다움에 관심을 가지고 감성을 기른다. 마. 사람과 자연을 존중하고 소통하는 데 관심을 가진다. **[3~5세 보육과정 목표]** 가. 자신의 소중함을 알고, 건강하고 안전한 생활 습관을 기른다. 나. 자신의 일을 스스로 해결하는 기초능력을 기른다. 다. 호기심과 탐구심을 가지고 상상력과 창의력을 기른다. 라. 일상에서 아름다움을 느끼고 문화적 감수성을 기른다. 마. 사람과 자연을 존중하고 배려하며 소통하는 태도를 기른다.	누리과정의 목적은 유아가 놀이를 통해 심신의 건강과 조화로운 발달을 이루고 바른 인성과 민주 시민의 기초를 형성하는 데에 있다. 이를 실현하기 위한 목표는 다음과 같다. 가. 자신의 소중함을 알고, 건강하고 안전한 생활 습관을 기른다. 나. 자신의 일을 스스로 해결하는 기초능력을 기른다. 다. 호기심과 탐구심을 가지고 상상력과 창의력을 기른다. 라. 일상에서 아름다움을 느끼고 문화적 감수성을 기른다. 마. 사람과 자연을 존중하고 배려하며 소통하는 태도를 기른다.

3) 표준보육과정 구성의 중점

표준보육과정 구성은 0~5세의 모든 영유아는 개별적인 특성을 지닌 고유한 존재로서 존중받아야 한다는 전제하에, 0~2세는 6개의 영역, 3~5세는 5개의 영역으로 지식, 기능, 태도 및 가치를 반영하여 구성함으로써 표준보육과정에서 추구하는 인간상을 구현하고자 하였으며, 초등학교 교육과정과의 연계성을 고려하여 구성되었다. 구체적인 표준보육과정 구성의 중점은 〈표 9-5〉와 같다.

표 9-5. 표준보육과정 구성의 중점

제4차 어린이집 표준보육과정(2020)	누리과정(2019)
표준보육과정 구성의 중점은 다음과 같다. 가. 영유아는 개별적인 특성을 지닌 고유한 존재임을 전제로 구성한다. 나. 0~5세 모든 영유아에게 적용할 수 있도록 구성한다. 다. 추구하는 인간상 구현을 위한 지식, 기능, 태도 및 가치를 반영하여 구성한다. 라. 표준 보육과정은 다음의 영역을 중심으로 구성한다. 1) 0~1세 보육과정과 2세 보육과정은 기본생활, 신체운동, 의사소통, 사회관계, 예술경험, 자연탐구의 6개 영역을 중심으로 구성한다. 2) 3~5세 누리과정은 신체운동 · 건강, 의사소통, 사회관계, 예술경험, 자연탐구의 5개 영역을 중심으로 구성한다. 마. 0~5세 영유아가 경험해야 할 내용으로 구성한다. 바. 초등학교 교육과정과의 연계성을 고려하여 구성한다.	누리과정 구성의 중점은 다음과 같다. 가. 3~5세 모든 유아에게 적용할 수 있도록 구성한다. 나. 추구하는 인간상 구현을 위한 지식, 기능, 태도 및 가치를 반영하여 구성한다. 다. 신체운동 · 건강, 의사소통, 사회관계, 예술경험, 자연탐구의 5개 영역을 중심으로 구성한다. 라. 3~5세 유아가 경험해야 할 내용으로 구성한다. 마. 0~2세 보육과정 및 초등학교 교육과정과의 연계성을 고려하여 구성한다.

3. 표준보육과정의 운영

1) 표준보육과정의 편성 · 운영

표준보육과정의 편성 · 운영은 어린이집 운영시간에 맞추어, 각 기관의 실정과 영유아의 발달 정도를 고려하여 계획을 세우고, 하루일과에서 바깥 놀이를 포함하여 영유아의 놀이가 충분히 이루어지도록 운영해야 한다는 것을 강조한다. 또한 성, 신체적 특성, 장애, 종교, 가족 및 문화적 배경으로 인한 차별이 없어야 하며, 가정과 지역사회의 협력과 참여를 유도하여야 하며, 교사 연수를 통해 표준보육과정의 운영이 개선되도록 노력해야 한다. 구체적인 표준보육과정의 편성 · 운영은 〈표 9-6〉과 같다.

표 9-6. 표준보육과정의 편성 · 운영

제4차 어린이집 표준보육과정(2020)	누리과정(2019)
다음의 사항에 따라 표준보육과정을 편성 · 운영한다.	다음의 사항에 따라 누리과정을 편성 · 운영한다.
	가. 1일 4~5시간을 기준으로 편성한다.
가. 어린이집의 운영시간에 맞추어 편성한다.	나. 일과 운영에 따라 확장하여 편성할 수 있다.
나. 표준보육과정을 바탕으로 각 기관의 실정에 적합한 계획을 수립하여 운영한다.	다. 누리과정을 바탕으로 각 기관의 실정에 적합한 계획을 수립하여 운영한다.
다. 하루일과에서 바깥 놀이를 포함하여 영유아의 놀이가 충분히 이루어지도록 편성하여 운영한다.	라. 하루일과에서 바깥 놀이를 포함하여 유아의 놀이가 충분히 이루어지도록 편성하여 운영한다.
라. 성, 신체적 특성, 장애, 종교, 가족 및 문화적 배경 등에 따른 차별이 없도록 편성하여 운영한다.	마. 성, 신체적 특성, 장애, 종교, 가족 및 문화적 배경 등으로 인한 차별이 없도록 편성하여 운영한다.
마. 영유아의 발달과 장애 정도에 따라 조정하여 운영한다.	바. 유아의 발달과 장애 정도에 따라 조정하여 운영한다.
바. 가정과 지역사회와의 협력과 참여에 기반하여 운영한다.	사. 가정과 지역사회와의 협력과 참여에 기반하여 운영한다.
사. 교사 연수를 통해 표준보육과정의 운영을 개선할 수 있도록 한다.	아. 교사 연수를 통해 누리과정의 운영이 개선되도록 한다.

2) 표준보육과정의 교수 · 학습

표준보육과정의 교수 · 학습에서는 영유아의 개별 특성을 고려하여 놀이 중심으로 자유롭게 즐기도록 실내 · 외 환경을 구성하고, 영유아의 의사표현을 존중하고, 민감하게 반응하고, 영유아와 영유아, 영유아와 교사, 영유아와 환경 간에 능동적인 상호작용이 이루어지도록 해야 한다. 또한 각 영역의 내용이 통합적으로 영유아의 경험과 연계되도록 해야 하며, 개별 영유아의 요구에 따라 휴식과 일상생활이 원활히 이루어지도록 해야 한다. 구체적인 표준보육과정의 교수 · 학습의 내용은 〈표 9-7〉과 같다.

표 9-7. 표준보육과정의 교수 · 학습

제4차 어린이집 표준보육과정(2020)	누리과정(2019)
교사는 다음 사항에 따라 영유아를 지원한다. 가. 영유아의 의사표현을 존중하고 민감하게 반응한다. 나. 영유아가 흥미와 관심에 따라 놀이에 자유롭게 참여하고 즐기도록 한다. 다. 영유아가 놀이를 통해 배우도록 한다. 라. 영유아가 다양한 놀이와 활동을 경험할 수 있도록 실내 · 외 환경을 구성한다. 마. 영유아와 영유아, 영유아와 교사, 영유아와 환경 사이에 능동적인 상호작용이 이루어지도록 한다. 바. 각 영역의 내용이 통합적으로 영유아의 경험과 연계되도록 한다. 사. 개별 영유아의 요구에 따라 휴식과 일상생활이 원활히 이루어지도록 한다. 아. 영유아의 연령, 발달, 장애, 배경 등을 고려하여 개별 특성에 적합한 방식으로 배우도록 한다.	교사는 다음 사항에 따라 유아를 지원한다. 가. 유아가 흥미와 관심에 따라 놀이에 자유롭게 참여하고 즐기도록 한다. 나. 유아가 놀이를 통해 배우도록 한다. 다. 유아가 다양한 놀이와 활동을 경험할 수 있도록 실내 · 외 환경을 구성한다. 라. 유아와 유아, 유아와 교사, 유아와 환경 간에 능동적인 상호작용이 이루어지도록 한다. 마. 5개 영역의 내용이 통합적으로 유아의 경험과 연계되도록 한다. 바. 개별 유아의 요구에 따라 휴식과 일상생활이 원활히 이루어지도록 한다. 사. 유아의 연령, 발달, 장애, 배경 등을 고려하여 개별 특성에 적합한 방식으로 배우도록 한다.

3) 표준보육과정의 평가

표준보육과정의 평가는 평가의 목적에 따라 적합한 방법을 사용하여 영유아의 특성과 변화 정도 및 표준보육과정의 운영을 평가하게 된다. 평가의 목적은 표준보육과정 운영의 질을 진단하고 개선하기 위해서이며, 평가결과의 활용은 영유아에 대해 이해하고 표준보육과정 운영 개선을 위한 자료로 활용하게 된다. 구체적인 표준보육과정의 평가내용은 〈표 9-8〉과 같다.

표 9-8. 표준보육과정의 평가

제4차 어린이집 표준보육과정(2020)	누리과정(2019)
평가는 다음 사항에 중점을 두고 실시한다. 가. 표준보육과정 운영의 질을 진단하고 개선하기 위해 평가를 계획하고 실시한다. 나. 영유아의 특성 및 변화 정도와 표준보육과정의 운영을 평가한다. 다. 평가의 목적에 따라 적합한 방법을 사용하여 평가한다. 라. 평가의 결과는 영유아에 대한 이해와 표준보육과정 운영 개선을 위한 자료로 활용할 수 있다.	평가는 다음 사항에 중점을 두고 실시한다. 가. 누리과정 운영의 질을 진단하고 개선하기 위해 평가를 계획하고 실시한다. 나. 유아의 특성 및 변화 정도와 누리과정의 운영을 평가한다. 다. 평가의 목적에 따라 적합한 방법을 사용하여 평가한다. 라. 평가의 결과는 유아에 대한 이해와 누리과정 운영 개선을 위한 자료로 활용할 수 있다.

Chapter

10

어린이집 표준보육과정의 영역별 내용범주와 내용

배울내용

1. 0~1세 표준보육과정의 영역별 목표 및 내용
2. 2세 표준보육과정의 영역별 목표 및 내용
3. 3~5세 누리과정의 영역별 목표 및 내용

학습목표

1. 0~1세 표준보육과정의 영역별 목표 및 내용을 숙지한다.
2. 2세 표준보육과정의 영역별 목표 및 내용을 숙지한다.
3. 3~5세 누리과정의 영역별 목표 및 내용을 숙지한다.

영유아를 위한 국가 수준의 보육과 교육과정은 표준보육과정과 누리과정으로 구분할 수 있다. 먼저 국가 수준 표준보육과정은 0~2세 영유아들에게 제공하는 보편적이고 공통적인 보육의 목표와 내용을 제시한 것으로 0~1세 보육과정, 2세 보육과정으로 구성된다. 2020년에 개정된 국가 수준의 어린이집 표준보육과정은 영유아의 전인적 발달과 우리 문화에 적합한 내용을 일관성 있고 연계적으로 실천하며, 궁극적으로 사회에서 추구하는 인간상을 구현하고, 전국 어린이집의 질적 수준을 높이는 데 기여하는 것을 목적으로 한다. 표준보육과정의 0~1세와 2세 보육과정은 기본생활, 신체운동, 의사소통, 사회관계, 예술경험 및 자연탐구의 6개 영역을 중심으로 구성되어 있다.

그리고 2019년도에 개정된 국가 수준 누리과정은 3~5세 유아를 대상으로 적용되는 공통 교육과정으로의 성격이 명확해졌으며, 또한 유아교육현장의 자율성을 기반으로 창의성 · 감성 · 사회성 향상에 초점을 맞추고 있다. 누리과정은 신체운동 · 건강, 의사소통, 사회관계, 예술경험 및 자연탐구 5개 영역으로 구성되어 있다. 표준보육과정과 누리과정에서 제시하고 있는 영역별 목표 및 내용을 구체적으로 살펴보면 다음과 같다.

1. 0~1세 표준보육과정의 영역별 목표 및 내용

국가 수준 표준보육과정의 0~1세 영역별 목표 및 내용은 기본생활, 신체운동, 의사소통, 사회관계, 예술경험 및 자연탐구의 6개 영역을 중심으로 구성되어 있다.

1) 기본생활

(1) 목표

0~1세 영아를 위한 표준보육과정의 기본생활 목표는 '건강하고 안전한 일상생활을 경험한다'이다. 이를 달성하기 위한 구체적인 하위 목표는 <표 10-1>과 같다.

표 10-1. 0~1세 표준보육과정 기본생활의 하위 목표

• 건강한 일상생활을 경험한다. • 안전한 일상생활을 경험한다.

(2) 내용

0~1세 영아를 위한 표준보육과정 기본생활의 내용범주는 '건강하게 생활하기'와 '안전하게 생활하기'의 두 가지 범주로 구성되어 있으며, '건강하게 생활하기'에는 '도움을 받아 몸을 깨끗이 한다', '음식을 즐겁게 먹는다', '하루일과를 편안하게 경험한다', '배변의사를 표현한다'로, '안전하게 생활하기'에는 '안전한 상황에서 놀이하고 생활한다', '안전한 상황에서 교통수단을 이용해 본다', '위험하다는 말에 주의한다'로 구성되어 있다. 0~1세 영아를 위한 표준보육과정의 기본생활 내용범주와 구체적인 내용은 <표 10-2>와 같다.

표 10-2. 0~1세 표준보육과정 기본생활 내용범주와 내용

내용범주	내용
건강하게 생활하기	• 도움을 받아 몸을 깨끗이 한다. • 음식을 즐겁게 먹는다. • 하루일과를 편안하게 경험한다. • 배변의사를 표현한다.
안전하게 생활하기	• 안전한 상황에서 놀이하고 생활한다. • 안전한 상황에서 교통수단을 이용해 본다. • 위험하다는 말에 주의한다.

2) 신체운동

(1) 목표

0~1세 영아를 위한 표준보육과정의 신체운동 목표는 '감각으로 탐색하고 신체활동을 즐긴다'이다. 이를 달성하기 위한 구체적인 하위 목표는 〈표 10-3〉과 같다.

표 10-3. 0~1세 표준보육과정 신체운동의 하위 목표

• 감각 탐색을 즐긴다. • 신체활동을 즐겁게 경험한다.

(2) 내용

0~1세 영아를 위한 표준보육과정 신체운동 내용범주는 '감각과 신체 인식하기'와 '신체활동 즐기기'의 두 가지 범주로 구성되어 있으며, '감각과 신체 인식하기'에는 '감각적 자극에 반응한다', '감각으로 주변을 탐색한다', '신체를 탐색한다'로, '신체활동

즐기기'에는 '대 · 소근육을 조절한다', '기본운동을 시도한다', '실내 · 외 신체활동을 즐긴다'로 구성되어 있다. 0~1세 영아를 위한 표준보육과정 신체운동의 내용범주와 구체적인 내용은 〈표 10-4〉와 같다.

표 10-4. 0~1세 표준보육과정 신체운동의 내용범주와 내용

내용범주	내용
감각과 신체 인식하기	• 감각적 자극에 반응한다. • 감각으로 주변을 탐색한다. • 신체를 탐색한다.
신체활동 즐기기	• 대 · 소근육을 조절한다. • 기본운동을 시도한다. • 실내 · 외 신체활동을 즐긴다.

3) 의사소통

(1) 목표

0~1세 영아를 위한 표준보육과정 의사소통의 목표는 '의사소통능력의 기초를 형성한다'이다. 이를 달성하기 위한 구체적인 하위 목표는 〈표 10-5〉와 같다.

표 10-5. 0~1세 표준보육과정 의사소통의 하위 목표

• 일상생활에서 듣고 말하기를 즐긴다. • 읽기와 쓰기에 관련된 관심을 가진다. • 책과 이야기에 관심을 가진다.

(2) 내용

0~1세 영아를 위한 표준보육과정 의사소통의 내용범주는 '듣기와 말하기', '읽기와 쓰기에 관심 가지기' 및 '책과 이야기 즐기기'의 세 가지 범주로 구성되어 있으며, '듣기와 말하기'에는 '표정, 몸짓, 말과 주변의 소리에 관심을 갖고 듣는다', '상대방의 이야기를 들으면서 말소리를 낸다', '표정, 몸짓, 말소리로 의사를 표현한다'로, '읽기와 쓰기에 관심 가지기'에는 '주변의 그림과 상징에 관심을 가진다', '끼적이기에 관심을 가진다'로, '책과 이야기 즐기기'에는 '책에 관심을 가진다', '이야기에 관심을 가진다'로 구성되어 있다. 0~1세 영아를 위한 표준보육과정 의사소통의 내용범주와 구체적인 내용은 〈표 10-6〉과 같다.

표 10-6. 0~1세 표준보육과정 의사소통의 내용범주와 내용

내용범주	내용
듣기와 말하기	• 표정, 몸짓, 말과 주변의 소리에 관심을 갖고 듣는다. • 상대방의 이야기를 들으면서 말소리를 낸다. • 표정, 몸짓, 말소리로 의사를 표현한다.
읽기와 쓰기에 관심 가지기	• 주변의 그림과 상징에 관심을 가진다. • 끼적이기에 관심을 가진다.
책과 이야기 즐기기	• 책에 관심을 가진다. • 이야기에 관심을 가진다.

4) 사회관계

(1) 목표

0~1세 영아를 위한 표준보육과정 사회관계의 목표는 '나를 인식하고 친숙한 사람과

관계를 맺는다'이다. 이를 달성하기 위한 구체적인 하위 목표는 〈표 10-7〉과 같다.

표 10-7. 0~1세 표준보육과정 사회관계의 하위 목표

• 나를 고유한 존재로 안다. • 안정적인 애착을 형성하고 또래, 교사와 함께 지낸다.

(2) 내용

0~1세 영아를 위한 표준보육과정 사회관계의 내용범주는 '나를 알고 존중하기'와 '더불어 생활하기'의 두 가지 범주로 구성되어 있으며, '나를 알고 존중하기'에는 '나를 인식한다', '나의 욕구와 감정을 나타낸다', '나와 친숙한 것을 안다'로, '더불어 생활하기'에는 '안정적인 애착을 형성한다', '또래에게 관심을 가진다', '다른 사람의 감정과 행동에 관심을 가진다', '반에서 편안하게 지낸다'로 구성되어 있다. 0~1세 영아를 위한 표준보육과정 사회관계의 내용범주와 구체적인 내용은 〈표 10-8〉과 같다.

표 10-8. 0~1세 표준보육과정 사회관계의 내용범주와 내용

내용범주	내용
나를 알고 존중하기	• 나를 인식한다. • 나의 욕구와 감정을 나타낸다. • 나와 친숙한 것을 안다.
더불어 생활하기	• 안정적인 애착을 형성한다. • 또래에게 관심을 가진다. • 다른 사람의 감정과 행동에 관심을 가진다. • 반에서 편안하게 지낸다.

5) 예술경험

(1) 목표

0~1세 영아를 위한 표준보육과정 예술경험의 목표는 '아름다움을 느끼고 경험한다'이다. 이를 달성하기 위한 구체적인 하위 목표는 〈표 10-9〉와 같다.

표 10-9. 0~1세 표준보육과정 예술경험의 하위 목표

- 자연과 생활에서 아름다움에 관심을 가진다.
- 예술적 경험을 표현한다.

(2) 내용

0~1세 영아를 위한 표준보육과정 예술경험의 내용범주는 '아름다움을 찾아보기'와 '창의적으로 표현하기'의 두 가지 범주로 구성되어 있으며, '아름다움을 찾아보기'에는 '자연과 생활에서 아름다움을 느낀다', '아름다움에 관심을 가진다'로, '창의적으로 표현하기'에는 '소리와 리듬, 노래로 표현한다', '감각을 통해 미술을 경험한다', '모방행동을 즐긴다'로 구성되어 있다. 0~1세 영아를 위한 표준보육과정 예술경험의 내용범주와 구체적인 내용은 〈표 10-10〉과 같다.

표 10-10. 0~1세 표준보육과정 예술경험의 내용범주와 내용

내용범주	내용
아름다움을 찾아보기	• 자연과 생활에서 아름다움을 느낀다. • 아름다움에 관심을 가진다.
창의적으로 표현하기	• 소리와 리듬, 노래로 표현한다. • 감각을 통해 미술을 경험한다. • 모방행동을 즐긴다.

6) 자연탐구

(1) 목표

0~1세 영아를 위한 표준보육과정 자연탐구의 목표는 '주변 환경과 자연에 관심을 가진다'이다. 이를 달성하기 위한 구체적인 하위 목표는 〈표 10-11〉과 같다.

표 10-11. 0~1세 표준보육과정 자연탐구의 하위 목표

• 일상에서 탐색을 즐긴다. • 주변 환경을 탐색한다. • 생명과 자연에 관심을 가진다.

(2) 내용

0~1세 영아를 위한 표준보육과정 자연탐구의 내용범주는 '탐구과정 즐기기', '생활 속에서 탐구하기', '자연과 더불어 살기'의 세 가지 범주로 구성되어 있으며, '탐구과정 즐기기'에는 '주변 세계와 자연에 대해 호기심을 가진다', '사물과 자연을 탐색하기를 즐긴다'로, '생활 속에서 탐구하기'에는 '친숙한 물체를 감각으로 탐색한다', '물체의 수량에 관심을 가진다', '주변 공간과 모양을 탐색한다', '규칙성을 경험한다'로, '자연과 더불어 살기'에는 '주변의 동 · 식물에 관심을 가진다', '날씨의 변화를 감각으로 느낀다'로 구성되어 있다. 0~1세 영아를 위한 표준보육과정 자연탐구의 내용범주와 구체적인 내용은 〈표 10-12〉와 같다.

표 10-12. 0~1세 표준보육과정 자연탐구의 내용범주와 내용

내용범주	내용
탐구과정 즐기기	• 주변 세계와 자연에 대해 호기심을 가진다. • 사물과 자연을 탐색하기를 즐긴다.
생활 속에서 탐구하기	• 친숙한 물체를 감각으로 탐색한다. • 물체의 수량에 관심을 가진다. • 주변 공간과 모양을 탐색한다. • 규칙성을 경험한다.
자연과 더불어 살기	• 주변의 동 · 식물에 관심을 가진다. • 날씨의 변화를 감각으로 느낀다.

2. 2세 표준보육과정의 영역별 목표 및 내용

국가 수준 표준보육과정의 2세 영역별 목표 및 내용은 기본생활, 신체운동, 의사소통, 사회관계, 예술경험 및 자연탐구의 6개 영역을 중심으로 구성되어 있다.

1) 기본생활

(1) 목표

2세 영아를 위한 표준보육과정의 기본생활 목표는 '건강하고 안전한 생활습관의 기초를 형성한다'이다. 이를 달성하기 위한 구체적인 하위 목표는 〈표 10-13〉과 같다.

표 10-13. 2세 표준보육과정 기본생활의 하위 목표

- 건강한 생활습관의 기초를 형성한다.
- 안전한 생활습관의 기초를 형성한다.

(2) 내용

2세 영아를 위한 표준보육과정 기본생활의 내용범주는 '건강하게 생활하기'와 '안전하게 생활하기'의 두 가지 범주로 구성되어 있으며, '건강하게 생활하기'에는 '자신의 몸을 깨끗이 해 본다', '음식에 관심을 가지고 즐겁게 먹는다', '하루일과를 즐겁게 경험한다', '건강한 배변습관을 갖는다'로, '안전하게 생활하기'에는 '일상에서 안전하게 놀이하고 생활한다', '교통수단을 안전하게 이용해 본다', '위험한 상황에 대처하는 방법을 경험한다'로 구성되어 있다. 2세 영아를 위한 표준보육과정의 기본생활 내용범주와 구체적인 내용은 〈표 10-14〉와 같다.

표 10-14. 2세 표준보육과정 기본생활의 내용범주와 내용

내용범주	내용
건강하게 생활하기	• 자신의 몸을 깨끗이 해 본다. • 음식에 관심을 가지고 즐겁게 먹는다. • 하루일과를 즐겁게 경험한다. • 건강한 배변습관을 갖는다.
안전하게 생활하기	• 일상에서 안전하게 놀이하고 생활한다. • 교통수단을 안전하게 이용해 본다. • 위험한 상황에 대처하는 방법을 경험한다.

2) 신체운동

(1) 목표

2세 영아를 위한 표준보육과정의 신체운동 목표는 '감각을 활용하고, 신체활동을 즐긴다'이다. 이를 달성하기 위한 구체적인 하위 목표는 〈표 10-15〉와 같다.

표 10-15. 2세 표준보육과정 신체운동의 하위 목표

- 감각을 활용하고 신체를 인식한다.
- 신체활동을 즐긴다.

(2) 내용

2세 영아를 위한 표준보육과정 신체운동의 내용범주는 '감각과 신체 인식하기'와 '신체활동 즐기기'의 두 가지 범주로 구성되어 있으며, '감각과 신체 인식하기'에는 '감각 능력을 활용한다', '신체를 인식하고 움직인다'로, '신체활동 즐기기'에는 '대 · 소근육을 조절한다', '기본운동을 즐긴다', '실내 · 외 신체활동을 즐긴다'로 구성되어 있다. 2세 영아를 위한 표준보육과정 신체운동의 내용범주와 구체적인 내용은 〈표 10-16〉과 같다.

표 10-16. 2세 표준보육과정 신체운동의 내용범주와 내용

내용범주	내용
감각과 신체 인식하기	• 감각 능력을 활용한다. • 신체를 인식하고 움직인다.

내용범주	내용
신체활동 즐기기	• 대 · 소근육을 조절한다. • 기본운동을 즐긴다. • 실내 · 외 신체활동을 즐긴다.

3) 의사소통

(1) 목표

2세 영아를 위한 표준보육과정 의사소통의 목표는 '의사소통능력과 상상력의 기초를 형성한다'이다. 이를 달성하기 위한 구체적인 하위 목표는 〈표 10-17〉과 같다.

표 10-17. 2세 표준보육과정 의사소통의 하위 목표

• 일상생활에서 듣기와 말하기를 즐긴다. • 읽기와 쓰기에 관심을 가진다. • 책과 이야기에 재미를 느낀다.

(2) 내용

2세 영아를 위한 표준보육과정 의사소통의 내용범주는 '듣기와 말하기', '읽기와 쓰기에 관심 가지기' 및 '책과 이야기 즐기기'의 세 가지 범주로 구성되어 있으며, '듣기와 말하기'에는 '표정, 몸짓, 말에 관심을 갖고 듣는다', '상대방의 이야기를 듣고 말한다', '표정, 몸짓, 단어로 의사를 표현한다', '자신의 요구와 느낌을 말한다'로, '읽기와 쓰기에 관심 가지기'에는 '주변의 그림과 상징, 글자에 관심을 가진다', '끼적이며 표현하기를 즐긴다'로, '책과 이야기 즐기기'에는 '책에 관심을 가지고 상상한다', '말놀이와 이야기에 재미를 느낀다'로 구성되어 있다. 2세 영아를 위한 표준보육과정 의사소통의 내용범주와 구체적인 내용은 〈표 10-18〉과 같다.

표 10-18. 2세 표준보육과정 의사소통의 내용범주와 내용

내용범주	내용
듣기와 말하기	• 표정, 몸짓, 말에 관심을 갖고 듣는다. • 상대방의 이야기를 듣고 말한다. • 표정, 몸짓, 단어로 의사를 표현한다. • 자신의 요구와 느낌을 말한다.
읽기와 쓰기에 관심 가지기	• 주변의 그림과 상징, 글자에 관심을 가진다. • 끼적이며 표현하기를 즐긴다.
책과 이야기 즐기기	• 책에 관심을 가지고 상상한다. • 말놀이와 이야기에 재미를 느낀다.

4) 사회관계

(1) 목표

2세 영아를 위한 표준보육과정 사회관계의 목표는 '나를 알고, 다른 사람과 더불어 생활하는 경험을 한다'이다. 이를 달성하기 위한 구체적인 하위 목표는 〈표 10-19〉와 같다.

표 10-19. 2세 표준보육과정 사회관계의 하위 목표

• 나를 알고 긍정적으로 여긴다. • 다른 사람과 즐겁게 지내기 위한 태도를 기른다.

(2) 내용

2세 영아를 위한 표준보육과정 사회관계의 내용범주는 '나를 알고 존중하기'와 '더불어 생활하기'의 두 가지 범주로 구성되어 있으며, '나를 알고 존중하기'에는 '나와 다른 사람을 구별한다', '나의 감정을 표현한다', '내가 좋아하는 것을 한다'로, '더불어 생활하기'에는 '가족에게 관심을 가진다', '또래와 함께 놀이한다', '다른 사람의 감정과 행동에 반응한다', '반에서의 규칙과 약속을 알고 지킨다'로 구성되어 있다. 2세 영아를 위한 표준보육과정 사회관계의 내용범주와 구체적인 내용은 〈표 10-20〉과 같다.

표 10-20. 2세 표준보육과정 사회관계의 내용범주와 내용

내용범주	내용
나를 알고 존중하기	• 나와 다른 사람을 구별한다. • 나의 감정을 표현한다. • 내가 좋아하는 것을 한다.
더불어 생활하기	• 가족에게 관심을 가진다. • 또래와 함께 놀이한다. • 다른 사람의 감정과 행동에 반응한다. • 반에서의 규칙과 약속을 알고 지킨다.

5) 예술경험

(1) 목표

2세 영아를 위한 표준보육과정 예술경험의 목표는 '아름다움을 느끼고 즐긴다'이다. 이를 달성하기 위한 구체적인 하위 목표는 〈표 10-21〉과 같다.

표 10-21. 2세 표준보육과정 예술경험의 하위 목표

- 자연과 생활에서 아름다움을 느끼고 관심을 가진다.
- 예술을 통해 자유롭게 표현한다.

(2) 내용

2세 영아를 위한 표준보육과정 예술경험의 내용범주는 '아름다움을 찾아보기'와 '창의적으로 표현하기'의 두 가지 범주로 구성되어 있으며, '아름다움을 찾아보기'에는 '자연과 생활에서 아름다움을 느끼고 즐긴다', '아름다움에 관심을 갖고 찾아본다'로, '창의적으로 표현하기'에는 '익숙한 노래와 리듬을 표현한다', '움직임과 춤으로 자유롭게 표현한다', '미술 재료와 도구로 표현해 본다', '일상생활 경험을 상상놀이로 표현한다'로 구성되어 있다. 2세 영아를 위한 표준보육과정 예술경험의 내용범주와 구체적인 내용은 〈표 10-22〉와 같다.

표 10-22. 2세 표준보육과정 예술경험의 내용범주와 내용

내용범주	내용
아름다움을 찾아보기	• 자연과 생활에서 아름다움을 느끼고 즐긴다. • 아름다움에 관심을 갖고 찾아본다.
창의적으로 표현하기	• 익숙한 노래와 리듬을 표현한다. • 움직임과 춤으로 자유롭게 표현한다. • 미술 재료와 도구로 표현해 본다. • 일상생활 경험을 상상놀이로 표현한다.

6) 자연탐구

(1) 목표

2세 영아를 위한 표준보육과정 자연탐구의 목표는 '주변 환경과 자연을 탐색하는 과정을 즐긴다'이다. 이를 달성하기 위한 구체적인 하위 목표는 〈표 10-23〉과 같다.

표 10-23. 2세 표준보육과정 자연탐구의 하위 목표

- 일상에서 탐색하는 과정을 즐긴다.
- 주변 환경에 관심을 가지고 탐색한다.
- 생명과 자연에 관심을 가진다.

(2) 내용

2세 영아를 위한 표준보육과정 자연탐구의 내용범주는 '탐구과정 즐기기', '생활 속에서 탐구하기', '자연과 더불어 살기'의 세 가지 범주로 구성되어 있으며, '탐구과정 즐기기'에는 '주변 세계와 자연에 대해 호기심을 가진다', '사물과 자연을 반복하여 탐색하기를 즐긴다'로, '생활 속에서 탐구하기'에는 '친숙한 물체의 특성과 변화를 감각으로 탐색한다', '물체의 수량에 관심을 가진다', '주변 공간에 모양을 탐색한다', '규칙성에 관심을 가진다', '주변 사물을 같고 다름에 따라 구분한다', '생활도구에 관심을 가진다'로, '자연과 더불어 살기'에는 '주변의 동 · 식물에 관심을 가진다', '날씨와 계절의 변화를 감각으로 느낀다'로 구성되어 있다. 2세 영아를 위한 표준보육과정 자연탐구의 내용범주와 구체적인 내용은 〈표 10-24〉와 같다.

표 10-24. 2세 표준보육과정 자연탐구의 내용범주와 내용

내용범주	내용
탐구과정 즐기기	• 주변 세계와 자연에 대해 호기심을 가진다. • 사물과 자연을 반복하여 탐색하기를 즐긴다.
생활 속에서 탐구하기	• 친숙한 물체의 특성과 변화를 감각으로 탐색한다. • 물체의 수량에 관심을 가진다. • 주변 공간에 모양을 탐색한다. • 규칙성에 관심을 가진다. • 주변 사물을 같고 다름에 따라 구분한다. • 생활도구에 관심을 가진다.
자연과 더불어 살기	• 주변의 동 · 식물에 관심을 가진다. • 날씨와 계절의 변화를 감각으로 느낀다.

3. 3~5세 누리과정의 영역별 목표 및 내용

국가 수준 누리과정의 3~5세 영역별 목표 및 내용은 신체운동 · 건강, 의사소통, 사회관계, 예술경험 및 자연탐구의 5개 영역을 중심으로 구성되어 있다.

1) 신체운동 · 건강

(1) 목표

3~5세 유아를 위한 누리과정의 신체운동 · 건강 목표는 '실내 · 외 신체활동을 즐기고, 건강하고 안전한 생활을 한다'이다. 이를 달성하기 위한 구체적인 하위 목표는 〈표

10-25〉와 같다.

표 10-25. 3~5세 누리과정 신체운동 · 건강의 하위 목표

- 신체활동에 즐겁게 참여한다.
- 건강한 생활습관을 기른다.
- 안전한 생활습관을 기른다.

(2) 내용

3~5세 유아를 위한 누리과정 신체운동 · 건강의 내용범주는 '신체활동 즐기기', '건강하게 생활하기', '안전하게 생활하기'의 세 가지 범주로 구성되어 있으며, '신체활동 즐기기'에는 '신체를 인식하고 움직인다', '신체 움직임을 조절한다', '기초적인 이동운동, 제자리 운동, 도구를 이용한 운동을 한다', '실내 · 외 신체활동에 자발적으로 참여한다'로, '건강하게 생활하기'에는 '자신의 몸과 주변을 깨끗이 한다', '몸에 좋은 음식에 관심을 가지고 바른 태도로 즐겁게 먹는다', '하루일과에서 적당한 휴식을 취한다', '질병을 예방하는 방법을 알고 실천한다'로, '안전하게 생활하기'에는 '일상에서 안전하게 놀이하고 생활한다', 'TV, 컴퓨터, 스마트폰 등을 바르게 사용한다', '교통안전 규칙을 지킨다', '안전사고, 화재, 재난, 학대, 유괴 등에 대처하는 방법을 경험한다'로 구성되어 있다. 3~5세 유아를 위한 누리과정 신체운동 · 건강의 내용범주와 구체적인 내용은 〈표 10-26〉과 같다.

표 10-26. 3~5세 누리과정 신체운동 · 건강의 내용범주와 내용

내용범주	내용
신체활동 즐기기	• 신체를 인식하고 움직인다. • 신체 움직임을 조절한다. • 기초적인 이동운동, 제자리 운동, 도구를 이용한 운동을 한다. • 실내 · 외 신체활동에 자발적으로 참여한다.
건강하게 생활하기	• 자신의 몸과 주변을 깨끗이 한다. • 몸에 좋은 음식에 관심을 가지고 바른 태도로 즐겁게 먹는다. • 하루일과에서 적당한 휴식을 취한다. • 질병을 예방하는 방법을 알고 실천한다.
안전하게 생활하기	• 일상에서 안전하게 놀이하고 생활한다. • TV, 컴퓨터, 스마트폰 등을 바르게 사용한다. • 교통안전 규칙을 지킨다. • 안전사고, 화재, 재난, 학대, 유괴 등에 대처하는 방법을 경험한다.

2) 의사소통

(1) 목표

3~5세 유아를 위한 누리과정의 의사소통 목표는 '일상생활에 필요한 의사소통능력과 상상력을 기른다'이다. 이를 달성하기 위한 구체적인 하위 목표는 〈표 10-27〉과 같다.

표 10-27. 3~5세 누리과정 의사소통의 하위 목표

• 일상생활에서 듣고 말하기를 즐긴다. • 읽기와 쓰기에 관심을 가진다. • 책이나 이야기를 통해 상상하기를 즐긴다.

(2) 내용

3~5세 유아를 위한 누리과정의 의사소통 내용범주는 '듣기와 말하기', '읽기와 쓰기에 관심 가지기', '책과 이야기 즐기기'의 세 가지 범주로 구성되어 있으며, '듣기와 말하기'에는 '말이나 이야기를 관심 있게 듣는다', '자신의 경험, 느낌, 생각을 말한다', '상황에 적합한 단어를 사용하여 말한다', '상대방이 하는 이야기를 듣고 관련해서 말한다', '바른 태도로 듣고 말한다', '고운 말을 사용한다'로, '읽기와 쓰기에 관심 가지기'에는 '말과 글의 관계에 관심을 가진다', '주변의 상징, 글자 등의 읽기에 관심을 가진다', '자신의 생각을 글자와 비슷한 형태로 표현한다'로, '책과 이야기 즐기기'에는 '책에 관심을 가지고 상상하기를 즐긴다', '동화, 동시에서 말의 재미를 느낀다', '말놀이와 이야기 짓기를 즐긴다'로 구성되어 있다. 3~5세 유아를 위한 누리과정 의사소통의 내용범주와 구체적인 내용은 〈표 10-28〉과 같다.

표 10-28. 3~5세 누리과정 의사소통의 내용범주와 내용

내용범주	내용
듣기와 말하기	• 말이나 이야기를 관심 있게 듣는다. • 자신의 경험, 느낌, 생각을 말한다. • 상황에 적합한 단어를 사용하여 말한다. • 상대방이 하는 이야기를 듣고 관련해서 말한다. • 바른 태도로 듣고 말한다. • 고운 말을 사용한다.
읽기와 쓰기에 관심 가지기	• 말과 글의 관계에 관심을 가진다. • 주변의 상징, 글자 등의 읽기에 관심을 가진다. • 자신의 생각을 글자와 비슷한 형태로 표현한다.
책과 이야기 즐기기	• 책에 관심을 가지고 상상하기를 즐긴다. • 동화, 동시에서 말의 재미를 느낀다. • 말놀이와 이야기 짓기를 즐긴다.

3) 사회관계

(1) 목표

3~5세 유아를 위한 누리과정 사회관계의 목표는 '자신을 존중하고 더불어 생활하는 태도를 가진다'이다. 이를 달성하기 위한 구체적인 하위 목표는 〈표 10-29〉와 같다.

표 10-29. 3~5세 누리과정 사회관계의 하위 목표

- 자신을 이해하고 존중한다.
- 다른 사람과 사이좋게 지낸다.
- 우리가 사는 사회와 다양한 문화에 관심을 가진다.

(2) 내용

3~5세 유아를 위한 누리과정 사회관계의 내용범주는 '나를 알고 존중하기', '더불어 생활하기' 및 '사회에 관심 가지기'의 세 가지 범주로 구성되어 있으며, '나를 알고 존중하기'에는 '나를 알고 소중히 여긴다', '나의 감정을 알고 상황에 맞게 표현한다', '내가 할 수 있는 것을 스스로 한다'로, '더불어 생활하기'에는 '가족의 의미를 알고 화목하게 지낸다', '친구와 서로 도우며 사이좋게 지낸다', '친구와의 갈등을 긍정적인 방법으로 해결한다', '서로 다른 감정, 생각, 행동을 존중한다', '친구와 어른께 예의 바르게 행동한다', '약속과 규칙의 필요성을 알고 지킨다'로, '사회에 관심 가지기'에는 '내가 살고 있는 곳에 대해 궁금한 것을 알아본다', '우리나라에 대해 자부심을 가진다', '다양한 문화에 관심을 가진다'로 구성되어 있다. 3~5세 유아를 위한 누리과정 사회관계의 내용범주와 구체적인 내용은 〈표 10-30〉과 같다.

표 10-30. 3~5세 누리과정 사회관계의 내용범주와 내용

내용범주	내용
나를 알고 존중하기	• 나를 알고 소중히 여긴다. • 나의 감정을 알고 상황에 맞게 표현한다. • 내가 할 수 있는 것을 스스로 한다.
더불어 생활하기	• 가족의 의미를 알고 화목하게 지낸다. • 친구와 서로 도우며 사이좋게 지낸다. • 친구와의 갈등을 긍정적인 방법으로 해결한다. • 서로 다른 감정, 생각, 행동을 존중한다. • 친구와 어른께 예의 바르게 행동한다. • 약속과 규칙의 필요성을 알고 지킨다.
사회에 관심 가지기	• 내가 살고 있는 곳에 대해 궁금한 것을 알아본다. • 우리나라에 대해 자부심을 가진다. • 다양한 문화에 관심을 가진다.

4) 예술경험

(1) 목표

3~5세 유아를 위한 누리과정 예술경험의 목표는 '아름다움과 예술에 관심을 가지고 창의적 표현을 한다'이다. 이를 달성하기 위한 구체적인 하위 목표는 〈표 10-31〉과 같다.

표 10-31. 3~5세 누리과정 예술경험의 하위 목표

- 자연과 생활 및 예술에서 아름다움을 느낀다.
- 예술을 통해 창의적이고 표현하는 과정을 즐긴다.
- 다양한 예술 표현을 존중한다.

(2) 내용

3~5세 유아를 위한 누리과정 예술경험의 내용범주는 '아름다움 찾아보기', '창의적으로 표현하기' 및 '예술 감상하기'의 세 가지 범주로 구성되어 있으며, '아름다움 찾아보기'에는 '자연과 생활에서 아름다움을 느끼고 즐긴다', '예술적 요소에 관심을 갖고 찾아본다'로, '창의적으로 표현하기'에는 '노래를 즐겨 부른다', '신체, 사물, 악기로 간단한 소리와 리듬을 만들어 본다', '신체나 도구를 활용하여 움직임과 춤으로 자유롭게 표현한다', '다양한 미술 재료와 도구로 자신의 생각과 느낌을 표현한다', '극놀이로 경험이나 이야기를 표현한다'로, '예술 감상하기'에는 '다양한 예술을 감상하며 상상하기를 즐긴다', '서로 다른 예술 표현을 존중한다', '우리나라 전통 예술에 관심을 갖고 친숙해진다'로 구성되어 있다. 3~5세 유아를 위한 누리과정 예술경험의 내용범주와 구체적인 내용은 〈표 10-32〉와 같다.

표 10-32. 3~5세 누리과정 예술경험의 내용범주와 내용

내용범주	내용
아름다움 찾아보기	• 자연과 생활에서 아름다움을 느끼고 즐긴다. • 예술적 요소에 관심을 갖고 찾아본다.
창의적으로 표현하기	• 노래를 즐겨 부른다. • 신체, 사물, 악기로 간단한 소리와 리듬을 만들어 본다. • 신체나 도구를 활용하여 움직임과 춤으로 자유롭게 표현한다. • 다양한 미술 재료와 도구로 자신의 생각과 느낌을 표현한다. • 극놀이로 경험이나 이야기를 표현한다.
예술 감상하기	• 다양한 예술을 감상하며 상상하기를 즐긴다. • 서로 다른 예술 표현을 존중한다. • 우리나라 전통 예술에 관심을 갖고 친숙해진다.

5) 자연탐구

(1) 목표

3~5세 유아를 위한 누리과정 자연탐구의 목표는 '탐구하는 과정을 즐기고, 자연과 더불어 살아가는 태도를 가진다'이다. 이를 달성하기 위한 구체적인 하위 목표는 <표 10-33>과 같다.

표 10-33. 3~5세 누리과정 자연탐구의 하위 목표

• 일상에서 호기심을 가지고 탐구하는 과정을 즐긴다. • 생활 속의 문제를 수학적, 과학적으로 탐구한다. • 생명과 자연을 존중한다.

(2) 내용

3~5세 유아를 위한 누리과정 자연탐구의 내용범주는 '탐구과정 즐기기', '생활 속에서 탐구하기' 및 '자연과 더불어 살기'의 세 가지 범주로 구성되어 있으며, '탐구과정 즐기기'에는 '주변 세계와 자연에 대해 지속적으로 호기심을 가진다', '궁금한 것을 탐구하는 과정에 즐겁게 참여한다', '탐구과정에서 서로 다른 생각에 관심을 가진다'로, '생활 속에서 탐구하기'에는 '물체의 특성과 변화를 여러 가지 방법으로 탐색한다', '물체를 세어 수량을 알아본다', '물체의 위치와 방향, 모양을 알고 구별한다', '일상에서 길이, 무게 등의 속성을 비교한다', '주변에서 반복되는 규칙을 찾는다', '일상에서 모은 자료를 기준에 따라 분류한다', '도구와 기계에 대해 관심을 가진다'로, '자연과 더불어 살기'에는 '주변의 동·식물에 관심을 가진다', '생명과 자연환경을 소중히 여긴다', '날씨와 계절의 변화를 생활과 관련짓는다'로 구성되어 있다. 3~5세 유아를 위한 누리과정 자연탐구의 내용범주와 구체적인 내용은 <표 10-34>와 같다.

표 10-34. 3~5세 누리과정 자연탐구의 내용범주와 내용

내용범주	내용
탐구과정 즐기기	• 주변 세계와 자연에 대해 지속적으로 호기심을 가진다. • 궁금한 것을 탐구하는 과정에 즐겁게 참여한다. • 탐구과정에서 서로 다른 생각에 관심을 가진다.
생활 속에서 탐구하기	• 물체의 특성과 변화를 여러 가지 방법으로 탐색한다. • 물체를 세어 수량을 알아본다. • 물체의 위치와 방향, 모양을 알고 구별한다. • 일상에서 길이, 무게 등의 속성을 비교한다. • 주변에서 반복되는 규칙을 찾는다. • 일상에서 모은 자료를 기준에 따라 분류한다. • 도구와 기계에 대해 관심을 가진다.
자연과 더불어 살기	• 주변의 동 · 식물에 관심을 가진다. • 생명과 자연환경을 소중히 여긴다. • 날씨와 계절의 변화를 생활과 관련짓는다.

Chapter

11

어린이집 표준보육과정의 영역별 내용(1)

배울내용

1. 기본생활
2. 신체운동
3. 의사소통

학습목표

1. 기본생활 영역의 연령별 내용범주에 따른 구체적인 내용을 숙지한다.
2. 신체운동 영역의 연령별 내용범주에 따른 구체적인 내용을 숙지한다.
3. 의사소통 영역의 연령별 내용범주에 따른 구체적인 내용을 숙지한다.

표준보육과정의 0~1세 보육과정과 2세 보육과정은 기본생활, 신체운동, 의사소통, 사회관계, 예술경험, 자연탐구의 6개 영역을 중심으로 구성되어 있으며, 3~5세 누리과정은 신체운동 · 건강, 의사소통, 사회관계, 예술경험, 자연탐구의 5개 영역을 중심으로 구성되어 있다. 그리고 표준보육과정의 교수 · 학습에서 강조하고 있는 것이 보육활동은 놀이 중심으로 이루어져야 한다는 것이다. 놀이란 "신체적 · 정신적 활동 중에서 식사 · 수면 · 호흡 · 배설 등 직접 생존에 관계되는 활동을 제외하고 일과 대립하는 개념을 가진 활동"으로 정의할 수 있다. 영유아들은 놀이에 즐거움을 느끼고, 몰입하게 되며, 놀이를 통하여 영유아들은 새로운 학습을 경험하며, 스스로 원하는 놀이를 할 때 문제해결능력과 창의성이 발달하게 된다. 따라서 표준보육과정을 운영하는 교사는 놀이의 개념[1]을 명확하게 구분하여, 놀이를 지원할 수 있는 교사의 역할[2]이 매우 중요하다고 할 수 있다.

본 장에서는 표준보육과정의 영역인 기본생활 영역, 신체운동 영역, 의사소통 영역, 사회관계 영역, 예술경험 영역, 자연탐구 영역의 6개 영역 중 기본생활 영역, 신체운동 영역, 의사소통 영역을 중심으로 영역별 내용과 놀이 활동에 대해 살펴보고자 한다.

1) 놀이의 개념에서 진짜놀이와 가짜놀이를 구분할 필요성이 있는데, 진짜놀이란 영유아(주도성)가 자유롭게(자발성), 놀이 그 자체(목적)를 즐기는 단순한 즐거움(재미)이 있는 것을 의미하며, 가짜놀이는 교사(주도성)가 강제적 혹은 의무적(자발성)으로 학습활동(목적)을 수행하게 함으로써 어려움과 인내심(재미)이 필요한 활동으로 구분할 수 있다.

진짜놀이	VS	가짜놀이
영유아	주도성	교사
자유로움	자발성	강제적, 의무적
놀이 그 자체	목적	학습활동
단순한 즐거움	재미	어려움, 인내심

2) 누리과정에서 놀이를 지원하는 교사의 역할은 교육과정을 운영하는 교사의 자율성을 강조하고 있으며, 다음과 같은 역할을 수행해야 한다.

1. 기본생활

기본생활 영역에서는 건강과 안전에 대한 지식, 기술, 태도를 배우고 익히며 올바른 습관을 길러 자신의 건강과 안전을 자기 스스로 보호하고 타인을 존중하며 즐겁게 생활하도록 하는 영역이다. 그리고 청결과 위생, 수면과 휴식, 바른 식생활, 의생활 및 심신의 건강을 바탕으로 발달을 촉진시키고, 위험 요인과 상황에 대해 알고 안전하게 대처하는 능력을 길러서 자신과 타인을 보호하도록 하는 영역이다. 표준보육과정 기본생활 영역의 연령과 내용에 따른 구체적인 내용은 〈표 11-1〉과 같다.

- 교사는 유아의 놀이, 일상생활 활동으로 하루일과를 계획하고, 특히 유아가 몰입하여 놀이를 할 수 있도록 놀이를 충분히 계획해야 한다.
- 교사는 유아의 놀이가 배움으로 이어지도록 유아와 활발하게 상호작용(관찰하기, 함께 놀이하며 질문하기, 제안하기, 정서적 지원하기)하고, 유아가 자유롭고 주도적으로 놀이할 수 있는 교육환경(시간, 공간, 자료)을 제공한다.

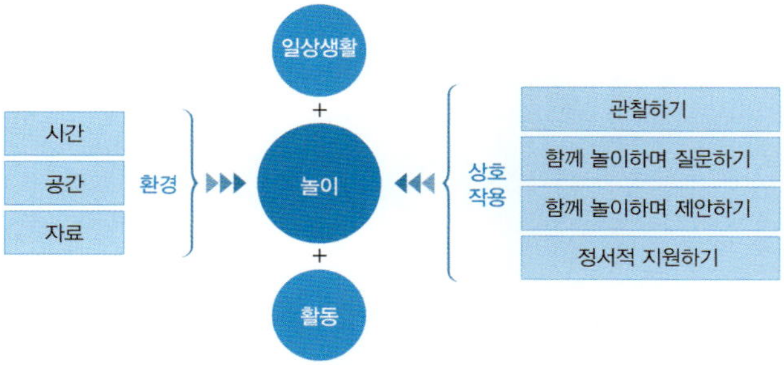

놀이를 지원하는 과정에서 교사는 다양한 방안을 염두에 두고, 필요한 경우 교사가 계획하거나 유아가 준비한 활동을 실시해 놀이가 활발하게 이루어지도록 지원한다. 교사는 일상생활, 놀이, 활동의 전체 맥락에서 유아의 배움이 일어났는지 관찰(모든 개인 유아를 평가해야 할 필요는 없음)하며, 어느 영역에서 배움이 잘 일어났는지를 영역을 중심으로 평가를 하게 된다. 교사는 놀이 과정이 마무리되었을 때 교육과정을 평가하면 된다(교육부, 보건복지부, 2020).

표 11-1. 표준보육과정 기본생활 영역의 내용범주와 내용

제4차 어린이집 표준보육과정(2020)				누리과정(2019)	
0~1세		2세		3~5세	
내용범주	내용	내용범주	내용	내용범주	내용
건강하게 생활하기 (4)	① 도움을 받아 몸을 깨끗이 한다.	건강하게 생활하기 (4)	① 자신의 몸을 깨끗이 해 본다.	건강하게 생활하기 (4)	① 자신의 몸과 주변을 깨끗이 한다.
	② 음식을 즐겁게 먹는다.		② 음식에 관심을 가지고 즐겁게 먹는다.		② 몸에 좋은 음식에 관심을 가지고 바른 태도로 즐겁게 먹는다.
	③ 하루일과를 편안하게 경험한다.		③ 하루일과를 즐겁게 경험한다.		③ 하루일과에서 적당한 휴식을 취한다.
	④ 배변의사를 표현한다.		④ 건강한 배변습관을 갖는다.		④ 질병을 예방하는 방법을 알고 실천한다.
안전하게 생활하기 (3)	⑤ 안전한 상황에서 놀이하고 생활한다.	안전하게 생활하기 (3)	⑤ 일상에서 안전하게 놀이하고 생활한다.	안전하게 생활하기 (3)	⑤ 일상에서 안전하게 놀이하고 생활한다.
	⑥ 안전한 상황에서 교통수단을 이용해 본다.		⑥ 교통수단을 안전하게 이용해 본다.		⑥ TV, 컴퓨터, 스마트폰 등을 바르게 사용한다.
	⑦ 위험하다는 말에 주의한다.		⑦ 위험한 상황에 대처하는 방법을 경험한다.		⑦ 교통안전 규칙을 지킨다.
					⑧ 안전사고, 화재, 재난, 학대, 유괴 등에 대처하는 방법을 경험한다.

〈표 11-1〉에서 보는 것과 같이 국가 수준 어린이집 표준보육과정(2020)과 누리과정(2019)의 기본생활 영역은 크게 두 가지 범주인 '건강하게 생활하기'와 '안전하게 생활하기'로 구성되어 있다.

첫째, '건강하게 생활하기'의 내용범주를 살펴보면, 0~1세의 경우는 '도움을 받아 몸을 깨끗이 한다', '음식을 즐겁게 먹는다', '하루일과를 편안하게 경험한다', '배변의사를 표현한다'로, 2세는 '자신의 몸을 깨끗이 해 본다', '음식에 관심을 가지고 즐겁게 먹는다', '하루일과를 즐겁게 경험한다', '건강한 배변습관을 갖는다'로, 3~5세는 '자신의 몸과 주변을 깨끗이 한다', '몸에 좋은 음식에 관심을 가지고 바른 태도로 즐겁게 먹는다', '하루일과에서 적당한 휴식을 취한다', '질병을 예방하는 방법을 알고 실천한다'로 구성되어 있다.

둘째, '안전하게 생활하기'의 내용범주를 살펴보면, 0~1세의 경우는 '안전한 상황에서 놀이하고 생활한다', '안전한 상황에서 교통수단을 이용해 본다', '위험하는 말에 주의한다'로, 2세는 '일상에서 안전하게 놀이하고 생활한다', '교통수단을 안전하게 이용해 본다', '위험한 상황에 대처하는 방법을 경험한다'로, 3~5세는 '일상에서 안전하게 놀이하고 생활한다', 'TV, 컴퓨터, 스마트폰 등을 바르게 사용한다', '교통안전 규칙을 지킨다', '안전사고, 화재, 재난, 학대, 유괴 등에 대처하는 방법을 경험한다'로 구성되어 있다.

2. 신체운동

신체운동 영역에서는 영유아 자신의 신체를 긍정적으로 인식하고, 즐겁게 신체활동에 참여함으로써 영유아기에 필요한 기본운동능력을 기르도록 하는 것이다. 즉, 기본적인 감각능력을 키우고, 자신의 신체를 긍정적으로 인식하며, 신체를 조절하고, 기본 운동능력을 기르고, 신체활동에 즐겁게 참여하도록 하는 것이다. 표준보육과정 신체운동 영역의 연령과 내용에 따른 구체적인 내용은 〈표 11-2〉와 같다.

표 11-2. 표준보육과정 신체운동 영역의 내용범주와 내용

<table>
<tr><th colspan="4">제4차 어린이집 표준보육과정(2020)</th><th colspan="2">누리과정(2019)</th></tr>
<tr><th colspan="2">0~1세</th><th colspan="2">2세</th><th colspan="2">3~5세</th></tr>
<tr><th>내용범주</th><th>내용</th><th>내용범주</th><th>내용</th><th>내용범주</th><th>내용</th></tr>
<tr><td rowspan="3">감각과 신체 인식하기 (3)</td><td>① 감각적 자극에 반응한다.</td><td rowspan="3">감각과 신체 인식하기 (2)</td><td>① 감각 능력을 활용한다.</td><td rowspan="6">신체 활동 즐기기 (4)</td><td>① 신체를 인식하고 움직인다.</td></tr>
<tr><td>② 감각으로 주변을 탐색한다.</td><td>② 신체를 인식하고 움직인다.</td><td>② 신체 움직임을 조절한다.</td></tr>
<tr><td>③ 신체를 탐색한다.</td><td></td><td></td></tr>
<tr><td rowspan="3">신체 활동 하기 (3)</td><td>④ 대 · 소근육을 조절한다.</td><td rowspan="3">신체 활동 하기 (3)</td><td>③ 대 · 소근육을 조절한다.</td><td>③ 기초적인 이동운동, 제자리 운동, 도구를 이용한 운동을 한다.</td></tr>
<tr><td>⑤ 기본 운동을 시도한다.</td><td>④ 기본 운동을 즐긴다.</td><td>④ 실내 · 외 신체활동에 자발적으로 참여한다.</td></tr>
<tr><td>⑥ 실내 · 외 신체활동을 즐긴다.</td><td>⑤ 실내 · 외 신체활동을 즐긴다.</td><td></td></tr>
</table>

〈표 11-2〉에서 제시된 국가 수준 어린이집 표준보육과정(2020)과 누리과정(2019)의 신체운동 영역을 살펴보면, 어린이집 표준보육과정은 크게 두 가지 범주인 '감각과 신체 인식하기'와 '신체활동하기'로 구성되어 있으며, 누리과정은 '신체활동 즐기기'로 구성되어 있다.

표준보육과정의 첫째, '감각과 신체 인식하기'의 내용범주를 살펴보면, 0~1세의 경우는 '감각적 자극에 반응한다', '감각으로 주변을 탐색한다', '신체를 탐색한다'로, 2세는 '감각 능력을 활용한다', '신체를 인식하고 움직인다'로 구성되어 있다.

둘째, '신체활동하기'의 내용범주를 살펴보면, 0~1세의 경우는 '대 · 소근육을 조절한다', '기본 운동을 시도한다', '실내 · 외 신체활동을 즐긴다'로, 2세는 '대 · 소근육을 조절한다', '기본 운동을 즐긴다', '실내 · 외 신체활동을 즐긴다'로 구성되어 있다.

그리고 3~5세 누리과정 신체운동 영역은 하나의 내용범주인 '신체활동 즐기기'로 구성되어 있으며, 세부내용은 '신체를 인식하고 움직인다', '신체 움직임을 조절한다', '기초적인 이동운동, 제자리 운동, 도구를 이용한 운동을 한다', '실내 · 외 신체활동에 자발적으로 참여한다'로 구성되어 있다.

놀이 중심의 신체운동 영역에 대한 활동을 구체적으로 살펴보면 〈표 11-3〉~〈표 11-5〉와 같다.

표 11-3. 신체운동 영역의 놀이 중심 활동 1

제목	규칙을 바꾸면서 하는 막대기 공굴리기 경기(3세)
놀이 상황	승부에 관심을 가진 유아들은 교사가 내어 준 분필로 “여기가 경기장이에요”, “화살표로 공 자리를 만들었어요”라며 화살표와 출발지점을 표시하고, 4개의 게이트 옆에는 해당 점수를 적었다. 처음에는 출발점과 가까운 곳부터 1점→2점→3점→4점을 배정하였지만 4점을 얻기 어려워지자 규칙을 바꾸어 출발점과 가까운 곳부터 4점→3점→2점→1점을 배정하였다. 놀이 중 경기장 옆에서 자전거를 타는 유아들로 놀이가 방해되자 자전거 그림과 X자를 그려 ‘자전거는 지나다니면 안 돼요!’라는 메시지를 담았다.  게이트마다 다른 점수를 써넣는 유아  출발점과 가까운 곳에 가장 많은 점수[4점]를 배정하고 자전거 금지 표시를 해서 완성한 최종경기장
교사의 고민	• 경기하는 유아와 자전거 타는 유아 간의 갈등이 계속 생겨 경기장을 이동해야 할지를 고민함 • 규칙 없이 개별적으로 놀이하다가 규칙을 지키고 경기하는 형태로 발전함 • 3세 유아들이 점수와 승부에 지속적으로 관심을 가질지 관찰할 필요가 있음
교육적 지원	**[공간]** 놀이 장소를 자전거 도로가 아닌 안전한 장소로 이동하여 진행함

출처: 교육부, 보건복지부(2020). 2019년 개정 누리과정 놀이운영사례집. p.69.

생각해보기

위의 사례를 보고 다음의 활동 내용에 대해 생각해 봅시다.

1. 교사가 추가해서 지원할 수 있는 교육적 활동

2. 위의 사례를 바탕으로 확장해서 할 수 있는 놀이 활동

표 11-4. 신체운동 영역의 놀이 중심 활동 2

제목	종이비행기 놀이(4세)
놀이 상황	유아는 여러 가지 비행기 접기에 관심을 두고 색종이 외에도 자료 장에 있는 도화지나 이면지를 사용하여 비행기를 접은 뒤 전시대에 올려 놓았다. 어느날 유아가 교실에서 만든 비행기를 날리기 시작하였다. 그러나 책상이나 장에 부딪혀서 금방 바닥으로 떨어지자 “잘 안 날아가네”라며 책상 사이 빈 곳이나 벽을 향해 던지는 등 교실을 돌아다니며 날릴 수 있는 장소를 탐색하였다. 동시에 추석을 맞이하여 유치원의 복도에도 민속놀이가 펼쳐지고 있어 유아는 수시로 복도에 나가 놀이를 하고 있었다.  비행기를 접은 뒤 교실에서 날리는 유아

제목	종이비행기 놀이(4세)
교사의 고민	• 사람이나 물건이 있는 곳으로 날릴 때 유아의 안전이 염려됨 • 비행기를 날려보고 멀리 날아가지 않자 유아는 놀이를 금방 마무리하였음. 종이의 재질, 크기와 형태에 따라 날아가는 거리가 다를 수 있다는 것을 유아가 경험을 통해 스스로 깨닫게 해야 할지, 교사가 도움을 주어야 할지 고민함

출처: 교육부, 보건복지부(2020). 2019년 개정 누리과정 놀이운영사례집. p.180.

생각해보기

위의 사례를 보고 다음의 활동 내용에 대해 생각해 봅시다.

1. 교사가 추가해서 지원할 수 있는 교육적 활동

2. 위의 사례를 바탕으로 확장해서 할 수 있는 놀이 활동

표 11-5. 신체운동 영역의 놀이 중심 활동 3

제목	종이접기 책 빌려가기(5세)
놀이 상황	주말에 집으로 종이접기 책을 빌려 간 유아는 집에서 접은 것을 가져와서 친구들에게 자랑하며 놀이를 하였다. 그러나 빌려 가지 못한 유아가 더 많았고 차례를 기다리기에는 학급에 있는 책이 많이 부족하였다.

제목	종이접기 책 빌려가기(5세)
	 집에 빌려 갈 책을 고르는 유아  집에서 접은 것을 가져와 놀이하는 유아 "이걸로 팽이를 치면 더 잘 돌아가요."
교사의 고민	• 학급의 종이접기 책은 3권으로 많은 유아가 빌려가기에는 수가 부족함 • 색종이를 많이 제공하자 마음껏 사용하면서 구겨서 버리거나 낭비하는 경우가 생겨서 적절한 지도방법에 대해 고민함
교육적 지원	**[자료]** 유아가 각 반을 다니며 책을 모아서 빌릴 수 있도록 하고 기존의 책 중 두꺼운 것을 분철하여 더 많은 유아가 빌릴 수 있도록 지원함 **[자료]** 유아가 집에서 접어보고 싶은 종이접기 방법을 스캔하여 홈페이지에 게시함 **[가정연계]** 유아가 소장한 종이접기 책을 지원받아 함께 대여함 **[이야기 나누기]** 종이를 만드는 원료와 낭비했을 때 발생하는 문제에 관해 이야기를 나누고 유아가 스스로 낭비하는 종이를 줄이는 방법을 찾을 수 있도록 함  각 반을 다니며 빌려 가고 싶은 종이접기 책을 모으는 유아

출처: 교육부, 보건복지부(2020). 2019년 개정 누리과정 놀이운영사례집. p.185.

생각해보기

위의 사례를 보고 다음의 활동 내용에 대해 생각해 봅시다.

1. 교사가 추가해서 지원할 수 있는 교육적 활동

2. 위의 사례를 바탕으로 확장해서 할 수 있는 놀이 활동

3. 의사소통

의사소통 영역에서는 영유아가 듣고 말하는 것을 즐기며, 상황에 맞은 언어를 익혀 바른 언어생활을 하도록 하고 일상생활에서 필요한 의사소통능력과 기초적인 문해능력을 기르도록 하는 데 초점을 두고 있다. 이를 위해 다른 사람의 이야기를 주의 깊게 듣는 태도와 이해력을 기르고, 바르게 말하는 태도와 정확한 발음으로 자신의 느낌, 생각, 경험을 말로 표현하고, 주위의 사람들과 대화하고 여럿이 함께 토론하며 서로의 의견을 나누는 경험을 하고, 글과 글자에 친숙해지는 경험을 통해 읽기와 쓰기에 흥미를 갖도록 하는 것이다. 표준보육과정 의사소통 영역의 연령과 내용에 따른 구체적인 내용은 〈표 11-6〉과 같다.

표 11-6. 표준보육과정 의사소통 영역의 내용범주와 내용

제4차 어린이집 표준보육과정(2020)				누리과정(2019)	
0~1세		2세		3~5세	
내용범주	내용	내용범주	내용	내용범주	내용
듣기와 말하기 (3)	① 표정, 몸짓, 말과 주변의 소리에 관심을 갖고 듣는다.	듣기와 말하기 (4)	① 표정, 몸짓, 말에 관심을 갖고 듣는다.	듣기와 말하기 (6)	① 말이나 이야기를 관심 있게 듣는다.
	② 상대방의 이야기를 들으면서 말소리를 낸다.		② 상대방의 이야기를 듣고 말한다.		② 상대방이 하는 이야기를 듣고 관련해서 말한다.
	③ 표정, 몸짓, 말소리로 의사를 표현한다.		③ 표정, 몸짓, 단어로 의사를 표현한다.		③ 자신의 경험, 느낌, 생각을 말한다.
			④ 자신의 요구와 느낌을 말한다.		④ 상황에 적절한 단어를 사용하여 말한다.
					⑤ 바른 태도로 듣고 말한다.
					⑥ 고운 말을 사용한다.
읽기와 쓰기에 관심 가지기 (2)	④ 주변의 그림과 상징에 관심을 가진다.	읽기와 쓰기에 관심 가지기 (2)	⑤ 주변의 그림과 상징, 글자에 관심을 가진다.	읽기와 쓰기에 관심 가지기 (3)	⑦ 말과 글의 관계에 관심을 가진다.
	⑤ 끼적이기에 관심을 가진다.		⑥ 끼적이며 표현하기를 즐긴다.		⑧ 주변의 상징, 글자 등의 읽기에 관심을 가진다.
					⑨ 자신의 생각을 글자와 비슷한 형태로 표현한다.

책과 이야기 즐기기 (2)	⑥ 책에 관심을 가진다.	책과 이야기 즐기기 (2)	⑦ 책에 관심을 가지고 상상한다.	책과 이야기 즐기기 (3)	⑩ 책에 관심을 가지고 상상하기를 즐긴다.
	⑦ 이야기에 관심을 가진다.		⑧ 말놀이와 이야기에 재미를 느낀다.		⑪ 동화, 동시에서 말의 재미를 느낀다.
					⑫ 말놀이와 이야기 짓기를 즐긴다.

〈표 11-6〉에서 보는 것과 같이 국가 수준 어린이집 표준보육과정(2020)과 누리과정(2019)의 의사소통 영역은 크게 세 가지 범주인 '듣기와 말하기', '읽기와 쓰기에 관심 가지기' 및 '책과 이야기 즐기기'로 구성되어 있다.

첫째, '듣기와 말하기'의 내용범주를 살펴보면, 0~1세의 경우는 '표정, 몸짓, 말과 주변의 소리에 관심을 갖고 듣는다', '상대방의 이야기를 들으면서 말소리를 낸다', '표정, 몸짓, 말소리로 의사를 표현한다'로, 2세는 '표정, 몸짓, 말에 관심을 갖고 듣는다', '상대방의 이야기를 듣고 말한다', '표정, 몸짓, 단어로 의사를 표현한다', '자신의 요구와 느낌을 말한다'로, 3~5세는 '말이나 이야기를 관심 있게 듣는다', '상대방이 하는 이야기를 듣고 관련해서 말한다', '자신의 경험, 느낌, 생각을 말한다', '상황에 적절한 단어를 사용하여 말한다', '바른 태도로 듣고 말한다', '고운 말을 사용한다'로 구성되어 있다.

둘째, '읽기와 쓰기에 관심 가지기'의 내용범주를 살펴보면, 0~1세의 경우는 '주변의 그림과 상징에 관심을 가진다', '끼적이기에 관심을 가진다'로, 2세는 '주변의 그림과 상징, 글자에 관심을 가진다', '끼적이며 표현하기를 즐긴다'로, 3~5세는 '말과 글의 관계에 관심을 가진다', '주변의 상징, 글자 등의 읽기에 관심을 가진다', '자신의 생각을 글자와 비슷한 형태로 표현한다'로 구성되어 있다.

셋째, '책과 이야기 즐기기'의 내용범주를 살펴보면, 0~1세의 경우는 '책에 관심을 가진다', '이야기에 관심을 가진다'로, 2세는 '책에 관심을 가지고 상상한다', '말놀이와 이야기에 재미를 느낀다'로, 3~5세는 '책에 관심을 가지고 상상하기를 즐긴다', '동화, 동시에서 말의 재미를 느낀다', '말놀이와 이야기 짓기를 즐긴다'로 구성되어 있다.

놀이 중심의 의사소통 영역에 대한 활동을 구체적으로 살펴보면 〈표 11-7〉~〈표 11-9〉와 같다.

표 11-7. 의사소통 영역의 놀이 중심 활동 1

제목	잡기놀이(4세)
놀이 상황	 평소 유아들은 교실 내에서 도망 다니며 뛰거나 쫓아 달려가는 놀이를 즐겼다. "내가 경찰이야" 유아는 경찰 놀이를 하고 있다고 말했지만 "도둑 잡아라! 잡았다!"라고 말하는 것 외에 구체적인 상황 표현은 보이지 않았다. 또한 유아 대부분은 잡는 역할만을 맡으려고 해서 갈등이 고조되고, 놀이가 금방 끝나곤 했다. 그 모습을 보고 한 여아가 "얘들아. 그럼 우리 다 같이 경찰이라고 하면 어떨까? 보물이 없어 졌다고 하고, 우리 다 같이 찾아보자!"고 제안했다. 그 이야기를 듣고 다른 유아가 "여자 경찰? 본 적이 없는데?"라고 의문을 제기했다. 그러자 "여자 경찰 있어!", "그래, 나도 본 적이 있어!", "나도 TV에서도 보고, 길에서도 봤어!"하며 다른 유아들이 반박했다.
교사의 고민	• 유아가 가지고 있는 경찰에 대한 성 고정관념을 감소시키고, 융통성 있는 성 역할 개념을 가질 수 있도록 지원하는 방법에 대해 고민함
교육적 지원	**[함께 놀이하며 제안]** 경찰 놀이 소품(경찰복, 무전기 등)을 유아가 자료실에서 찾을 수 있도록 지원하고, 그 밖의 필요한 것을 직접 만들도록 제안함 **[이야기 나누기]** 경찰에 대한 유아의 사전경험을 파악하고, 경찰의 역할에 대한 유아의 이해를 돕기 위해 이야기를 나눔. 또한 성별에 관계없이 개인의 고유한 특성과 능력에 따라 직업을 가질 수 있다는 것을 유아가 이해할 수 있도록 지원함

출처: 교육부, 보건복지부(2020). 2019년 개정 누리과정 놀이운영사례집. p.131.

생각해보기

위의 사례를 보고 다음의 활동 내용에 대해 생각해 봅시다.

1. 교사가 추가해서 지원할 수 있는 교육적 활동

2. 위의 사례를 바탕으로 확장해서 할 수 있는 놀이 활동

표 11-8. 의사소통 영역의 놀이 중심 활동 2

제목	범인 잡기 놀이(4세)
놀이 상황	경찰차를 꾸미면서 경찰 놀이에 점차 많은 여아가 참여하게 되었다. 그 중 그림 그리기를 좋아하는 몇몇 여아가 범인의 모습, 발자국, 손바닥 자국을 그림으로 그리고, 범인을 숨긴 후 친구들과 찾는 놀이를 시작했다. 범인을 숨긴 유아는 발자국이나 지문 등을 범인 주변에 남겼고, 경찰을 맡은 유아는 이러한 증거를 찾아가며 범인을 쫓았다. "(카메라로 사진 찍는 흉내를 내며) 증거다! 여기 발자국을 따라가면 도둑이 있을 거야. 범인이 이 근처에 있을 거야" 발자국과 손바닥 자국 그리고 교사가 준비해 준 출입금지 테이프 등의 소품에 많은 유아가 호기심을 보이며 범인 잡기 놀이가 활발하게 전개되었다.  공유 공간에서 범인을 찾는 유아

제목	범인 잡기 놀이(4세)
	교실 내에 범인을 숨길 새로운 장소가 더는 없자 유아는 다른 장소에서 놀이하고 싶어 했다. "이제 교실은 재미없지? 계단을 따라서 1층으로 가는 건 어때?", "선생님, 범인이 교실 밖으로 나가서 창문으로 탈출했다고 하면 어때요?"
교사의 고민	• 유아가 다양한 공간을 활용하여 주도적으로 놀이할 수 있도록 지원할 필요성을 느낌. 교실 밖에서 놀이를 진행할 때 다른 학급에 피해를 주는 것은 아닌지 생각해 보고 어디까지 허용해야 할지에 대해 고민함 • 범인 잡기 놀이가 실내(학급이 위치한 복도, 각 층 계단, 현관, 강당)에서부터 바깥(산책로)까지 이어졌으나 점차 낙엽과 단풍에 더 많은 관심을 보이며 범인 잡기 놀이가 자연스럽게 소멸됨

출처: 교육부, 보건복지부(2020). 2019년 개정 누리과정 놀이운영사례집. p.140.

생각해보기

위의 사례를 보고 다음의 활동 내용에 대해 생각해 봅시다.

1. 교사가 추가해서 지원할 수 있는 교육적 활동

2. 위의 사례를 바탕으로 확장해서 할 수 있는 놀이 활동

표 11-9. 의사소통 영역의 놀이 중심 활동 3

제목	일상생활의 변화(5세)
놀이 상황	기존의 반복되는 일과운영이 아니라 유아의 놀이에 따라 융통성 있게 운영함에 따라 일과의 흐름에도 변화가 나타났다. 유아들은 달팽이를 찾으러 가거나 가을 곤충을 더 보기를 원해서 계획에 없었지만 바깥놀이나 산책을 요구하기도 하였다. 놀이시간은 기존의 시간보다 길어졌다. 일상생활에도 변화가 필요했다. 놀이공간을 확보하기 위해 책상을 줄였기 때문에 점심을 먹을 때 불편하기도 하였으며, 복도나 유희실 등 공유 공간에서 놀이하려는 요구가 많아졌다.
교사의 고민	• 교사가 일과를 미리 계획하는 범위와 유아의 즉각적인 요구를 들어주는 범위에 대해 갈등하는 상황이 자주 발생함. 교실이라는 제한된 놀이공간 외에 다른 공간에서 놀이하려는 의도가 많아짐에 따라 전체 유아를 관찰하고 안전에 유의하는 문제를 고민함
교육적 지원	**[시간]** 일과운영에 유아의 소리를 좀 더 반영하기로 하고 유아들과 일과를 계획하는 시간을 마련함. 기존의 일과표가 아닌 토론을 통해 일과를 계획하는 기회를 제공함 **[공간]** 점심을 먹기 위한 접이식 책상을 마련하고, 복도나 유희실 등에서 다른 반 유아들과 함께 놀이하며 두 학급의 교사가 협력하며 상호작용하는 기회를 마련해 줌  접이식 책상에서 점심 먹는 유아  복도에서 다른 반과 함께 노는 유아  유아들이 의논할 수 있는 일과표

출처: 교육부, 보건복지부(2020). 2019년 개정 누리과정 놀이운영사례집. p.220.

생각해보기

위의 사례를 보고 다음의 활동 내용에 대해 생각해 봅시다.

1. 교사가 추가해서 지원할 수 있는 교육적 활동

2. 위의 사례를 바탕으로 확장해서 할 수 있는 놀이 활동

Chapter

12

어린이집 표준보육과정의 영역별 내용(2)

배울내용

1. 사회관계
2. 예술경험
3. 자연탐구

학습목표

1. 사회관계 영역의 연령별 내용범주에 따른 구체적인 내용을 숙지한다.
2. 예술경험 영역의 연령별 내용범주에 따른 구체적인 내용을 숙지한다.
3. 자연탐구 영역의 연령별 내용범주에 따른 구체적인 내용을 숙지한다.

표준보육과정의 0~1세 보육과정과 2세 보육과정은 기본생활, 신체운동, 의사소통, 사회관계, 예술경험, 자연탐구의 6개 영역을 중심으로 구성되어 있으며, 3~5세 누리과정은 신체운동·건강, 의사소통, 사회관계, 예술경험, 자연탐구의 5개 영역을 중심으로 구성되어 있다. 11장에서는 표준보육과정의 영역 중 기본생활, 신체운동, 의사소통 영역에 대해 살펴보았고, 본 장에서는 사회관계, 예술경험 및 자연탐구 영역을 중심으로 살펴보고자 한다.

1. 사회관계

사회관계 영역에서는 영유아 자신에 대한 존중감을 키우고, 자신과 다른 사람의 정서를 인식하고, 이를 사회적 관계에서 적절히 조절하여 활용할 수 있도록 하며, 가족, 또래, 지역사회와 긍정적인 관계를 형성하고, 유능한 사회구성원으로 기능하도록 하기 위해서 필요한 사회적 지식을 획득하도록 한다. 그리고 자신의 독특한 자아에 대해 인식하고 자신감과 독립심을 기르고, 자신과 다른 사람의 정서를 이해하고 표현하며, 자신의 정서를 조절하고 활용하도록 한다. 또한 예의바른 행동과 약속의 중요성을 알며, 우리나라와 다양한 문화에 대해 관심을 가져 더불어 살아가는 능력을 기르는 영역이다. 표준보육과정 사회관계 영역의 연령과 내용에 따른 구체적인 내용은 〈표 12-1〉과 같다.

표 12-1. 표준보육과정 사회관계 영역의 내용범주와 내용

제4차 어린이집 표준보육과정(2020)				누리과정(2019)	
0~1세		2세		3~5세	
내용범주	내용	내용범주	내용	내용범주	내용
나를 알고 존중하기 (3)	① 나를 인식한다.	나를 알고 존중하기 (3)	① 나와 다른 사람을 구별한다.	나를 알고 존중하기 (3)	① 나를 알고 소중히 여긴다.
	② 나의 욕구와 감정을 나타낸다.		② 나의 감정을 표현한다.		② 나의 감정을 알고 상황에 맞게 표현한다.
	③ 나와 친숙한 것을 안다.		③ 내가 좋아하는 것을 한다.		③ 내가 할 수 있는 것을 스스로 한다.
더불어 생활하기 (4)	④ 안정적인 애착을 형성한다.	더불어 생활하기 (4)	④ 가족에게 관심을 가진다.	더불어 생활하기 (6)	④ 가족의 의미를 알고 화목하게 지낸다.
	⑤ 또래에게 관심을 가진다.		⑤ 또래와 함께 놀이한다.		⑤ 친구와 서로 도우며 사이좋게 지낸다.
	⑥ 다른 사람의 감정과 행동에 관심을 가진다.		⑥ 다른 사람의 감정과 행동에 반응한다.		⑥ 친구와의 갈등을 긍정적인 방법으로 해결한다.
	⑦ 반에서 편안하게 지낸다.		⑦ 반에서의 규칙과 약속을 알고 지킨다.		⑦ 서로 다른 감정, 생각, 행동을 존중한다.
					⑧ 친구와 어른께 예의 바르게 행동한다.
					⑨ 약속과 규칙의 필요성을 알고 지킨다.
				사회에 관심 가지기 (3)	⑩ 내가 살고 있는 곳에 대해 궁금한 것을 알아본다.
					⑪ 우리나라에 대해 자부심을 가진다.
					⑫ 다양한 문화에 관심을 가진다.

〈표 12-1〉에서 제시된 국가 수준 어린이집 표준보육과정(2020)과 누리과정(2019)의 사회관계 영역은 표준보육과정은 두 가지 범주인 '나를 알고 존중하기', '더불어 생활하기'로, 누리과정은 세 가지 범주인 '나를 알고 존중하기', '더불어 생활하기' 및 '사회에 관심 가지기'로 구성되어 있다.

첫째, '나를 알고 존중하기'의 내용범주를 살펴보면, 0~1세의 경우는 '나를 인식한다', '나의 욕구와 감정을 나타낸다', '나와 친숙한 것을 안다'로, 2세는 '나와 다른 사람을 구별한다', '나의 감정을 표현한다', '내가 좋아하는 것을 한다'로, 3~5세는 '나를 알고 소중히 여긴다', '나의 감정을 알고 상황에 맞게 표현한다', '내가 할 수 있는 것을 스스로 한다'로 구성되어 있다.

둘째, '더불어 생활하기'의 내용범주를 살펴보면, 0~1세의 경우는 '안정적인 애착을 형성한다', '또래에게 관심을 가진다', '다른 사람의 감정과 행동에 관심을 가진다', '반에서 편안하게 지낸다'로, 2세는 '가족에게 관심을 가진다', '또래와 함께 놀이한다', '다른 사람의 감정과 행동에 반응한다', '반에서의 규칙과 약속을 알고 지킨다'로, 3~5세는 '가족의 의미를 알고 화목하게 지낸다', '친구와 서로 도우며 사이좋게 지낸다', '친구와의 갈등을 긍정적인 방법으로 해결한다', '서로 다른 감정, 생각, 행동을 존중한다', '친구와 어른께 예의바르게 행동한다', '약속과 규칙의 필요성을 알고 지킨다'로 구성되어 있다.

그리고 누리과정 사회관계 영역에는 '사회에 관심 가지기' 내용범주가 추가되어 있는데, 내용은 '내가 살고 있는 곳에 대해 궁금한 것을 알아본다', '우리나라에 대해 자부심을 가진다', '다양한 문화에 관심을 가진다'로 구성되어 있다.

놀이 중심의 사회관계 영역에 대한 활동을 구체적으로 살펴보면 〈표 12-2〉~〈표 12-4〉와 같다.

표 12-2. 사회관계 영역의 놀이 중심 활동 1

제목	함께하기(3세)
놀이 상황	'아빠와 함께 산책하기' 후에도 유아는 산책하러 나갈 때마다 도토리를 바구니에 담고, 도토리의 양에 변화가 있는지 확인하였다. 한편 몇몇 유아는 산책하러 나가서 겨울잠을 자는 동물들의 땅속 구멍이나 나무 구멍을 찾는 등 겨울잠을 자는 장소에 관해 관심을 두기 시작하였다. "여기 나무 구멍을 찾았어! 다람쥐가 여기에서 밥 먹나? 밥 다 먹고 남은 건 이 구멍에 숨겨 놓을까?"  동물들이 겨울잠을 잘 땅속 구멍을 만드는 유아
교사의 고민	• 도토리에 관한 관심이 동물의 겨울잠으로 이어지는 듯 보이나 놀이가 진행되던 10월 초는 아직 겨울잠을 자는 계절의 특성을 유아가 실제로 경험할 수 없는 시기이기에 놀이에 한계가 있음을 우려함
교육적 지원	**[관찰]** 겨울잠에 관한 관심이 지속적인지 유아의 놀이를 지원하면서 지켜보기로 함 **[자료]** 일부 유아가 만들기 재료로 제공한 상자를 사용해 동물이 겨울잠을 자는 장소를 만드는 것을 보고 다양한 크기의 상자, 입체 구성물을 만들 수 있는 다양한 블록을 제공함  입체 구성물이 가능한 블록  다양한 크기의 상자

출처: 교육부, 보건복지부(2020). 2019년 개정 누리과정 놀이운영사례집. p.53.

생각해보기

위의 사례를 보고 다음의 활동 내용에 대해 생각해 봅시다.

1. 교사가 추가해서 지원할 수 있는 교육적 활동

2. 위의 사례를 바탕으로 확장해서 할 수 있는 놀이 활동

표 12-3. 사회관계 영역의 놀이 중심 활동 2

제목	경사면에서 굴려보기(4세)
놀이 상황	유아는 할로우 블록과 유니트 블록을 연결해서 경사로를 만들어 자동차를 굴렸다. 한 유아가 라이트 테이블 위에 있던 색 구슬을 가져와서 굴려보았고 "와, 이거 되게 빨리 가!"라고 하자 다른 유아도 구슬을 가져와 경사로에 굴렸다. 경사로를 조금씩 더 추가하며 코스를 길게 만들던 유아는 "여기(경사로)에서 저기(교실 벽) 끝까지 굴러가면 더 재미있겠다"라며 경사로를 더욱 길게 만들고 싶어했다.  "더 빨리 내려가면 좋겠다."  "구슬이 더 잘 내려가는 거 같아!"

제목	경사면에서 굴려보기(4세)
교사의 고민	• 유아가 삼각 할로우 블록( ) 자체의 경사만 이용하여 놀이하므로 다양한 경사가 있는 다른 블록을 제공할지 고민함 • 현재는 카펫 안에서만 쌓기놀이를 한다는 규칙이 있었는데, 더 자유롭게 놀 수 있도록 규칙을 없애야 할지 고민함
교육적 지원	**[자료]** 유니트, 할로우 블록을 양을 늘리고 그 외에도 유아가 쉽게 경사로를 구성할 수 있는 다양한 종류의 블록(종이벽돌 블록)을 제공함 **[자료]** 공의 속성을 비교하며 놀이하도록 다양한 크기와 무게의 공을 제공함 **[공간]** 영역 제한 없이 공간을 통합하여 확장된 놀이를 할 수 있도록 지원함

출처: 교육부, 보건복지부(2020). 2019년 개정 누리과정 놀이운영사례집. p.159.

생각해보기

위의 사례를 보고 다음의 활동 내용에 대해 생각해 봅시다.

1. 교사가 추가해서 지원할 수 있는 교육적 활동

2. 위의 사례를 바탕으로 확장해서 할 수 있는 놀이 활동

표 12-4. 사회관계 영역의 놀이 중심 활동 3

제목	레고로 만드는 세상(5세)
놀이 상황	예전부터 무엇인가를 만들고 이를 친구와 합해 큰 구성물을 만들어 본 경험이 있는 유아는 레고로 구조물을 만든 후에 공동 구성물로 꾸미기 시작했다. "내 집이랑 니 집이랑 합치자. 그럼 우리 마을 만들어지는 거야", "이거 바닥을 잔디로 할까?", "또 다른 거 같이 꾸미면 좋겠어", "이거 정리하지 말고 전시할까?", "선생님, 이거 전시할래요. 저기 두면 되죠?"  
교사의 고민	• 유아가 단순한 형태에서 벗어나 정교하면서도 튼튼한 구조물을 만들 수 있게 지원할 방법을 생각함 • 전시한 작품이 부서지지 않도록 전시하는 방법에 대해 생각함

출처: 교육부, 보건복지부(2020). 2019년 개정 누리과정 놀이운영사례집. p.251.

생각해보기

위의 사례를 보고 다음의 활동 내용에 대해 생각해 봅시다.

1. 교사가 추가해서 지원할 수 있는 교육적 활동

2. 위의 사례를 바탕으로 확장해서 할 수 있는 놀이 활동

2. 예술경험

예술경험 영역에서는 주변의 친근한 환경과 생활에서 예술적 요소에 관심을 보이고 흥미롭게 경험하고 즐김으로써 창의성과 감성을 기르고자 한다. 주변 생활에서 발견한 단순한 예술적 요소로부터 점차 다양한 요소까지 아름다움에 관심을 보이고 탐색하며, 자신의 생각과 느낌을 음악, 움직임과 춤, 극놀이, 미술활동으로 표현하는 것을 즐기며 점차 다양하고 창의적으로 표현하며, 생활에서 자연, 사물, 예술 작품들을 보고 즐기도록 하는 활동으로 구성되어 있다. 표준보육과정 예술경험 영역의 연령과 내용에 따른 구체적인 내용은 〈표 12-5〉와 같다.

표 12-5. 표준보육과정 예술경험 영역의 내용범주와 내용

제4차 어린이집 표준보육과정(2020)				누리과정(2019)	
0~1세		2세		3~5세	
내용범주	내용	내용범주	내용	내용범주	내용
아름다움 찾아보기(2)	① 자연과 생활에서 아름다움을 느낀다.	아름다움 찾아보기(2)	① 자연과 생활에서 아름다움을 느끼고 즐긴다.	아름다움 찾아보기(2)	① 자연과 생활에서 아름다움을 느끼고 즐긴다.
	② 아름다움에 관심을 가진다.		② 아름다움에 관심을 갖고 찾아본다.		② 예술적 요소에 관심을 갖고 찾아본다.
창의적으로 표현하기(3)	③ 소리와 리듬, 노래로 표현한다.	창의적으로 표현하기(4)	③ 익숙한 노래와 리듬을 표현한다.	창의적으로 표현하기(5)	③ 노래를 즐겨 부른다.
	④ 감각을 통해 미술을 경험한다.		④ 움직임과 춤으로 자유롭게 표현한다.		④ 신체, 사물, 악기로 간단한 소리와 리듬을 만들어 본다.
	⑤ 모방행동을 즐긴다.		⑤ 미술 재료와 도구로 표현해 본다.		⑤ 신체나 도구를 활용하여 움직임과 춤으로 자유롭게 표현한다.
			⑥ 일상생활 경험을 상상놀이로 표현한다.		⑥ 다양한 미술 재료와 도구로 자신의 생각과 느낌을 표현한다.
					⑦ 극놀이로 경험이나 이야기를 표현한다.
				예술감상하기(3)	⑧ 다양한 예술을 감상하며 상상하기를 즐긴다.
					⑨ 서로 다른 예술 표현을 존중한다.
					⑩ 우리나라 전통 예술에 관심을 갖고 친숙해진다.

〈표 12-5〉에서 보는 것과 같이 국가 수준 어린이집 표준보육과정(2020)과 누리과정(2019)의 예술경험 영역은 표준보육과정은 두 가지 범주인 '아름다움 찾아보기', '창의적으로 표현하기'로, 누리과정은 세 가지 범주인 '아름다움 찾아보기', '창의적으로 표현하기' 및 '예술 감상하기'로 구성되어 있다.

첫째, '아름다움 찾아보기'의 내용범주를 살펴보면, 0~1세의 경우는 '자연과 생활에서 아름다움을 느낀다', '아름다움에 관심을 가진다'로, 2세는 '자연과 생활에서 아름다움을 느끼고 즐긴다', '아름다움에 관심을 갖고 찾아본다'로, 3~5세는 '자연과 생활에서 아름다움을 느끼고 즐긴다', '예술적 요소에 관심을 갖고 찾아본다'로 구성되어 있다.

둘째, '창의적으로 표현하기'의 내용범주를 살펴보면, 0~1세의 경우는 '소리와 리듬, 노래로 표현한다', '감각을 통해 미술을 표현한다', '모방행동을 즐긴다'로, 2세는 '익숙한 노래와 리듬을 표현한다', '움직임과 춤으로 자유롭게 표현한다', '미술 재료와 도구로 표현해 본다', '일상생활 경험을 상상놀이로 표현한다'로, 3~5세는 '노래를 즐겨 부른다', '신체, 사물, 악기로 간단한 소리와 리듬을 만들어 본다', '신체나 도구를 활용하여 움직임과 춤으로 자유롭게 표현한다', '다양한 미술 재료와 도구로 자신의 생각과 느낌을 표현한다', '극놀이로 경험이나 이야기를 표현한다'로 구성되어 있다.

그리고 누리과정 예술경험 영역에는 '예술 감상하기' 내용범주가 추가되어 있는데, 내용은 '다양한 예술을 감상하며 상상하기를 즐긴다', '서로 다른 예술 표현을 존중한다', '우리나라 전통 예술에 관심을 갖고 친숙해진다'로 구성되어 있다.

놀이 중심의 예술경험 영역에 대한 활동을 구체적으로 살펴보면 〈표 12-6〉~〈표 12-8〉과 같다.

표 12-6. 예술경험 영역의 놀이 중심 활동 1

제목	기타 연주하며 놀이하기(3세)
놀이 상황	바자회에서 함께 산 기타는 많은 유아의 관심을 불러일으켰다. 평소 악기에 관심이 많은 유아는 기타의 줄을 하나씩 튕기면서 "어? 소리가 다르네!"라고 기타로 낼 수 있는 소리를 탐색하거나 줄을 튕겨야 하는 기타의 연주방법에 관심을 보였다. 기타 줄을 튕기며 노래를 부르는 유아도 있었지만 지속시간은 짧았다. 캠코더 앞에 기타를 들고 서서 화면 속 자신의 모습을 감상하기도 했다. 놀이가 시작되면 음률 영역으로 달려가 기타를 선정하려는 유아가 생기며 갈등도 생겼다.  "어? 소리가 다르네?"  기타에 관심을 보이는 유아
교사의 고민	• 새로 생긴 기타에 관심을 가진 유아가 많아서 갈등이 많아짐. 기타를 차지하는 것보다는 악기를 연주하는 일에 관심을 갖도록 지도할 방법을 고민함
교육적 지원	**[함께 놀이하며 제안]** 유아가 차례를 지켜 놀잇감을 사용할 수 있도록 도움을 주고, 차례를 기다리는 유아에게 교사가 다른 악기를 함께 연주하기를 제안하여 유아가 갈등 없이 다양한 악기를 연주하며 놀이하도록 지원함

출처: 교육부, 보건복지부(2020). 2019년 개정 누리과정 놀이운영사례집. p.25.

생각해보기

위의 사례를 보고 다음의 활동 내용에 대해 생각해 봅시다.

1. 교사가 추가해서 지원할 수 있는 교육적 활동

2. 위의 사례를 바탕으로 확장해서 할 수 있는 놀이 활동

표 12-7. 예술경험 영역의 놀이 중심 활동 2

제목	공연놀이: 두 명의 극놀이(3세)
놀이 상황	놀이 초반 이야기나누기를 할 때 무대 위에서 극놀이를 하고 싶다는 유아도 있었지만 그동안 유아는 무대 위에서 악기 연주하고 노래를 부르며 놀이했다. 그런데 어느날 드레스를 입은 한 유아가 "선생님 공연 보러 올래요?"라고 물었다. 교사가 "무슨 공연?"이라고 하자 유아는 "백설공주 공연이에요. 10분 뒤에 시작하니까 보러 오세요!"라고 했다. 교사는 다른 유아에게 공연을 홍보하며 관객석에 앉았다. 공연을 홍보하던 두 명의 유아는 무대 위에 올라 마이크를 손에 들고 "10분 뒤에 백설공주 공연 시작합니다"라고 말했다. 관객이 어느 정도 모인 뒤에도 유아는 무대 위에 올라 "10분 뒤에 공연 시작합니다"라고 하고 다시 무대를 내려갔다.  열심히 공연을 홍보하지만 정작 공연을 시작하지 않는 유아

제목	공연놀이: 두 명의 극놀이(3세)
교사의 고민	• 발달상 아직 스스로 극놀이를 시작하는 것은 유아에게 어려운 일이라 교사의 지원이 필요하지 않을까 고민함
교육적 지원	**[함께 놀이하며 제안]** 교사가 "사회자는 누구예요?"라고 하자 참시 고민하던 유아는 "없어요. 선생님이 해 주세요!"라고 하여 사회자 역할을 맡아 극놀이가 시작되고 진행될 수 있도록 도움

출처: 교육부, 보건복지부(2020). 2019년 개정 누리과정 놀이운영사례집. p.32.

생각해보기

위의 사례를 보고 다음의 활동 내용에 대해 생각해 봅시다.

1. 교사가 추가해서 지원할 수 있는 교육적 활동

2. 위의 사례를 바탕으로 확장해서 할 수 있는 놀이 활동

표 12-8. 예술경험 영역의 놀이 중심 활동 3

제목	나무를 못박아 연결하기(5세)
놀이 상황	나무에 못 박는 놀이를 한동안 하던 유아는 나무 두 개를 겹친 후 못을 박아 보려고 하였다. 못을 박아야 하는 나무조각의 두께가 두꺼워서 못이 잘 들어가지 않자 다른 유아가 "야, 아주 세게 힘줘서 쳐야지"라고 제안을 하였다. 제안을 들은 유아는 힘을 주어 망치질을 여러 번 했고 나무 두 개가 연결되자 매우 기뻐했다. 또 다른 유아는 나무 두 개 위에 못을 박다가 "아 못이 짧아서 연결이 안 된다. 긴 못이 필요해"라며 나무 두께와 못의 길이를 비교한 후, 맞은 못을 찾아서 박았다. "두 개를 연결했어. 붙어!"   "이것 봐! 딱 붙였지?" "오, 정말이네? 안 떨어져." 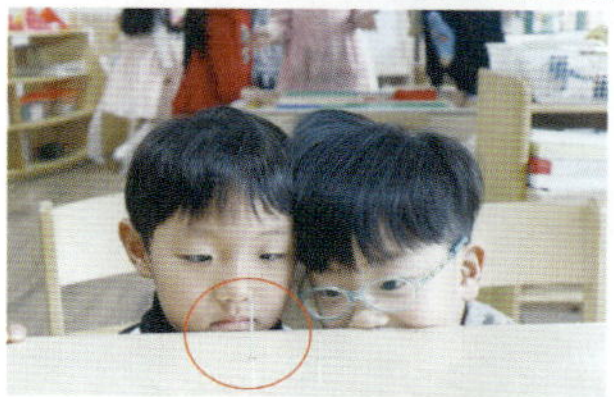 "더 긴 못이 필요해요." 못의 길이를 비교해 보는 유아
교사의 고민	• 유아의 흥미가 단순 못 박기에서 나무를 겹쳐 못 박기로 바뀜에 따라 다양한 길이의 못을 제공할 필요를 느낌 • 현재 사용하는 유아용 망치는 가볍기 때문에 나무를 겹쳐서 못을 박는 목적으로 사용하는 데는 부적합함
교육적 지원	**[이야기 나누기]** 못질을 할 때 유아들이 겪는 어려움에 대해 이야기한 후 필요한 도구와 재료에 대해 논의함 **[자료]** 무게가 있고 안전한 다양한 망치(예: 고무망치, 나무망치 등)와 다양한 길이의 못을 제공함

제목	나무를 못박아 연결하기(5세)
	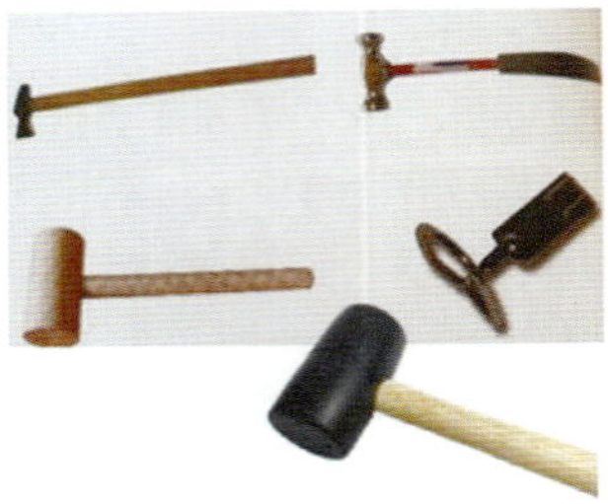 

출처: 교육부, 보건복지부(2020). 2019년 개정 누리과정 놀이운영사례집. p.229.

생각해보기

위의 사례를 보고 다음의 활동 내용에 대해 생각해 봅시다.

1. 교사가 추가해서 지원할 수 있는 교육적 활동

2. 위의 사례를 바탕으로 확장해서 할 수 있는 놀이 활동

3. 자연탐구

자연탐구 영역에서는 주변의 사물과 자연현상을 지각하고 호기심을 가지며, 지속적으로 탐구하는 태도를 가지며 문제해결을 위한 기초능력을 기르고, 자연을 사랑하는 마음을 가지도록 한다. 또한 일상생활의 여러 상황과 문제를 수학적으로 이해하고 해결하기 위해서 기초능력을 기르고, 주변 사물과 자연현상에 대한 기초 지식을 쌓고 자연을 사랑하는 마음을 가지도록 한다. 표준보육과정 자연탐구 영역의 연령과 내용에 따른 구체적인 내용은 〈표 12-9〉와 같다.

표 12-9. 표준보육과정 자연탐구 영역의 내용범주와 내용

<table>
<tr><th colspan="4">제4차 어린이집 표준보육과정(2020)</th><th colspan="2">누리과정(2019)</th></tr>
<tr><th colspan="2">0~1세</th><th colspan="2">2세</th><th colspan="2">3~5세</th></tr>
<tr><th>내용범주</th><th>내용</th><th>내용범주</th><th>내용</th><th>내용범주</th><th>내용</th></tr>
<tr><td rowspan="3">탐구 과정 즐기기(2)</td><td>① 주변 세계와 자연에 대해 호기심을 가진다.</td><td rowspan="3">탐구 과정 즐기기(2)</td><td>① 주변 세계와 자연에 대해 호기심을 가진다.</td><td rowspan="3">탐구 과정 즐기기(3)</td><td>① 주변 세계와 자연에 대해 지속적으로 호기심을 가진다.</td></tr>
<tr><td>② 사물과 자연을 탐색하기를 즐긴다.</td><td>② 사물과 자연을 반복하여 탐색하기를 즐긴다.</td><td>② 궁금한 것을 탐구하는 과정에 즐겁게 참여한다.</td></tr>
<tr><td></td><td></td><td>③ 탐구과정에서 서로 다른 생각에 관심을 가진다.</td></tr>
<tr><td>생활 속에서 탐구하기</td><td>③ 친숙한 물체를 감각으로 탐색한다.</td><td>생활 속에서 탐구하기</td><td>③ 친숙한 물체의 특성과 변화를 감각으로 탐색한다.</td><td>생활 속에서 탐구하기</td><td>④ 물체의 특성과 변화를 여러 가지 방법으로 탐색한다.</td></tr>
</table>

(4)	④ 물체의 수량에 관심을 가진다.	(6)	④ 물체의 수량에 관심을 가진다.	(7)	⑤ 물체를 세어 수량을 알아본다.
	⑤ 주변 공간과 모양을 탐색한다.		⑤ 주변 공간과 모양을 탐색한다.		⑥ 물체의 위치와 방향, 모양을 알고 구별한다.
	⑥ 규칙성을 경험한다.		⑥ 규칙성에 관심을 가진다.		⑦ 일상에서 길이, 무게 등의 속성을 비교한다.
			⑦ 주변 사물을 같고 다름에 따라 구분한다.		⑧ 주변에서 반복되는 규칙을 찾는다.
			⑧ 생활도구에 관심을 가진다.		⑨ 일상에서 모은 자료를 기준에 따라 분류한다.
					⑩ 도구와 기계에 대해 관심을 가진다.
자연과 더불어 살기 (2)	⑦ 주변의 동·식물에 관심을 가진다.	자연과 더불어 살기 (2)	⑨ 주변의 동·식물에 관심을 가진다.	자연과 더불어 살기 (3)	⑪ 주변의 동·식물에 관심을 가진다.
	⑧ 날씨의 변화를 감각으로 느낀다.		⑩ 날씨와 계절의 변화를 감각으로 느낀다.		⑫ 날씨와 계절의 변화를 생활과 관련 짓는다.
					⑬ 생명과 자연환경을 소중히 여긴다.

〈표 12-9〉에서 제시된 것과 같이 국가 수준 어린이집 표준보육과정(2020)과 누리과정(2019)의 자연탐구 영역은 세 가지 범주인 '탐구과정 즐기기', '생활 속에서 탐구하기' 및 '자연과 더불어 살기'로 구성되어 있다.

첫째, '탐구과정 즐기기'의 내용범주를 살펴보면, 0~1세의 경우는 '주변 세계와 자연에 대해 호기심을 가진다', '사물과 자연을 탐색하기를 즐긴다'로, 2세는 '주변 세계와 자연에 대해 호기심을 가진다', '사물과 자연을 반복하여 탐색하기를 즐긴다'로, 3~5세는 '주변 세계와 자연에 대해 지속적으로 호기심을 가진다', '궁금한 것을 탐구하는 과정에 즐겁게 참여한다', '탐구과정에서 서로 다른 생각에 관심을 가진다'로 구성되어 있다.

둘째, '생활 속에서 탐구하기'의 내용범주를 살펴보면, 0~1세의 경우는 '친숙한 물체를 감각으로 탐색한다', '물체의 수량에 관심을 가진다', '주변 공간과 모양을 탐색한다', '규칙성을 경험한다'로, 2세는 '친숙한 물체의 특성과 변화를 감각으로 탐색한다', '물체의 수량에 관심을 가진다', '주변 공간과 모양을 탐색한다', '규칙성에 관심을 가진다', '주변 사물을 같고 다름에 따라 구분한다', '생활도구에 관심을 가진다'로, 3~5세는 '물체의 특성과 변화를 여러 가지 방법으로 탐색한다', '물체를 세어 수량을 알아본다', '물체의 위치와 방향, 모양을 알고 구별한다', '일상에서 길이, 무게 등의 속성을 비교한다', '주변에서 반복되는 규칙을 찾는다', '일상에서 모은 자료를 기준에 따라 분류한다', '도구와 기계에 대해 관심을 가진다'로 구성되어 있다.

셋째, '자연과 더불어 살기'의 내용범주를 살펴보면, 0~1세의 경우는 '주변의 동·식물에 관심을 가진다', '날씨의 변화를 감각으로 느낀다'로, 2세는 '주변의 동·식물에 관심을 가진다', '날씨와 계절의 변화를 감각으로 느낀다'로, 3~5세는 '주변의 동·식물에 관심을 가진다', '날씨와 계절의 변화를 생활과 관련 짓는다', '생명과 자연환경을 소중히 여긴다'로 구성되어 있다.

놀이 중심의 자연탐구 영역에 대한 활동을 구체적으로 살펴보면 〈표 12-10〉~〈표 12-12〉와 같다.

표 12-10. 자연탐구 영역의 놀이 중심 활동 1

제목	떨어지는 도토리(3세)
놀이 상황	 "이야, 도토리 떨어진다!"  "나 머리에 맞았어!" 가을바람이 부는 어느날, 산책하던 유아는 "토도독 통~"소리를 듣고 소리가 나는 쪽을 살펴보았다. 도토리가 떨어지는 것을 보고 "떨어졌다! 저쪽이다. 가자!"라고 외치며 모든 유아는 바닥에서 튀어 오르는 도토리를 주우러 달려갔다. 바람이 멈추자 유아는 나무 아래에 서서 또 다시 도토리가 떨어지기만 기다렸다. 그러나 도토리를 특정 나무의 열매라고 생각하지 못하고 다른 나무 밑에서 기다리며, "여기 이게 다 나무인데 왜 여기에는 (도토리가) 없지?"하며 의아해하였다.
교사의 고민	• 모든 나무에서 도토리가 떨어지는 것은 아니라는 것을 모르고 있는 유아에게 도토리가 열리는 정확한 나무의 명칭(신참나무, 굴참나무, 갈참나무, 떡갈나무, 상수리나무 등 참나무류)과 특징에 관한 정보를 교사가 설명해 주는 것이 유아의 수준에 적합한지 고민함
교육적 지원	**[함께 놀이하며 질문]** 교사는 유아와 함께 도토리를 찾아다니다가 떨어진 상수리나무의 가지를 발견하고 나무의 특징과 열매를 유아가 살펴볼 수 있도록 질문함 **[자료]** 산책에서 주워 온 도토리가 달린 상수리나무의 나뭇가지, 주변에서 주운 다른 나뭇가지와 나뭇잎, 열매와 관찰에 필요한 도구(돋보기, 그릇 등)를 제공함

출처: 교육부, 보건복지부(2020). 2019년 개정 누리과정 놀이운영사례집. p.42.

생각해보기

위의 사례를 보고 다음의 활동 내용에 대해 생각해 봅시다.

1. 교사가 추가해서 지원할 수 있는 교육적 활동

2. 위의 사례를 바탕으로 확장해서 할 수 있는 놀이 활동

표 12-11. 자연탐구 영역의 놀이 중심 활동 2

<table>
<tr><th>제목</th><th>봄 동산 놀이하기(4세)</th></tr>
<tr><td>놀이 상황</td><td>산책을 마치고 교실로 돌아온 유아는 꽃가게를 열었다. 블록으로 가게를 구성하고, 역할놀이 영역에 있는 모형 꽃과 미술 영역에서 직접 만든 꽃을 사용하여 가게를 완성했다. 유아가 “꽃 사러 오세요”라고 말하자 곤충 모형으로 놀이를 하던 유아가 “꿀을 빨아먹자”라고 말하며 놀이에 합류했다. 이후 꽃가게 놀이를 하던 유아도 곤충 모형을 가지고 와서 꽃가게를 꽃밭으로 재구성한 뒤 “여기 꽃에 있는 꿀을 모으자”라고 말하며 함께 곤충 놀이를 이어갔다.
 </td></tr>
</table>

제목	봄 동산 놀이하기(4세)
교사의 고민	• 시나리오가 없는 단순 행동(꿀 빨아먹기, 날아다니기 등)을 반복하는 형태로 극놀이가 짧게 이루어져 곤충에 대한 지식을 자연스럽게 확장해 줄 방법에 대해 고민함
교육적 지원	**[자료]** 곤충에 관한 지식을 확장해 주기 위해 곤충 관련 그림책과 곤충 화보를 제공함

출처: 교육부, 보건복지부(2020). 2019년 개정 누리과정 놀이운영사례집. p.145.

생각해보기

위의 사례를 보고 다음의 활동 내용에 대해 생각해 봅시다.

1. 교사가 추가해서 지원할 수 있는 교육적 활동

2. 위의 사례를 바탕으로 확장해서 할 수 있는 놀이 활동

표 12-12. 자연탐구 영역의 놀이 중심 활동 3

제목	달팽이 알 탐색하기(5세)
놀이 상황	교실에서 3개월째 기르던 외래종 달팽이가 알을 낳는 것을 우연히 보게 되었다. 유아는 그동안 별 관심을 보이지 않던 달팽이와 알에 대해 새로운 관심을 보이기 시작했고, 호기심과 상상이 쏟아졌다.  **"선생님~, 여기 달팽이 집 밑에 하얀색 뭐가 있어요."**  **"우리 달팽이가 알을 낳았어."**
교사의 고민	• 달팽이의 알이 소수 유아의 단순한 호기심으로만 그치는 것이 아닐지, 달팽이의 생식적인 특징을 다루는 것이 지나치게 지식 중심의 활동이 되지 않을지, 놀이로 어떻게 지원해 주어야 할지 고민함
교육적 지원	**[자료]** 교사는 유아가 달팽이를 좀 더 관찰할 수 있도록 창가의 밝은 쪽 책상으로 옮겨주고 자세히 볼 수 있도록 돋보기와 달팽이 관련 과학책을 제공해 줌 **[관찰]** 유아가 어떤 점에 관심 있어 하는지, 어떤 질문을 하는지 관찰하고 유아의 반응을 기록함 

출처: 교육부, 보건복지부(2020). 2019년 개정 누리과정 놀이운영사례집. p.209.

생각해보기

위의 사례를 보고 다음의 활동 내용에 대해 생각해 봅시다.

1. 교사가 추가해서 지원할 수 있는 교육적 활동

2. 위의 사례를 바탕으로 확장해서 할 수 있는 놀이 활동

PART 5

국내 · 외 보육과정

Chapter

13

국내 · 외 보육과정 프로그램

배울내용

1. 국내 영유아 프로그램
2. 국외 영유아 프로그램

학습목표

1. 국내 영유아 프로그램의 종류를 이해하고 현장에 적용할 수 있는 방법을 모색해 본다.
2. 국외 영유아 프로그램의 종류를 이해하고 현장에 적용할 수 있는 방법을 모색해 본다.

21세기에 들어와 현재 여러 분야에서는 4차 산업혁명으로 일컬어지는 인공지능 등의 시대를 대비해 새로운 결과를 끊임없이 요구하고 있다. 즉, 앞으로의 변화를 예측할 수 없는 미래를 준비하기 위해 영유아보육과정에서도 교육 환경과 맥락 등을 고려한 다각적인 변화가 필요하다. 영유아를 위한 교육 프로그램은 교육철학과 내용 및 방법에 따라 다양한 형태로 나타날 수 있다. 영유아보육 프로그램은 특정 이론에 의해 조직된 교육과정모델로 유아교육현장에서 가르치는 구체적인 내용을 계획하고 운영하는 것을 의미한다. 모든 유아들에게 한 가지 획일적인 프로그램이 그대로 적용될 수는 없다.

영유아교육을 위한 교수 · 학습방법은 프로그램 및 접근법과 혼용하여 영유아교육 방식으로 수행되고 있다. 한국의 영유아교육과정 역시 프로그램 또는 접근법 등으로 제시되고 수행되어 왔다. 또한 영유아교육과정 프로그램은 과거 교육의 기능을 더욱 강조했던 유치원을 중심으로 발전[1]하였으나, 지금은 교육과 보육의 기능이 서로 상호작용하며 통합되어 이루어지고 있기 때문에 유치원뿐만 아니라 어린이집에도 다양한 교육과정 프로그램이 운영되고 있다. 본 장에서는 국내 · 외에서 개발되어 적용되고 있는 프로그램들에 대해 구체적으로 살펴보고자 한다.

1) 프로그램 또는 접근법 형태의 선진국의 영유아교육과정이 우리나라에 소개되기 이전에는 유아교육을 교육하는 대학교의 부속유치원을 중심으로 각각의 유아교육과정을 운영해 왔다. 예를 들어, 이화여자대학교의 사범대학 부속 이화유치원에서는 우리나라의 전통사상, 기독교 정신, 프뢰벨의 교육이론과 1920년대 진보주의 이론, 1970년대 구성주의 이론에 기초를 둔 생활주제중심 교육과정(1995년 이전 단원중심 교육과정)을 운영하였고(이화여자대학교 사범대학 부속 이화유치원 편, 2002), 중앙대학교 사범대학 부속유치원은 활동 중심의 교육과정으로 루소(Rousseau), 프뢰벨(Fröbel), 듀이(Dewey), 피아제(Piaget), 몬테소리(Montessori) 등의 이론 중 유아에게 적절한 개념을 통합하여 우리나라 유치원 교육 현장에 적용하였다(중앙대학교 부속유치원 편, 1993). 그리고 덕성여자대학교 부속 유치원은 상호작용이론에 기초한 유아교육과정으로 듀이(Dewey), 피아제(Piaget), 비고츠키(Vygostky)의 이론을 중심으로 구성하여 운영하였다(덕성여자대학교 부속유치원 편, 2000).

1. 국내 영유아 프로그램

1) 배변훈련 프로그램

어린이집에서의 영아보육은 영아를 신체적 · 정서적으로 보살펴주는 것과 영아의 발달을 도모하여 지도하고 가르치는 것으로 나눌 수 있다. 어린이집 일과에서 교사의 영아에 대한 신체적 보살핌은 배변, 건강, 안전문제에 대해 세심한 관심을 기울이고 돌보아 주는 것이다. 이러한 일상적 관리를 중심으로 한 보살핌은 영아보육에 있어 전문적인 영역보다는 사적인 영역으로 누구나 할 수 있는 일로 여기고 있는 것이 우리 사회의 일반적인 인식이다. 이러한 인식은 보육교사들이 교사로서의 신념을 형성하는 데 어려움을 주기도 하는 것이 사실이다.

영아보육과정에서 이루어지는 교사와 영아 간의 보살핌을 통한 상호작용은 어떠한 형태로든 영아의 발달에 중요한 영향을 미치는 요인이 된다. 보살핌은 단순히 돌보는 행위만이 아니라 그 이상의 중요한 의미를 내포하는 것이다. 특히 대 · 소변에 대한 보살핌은 영아반에서 가장 일상적인 일로서 교사의 민감하고 즉각적인 반응이 요구되는 일이다. 김지현(2006)은 아이들의 개월 수가 높아짐에 따라 스스로 대 · 소변 문제를 처리할 수 있도록 연습시키는 배변학습을 교사의 보살핌 행위로 설명하고 있다. 최근 표준보육과정의 기본생활 영역에서는 영아가 규칙적인 배설습관을 기르도록 하여 발달을 촉진하고 심신을 건강하게 유지할 수 있도록 하는 내용을 포함하고 있다(김녹현 외, 2018).

대 · 소변 가리기 훈련은 누구나 예외 없이 반드시 거쳐야 하는 과정이고, 대부분 무리없이 무난하게 넘어가게 된다. 일반적으로 대부분의 아이들은 24~30개월 사이에 대 · 소변 가리기를 할 준비가 이루어진다. 즉, 24개월 이전의 아이들은 대부분 자기 스스로 대장이나 방광을 지속적으로 통제하고 조절하는 것이 어렵다. 따라서 24개월 이전에 너무 빨리 대 · 소변 가리기 훈련을 시작한다면 신체적으로도 준비가 안 되어 있을 뿐만 아니라 마음의 준비도 안 되었기 때문에 아이가 크게 저항할 수도 있다.

대 · 소변 가리기 기간도 아이마다 다르게 나타난다. 어떤 아이는 대 · 소변 가리기를 시작하고 며칠 내에 빠르게 습득하기도 하고, 또 어떤 아이는 그 과정이 수주 내에서 수개월씩 걸리기도 한다. 그리고 대 · 소변을 가리는 것에는 일정한 순서가 있다. 구체적으로 대개 밤에 대변을 가리는 것이 먼저 이루어지고, 대변을 가리고 나면 그 다음으로 낮에 대변을 가릴 수 있게 되며, 그 다음 낮에 소변을 가리게 된다. 그리고 가장 늦게 가리는 것이 밤 동안에 소변을 가리는 일이다. 그래서 4~5세 정도 된 아이들이 밤에 가끔 소변을 누는 것을 흔히 볼 수 있다. 그렇지만 평균적으로 대 · 소변 가리기 훈련을 시작해서 완전히 습득하는 데에 걸리는 기간은 3~6개월 사이이다. 대 · 소변 가리기 훈련에서 부모와 교사가 알고 있어야 할 기본 상식은 〈표 13-1〉과 같다(김이영 외, 2019).

표 13-1. 대 · 소변 가리기 훈련 시 부모와 교사가 알아야 할 기본 상식

- 아이가 정서적으로나 신체적으로 대 · 소변 가리기 훈련을 시작할 준비가 되고 난 후에 훈련을 시작하는 것이 좋다.
- 아이가 가지고 있는 능력에 대해 확신을 가지고 믿어 주어야 한다. 또한 대 · 소변 가리기 훈련 과정을 성공적으로 해 나갈 수 있다는 것을 믿어야 한다.
- 아이가 자신의 기저귀가 젖었다는 사실을 알 수 있을 정도로 이해력이 갖추어졌고, 혼자서 화장실에 갈 수 있을 만큼 운동 기능이 갖추어졌을 때 대 · 소변 가리기 훈련을 시작하는 것이 좋다. 또한 갑자기 대 · 소변이 마려울 때 아이가 재빠르게 화장실에 가서 바지를 내리고 다시 입을 수 있는 기본적인 능력이 이루어지고 나서 대 · 소변 가리기 훈련을 시작하는 것이 좋다.
- 대 · 소변 가리기 훈련을 하는 과정에서 아이가 저항을 한다면 일단 중지하는 것이 좋다. 그런 다음 아이가 먼저 대 · 소변 가리기 훈련에 관심을 보이기 전까지는 수주간 변기 이야기를 하지 않는 것이 좋다.
- 훈련 과정에서 대 · 소변 실수를 해도 침착하게 대해 주어야 한다. 그리고 아이에게 "괜찮아. 누구나 실수를 하기도 한단다. 그렇지만 이것은 하지 않을 수 없으니까 다음에 다시 한번 해 보자"라

고 이야기한다. 절대로 과잉반응을 보이거나 체벌을 해서는 안 된다.
- 대 · 소변 가리기 훈련을 시작하기에 적합한 신체적인 발달, 신경계의 발달이 이루어져 있다 하더라도 아이의 마음 상태가 중요하다. 스트레스에 의한 갈등이 발생했을 때 아이는 흔히 퇴행을 보일 수 있으므로 너무 좌절하지 말고 아이의 마음 상태를 존중해 주면서 아이의 속도에 맞추어 주어야 한다. 그러면 비교적 편안하게 이 과정을 해결해 나갈 수 있다.
- 일부 부모는 자신의 아이가 대 · 소변 가리기 훈련을 어린 나이에 빠르게 성공적으로 마친 것이 부모로서의 자신이 유능하기 때문이라고 착각하는 경우가 있다. 대 · 소변 가리기 훈련은 아이에게 반드시 필요한 것이고, 그 성취감은 아이의 것이어야 한다. 부모를 우월하게 하기 위해서, 부모를 기쁘게 하기 위해서 이루어지는 것은 아니다. 대 · 소변 가리기 훈련의 과정과 결과는 절대적으로 아이의 것이지, 부모의 것이 되어서는 안 된다는 것을 명심해야 한다.

2) 사회교육 프로그램

최근 아동과 관련된 두 가지 이슈는 저출산과 어린 시절의 보육 · 교육기관 입학 그리고 문제행동의 증가이다. 저출산이 보육 및 교육과 연결되는 이유는 여성의 경제활동에 대한 욕구 그리고 여성 가장의 증대, 출산율 증대를 위한 국가정책의 반영 등으로 설명할 수 있다. 그러나 여전히 육아는 여성의 주된 역할이고 이로 인해 한 명 이상의 자녀를 출산하는 것은 경제활동의 단절 혹은 승진의 좌절로 인식되고 있는 것이 사실이다. 이런 이유로 많은 영유아들이 어린 시기에 유아교육기관에 입학하게 되었다.

지금은 상당수의 영유아들이 보육 · 교육기관에서 교사의 개입하에 갈등상황의 해결책을 익히고 있다. 또한 물건을 나누어 쓰고, 빌려주고, 양보하는 등의 친사회적 행동도 보육기관에서 교사의 지도하에 익히고 있다. 즉, 영유아사회발달의 상당부분이 이미 보육 · 교육 기관에 위임된 상황이다. 따라서 교사는 이전보다 더욱 영유아의 발달에 대해 숙지하고 있어야 하고 발달에 적합한 사회경험을 제공하기 위해 준비하고 적절한 교수방법으로 제공해야 하는 필요성이 증대되었다.

영유아사회교육은 "사회 속의 많은 관계들을 잘 유지하면서 인간다운 능력자로 성장하게 하는 인간화 교육"이거나 "사회생활에 대한 이해와 애정을 길러 현명하게 살아갈 수 있는 인간을 기르는 영역"이다. 그러나 영유아사회교육은 영유아를 대상으로 사회생활, 지식, 기술이 조화되는 과정이며 사회성 교육뿐만 아니라 사회과학을 통합하여 영유아가 민주시민으로 건강한 자아를 형성하게 하는 것이다. 따라서 영유아의 사회성 발달을 위한 다양한 프로그램이 개발되어 운영되고 있다. 영유아의 사회교육 프로그램들의 구체적인 내용은 〈표 13-2〉와 같다(김녹현 외, 2018).

표 13-2. 사회교육 프로그램의 구체적인 내용

구분	내용
사회화	영유아가 성장하며 자신이 속한 사회 속에 공인된 가치나 규범 등을 내면화하게 되는데 이것을 형성하는 과정은 자연스러운 놀이상황을 통해 전수 받도록 하는 것이 적절하다.
사회적 유능성	친구들과의 갈등상황에서 왜 이런 갈등이 생겼을까를 생각하게 하고 갈등상황에 대한 적절한 문제해결능력을 키우도록 지도하는 것을 포함한다.
사회인지	한 개인이 인간과 인간사에 대해 지각하고 사고하는 방법이며 인간의 심리적 · 사회적 현상을 대상으로 하는 지각으로 자신과 타인, 사회적 관계, 사회적 조직 및 인간과 세계에 대한 사고와 지식 모두를 의미한다.
도덕성 발달	비교적 절대적인 개념으로서 양심이나 인간의 존엄성에 대한 배려, 거짓말을 하면 안 된다는 등의 개념을 말한다.
사회적 역할 수행	가족, 기관, 지역사회에서 현재 영유아가 할 수 있는 역할을 알아보고, 그것을 담당해 보는 것에서 시작된다.
사회적 현상	영유아들이 접하게 되는 다양한 사회적 현상들을 영유아들이 이해할 수 있는 수준에서 놀이 혹은 활동으로 연결시켜줌으로써 긍정적 사회상을 구축해 가는 데 도움을 주어야 한다.

구분	내용
경제	유아에게 아껴 쓰는 것이 왜 필요한지 저금을 하면 어떻게 되는지 등을 교육하는 것이 필요하다.
지리	집에서 어린이집이나 유치원까지 오는 길을 알아보고 자기 주변 지역사회의 지리적 특성을 인식하는 것을 포함하여 연령이 증가하면서 점차 범위를 넓혀 나가면서 교육한다.
법과 정치	연령이 어리다고 해서 권선징악의 동화만 지도할 수는 없다. 나쁜 일을 하면 도깨비가 나타나 벌주는 것이 아니라 인간들이 서로 합의하여 만든 법에 의해 그에 합당한 죄 값을 받는 것을 알아야 한다.
문화와 전통	자신이 속한 문화에서 유지되어 오는 혹은 이전에 존재하였던 전통들을 살펴보는 것도 자기 정체성을 심어 주는 데 필요한 교육이다.
환경과 인류	인류 보편적인 습성을 이해함과 동시에 서로 다른 점들을 이해하고 수용도를 증진시킴으로써 가족 문화에 대한 역량을 증진시키는 것도 포함된다.

3) 숲 유치원 프로그램

영유아교육에서 학습 위주의 구조화된 교육에 대한 회의와 사람과 자연이 함께 행복하게 살아갈 수 있는 돌봄과 상생의 생태주의에 대한 관심이 증가하면서(임재택, 2010), 스웨덴과 덴마크에서 비롯된 숲 유치원 프로그램이 국내에 도입되고 있다. 우리나라의 경우 2008년에 북부지방 산림청에서 '숲 유치원 프로그램'을 통해 숲 유치원 활동 장소와 프로그램을 제공하면서 시작되었다.

숲 유치원의 기본 전제는 계절이나 날씨와 상관없이 날마다 숲에서 생활하면서 자연 속에서 접하는 모든 것들이 놀잇감인 동시에 교구이며 모든 활동이 학습 경험이 된다. 이러한 교육을 통해 인간과 자연과의 조화로운 관계를 유아기부터 자연스럽게 습득하고, 유아의 전인적인 성장 · 발달을 돕는 것을 목적으로 한다(김수향 외, 2015).

부산대학교, 수성대학교 및 인천대학교의 숲 유치원 교육내용을 예로 살펴보면 봄, 여름, 가을, 겨울 계절별 관련 주제를 정하고 계절 특성에 맞게 활동내용을 정하고 있다. 숲 교사는 자연을 사랑하고 자연주의 교육사상을 이해하며 교사 또한 자연임을 인정하여야 한다. 또한 숲 활동은 주로 자연물을 이용한 자유놀이를 전개하고 영역 구성은 발현적 구성으로 한다. 부모들과 지속적으로 숲 활동을 공유하고 기록화하는 것을 교육내용으로 하고 있다(곽노의 외, 2014).

4) 전자 미디어 교육 프로그램

날마다 홍수처럼 쏟아지는 미디어 기기들과 순식간에 업데이트되어 등장하는 애플리케이션들로 우리나라는 IT강국의 입지를 다지고 있다. 스마트폰의 보급 확산, 인터넷 이용률의 증가와 생활 편의, 금융, 복지 등 모든 분야에서 누구나 편리한 삶을 추구하는 데 활용하고 콘텐츠의 다양화로 일상에서 필수적인 도구로 자리잡고 있다. 하지만 이러한 발전적 면모와는 달리 어린 아이부터 노인에 이르기까지 미디어 중독(〈그림 13-1〉)으로 인해 우울, 불안, 충동성, 과잉행동 등 심리적인 문제와 거북목증후군[2], 안구건조증 등 신체적 문제가 나타나고 있고 사회적으로도 다양한 사건, 사고로 이어지고 있어 사회적인 관심이 증가되고 있는 실정이다.

2) 거북목증후군(forward head posture)은 일명 스티브잡스 병이라고 한다. 평소 핸드폰을 사용하기 위해 목을 아래로 숙인 사람, 컴퓨터 모니터를 많이 보는 사람, 특히 낮은 위치에 있는 모니터를 내려다보는 사람들에게 흔히 발생한다. 또한 이런 자세가 오래되어 목, 어깨의 근육과 인대가 늘어나 통증이 생기는 것을 말한다. 거북이 목이 삔 상태와 비슷하다 하여 거북목증후군이라고 부른다. 우선 대표적인 증상으로 뒷목과 어깨가 뻐근하고 아프며 어깨 근육이 많이 뭉쳐 있고 두통이 생기면서 쉽게 피곤을 느낀다. 이와 더불어 작업능률, 학습능률이 떨어지게 되고, 신경질이 나고 과민하게 된다. 팔의 저림도 나타날 수 있으며, 드물지만 불면증, 어지럼증이 나타나기도 한다.

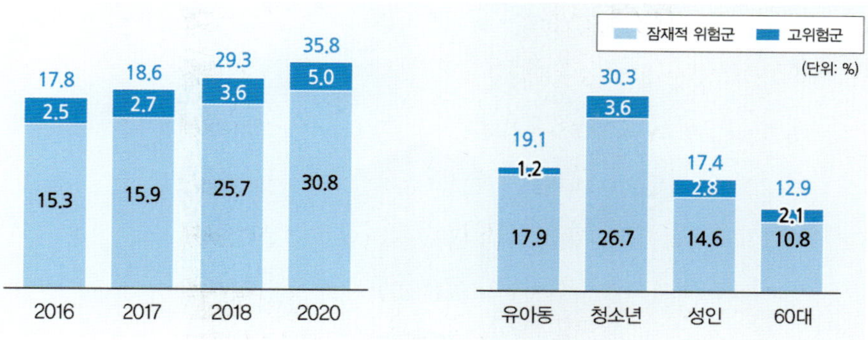

그림 13-1. 스마트폰 과의존 위험군 현황

출처: 통계청, 여성가족부(2021). 2021 청소년 통계.

스마트폰 중독(smartphone addiction)은 일상생활을 유지하기 힘들 정도로 스마트폰을 과도하게 사용하는 장애를 말한다(〈그림 13-2〉). 우리나라에서는 스마트폰 중독 위험군이라는 이름으로 사용되기도 한다. 스마트폰과 컴퓨터 등과 같은 미디어 기기를 오랜 시간 동안 사용할 경우 VDT(Visual Display Terminal: 컴퓨터단말기)증후군[3])까지 발생하기도 한다(김이영 외, 2019).

3) VDT증후군(Visual Display Terminal Syndrome: 컴퓨터단말기 증후군)은 스마트폰, 태블릿 PC나 컴퓨터 모니터와 같은 영상기기를 오랫동안 사용해 생기는 현대병을 의미한다. 가장 큰 원인으로 지목받는 것이 스마트폰이다. 특히 스마트폰 사용에 따라 생길 수 있는 나쁜 자세는 아무리 유연한 아이들이라 할지라도 경추 압박을 받게 된다. 미국 뉴욕의 척추전문의사인 케네투 한스라이 교수 연구진이 국제외과기술저널(Surgical Technology International)에 보고한 논문에 따르면, 스마트폰을 사용하면서 고개를 숙이는 각도에 따라 성인의 경우 최대 27kg의 부담이 가해지는 것으로 나타났다.

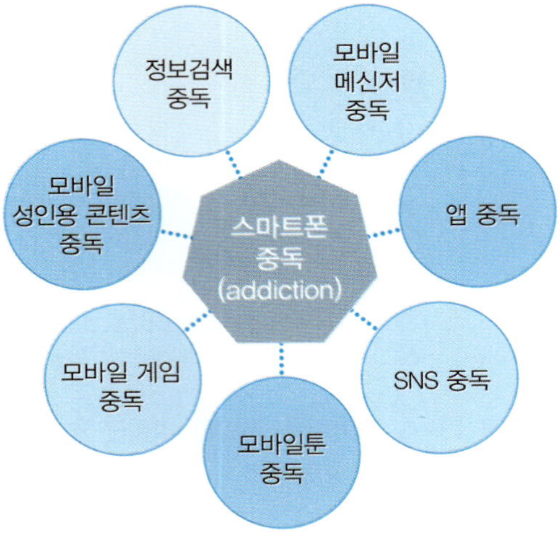

그림 13-2. 스마트폰 중독

성인들은 유아들이 미디어에 대한 노출이 많은 환경에서 성장하고 있기 때문에 폭력적이고 선정적인 미디어의 역기능으로부터 보호할 필요가 있다. 선행연구에서도 미디어를 많이 경험한 유아일수록 상상력, 인지 능력, 학업 성적에서 낮은 점수를 보였으며, 폭력적인 미디어에 많이 노출된 유아일수록 공격성이 높게 나타났다(Singer & Singer, 1979; Zuckerman, Singer & Singer, 1980). 또한 유아들은 미디어를 통해 특정 인종, 계층, 성에 대한 고정관념을 형성하게 된다는 연구(Levin, 1998)를 보더라도 부정적인 미디어 사용을 줄이기 위하여 유아들의 미디어 사용에 대한 적절한 교육을 통한 규제와 허용이 필요하다.

하지만 개인적으로 미디어 중독에 대응하기란 상당히 난해하고 어려운 일이 될 수 있으며, 이제는 사회 전반에 미치는 여러 가지 부정적인 영향들을 살펴볼 때, 개인의 문제를 넘어 사회적 문제로 인식되고 있다고 볼 수 있다. 한국정보화진흥원 스마트쉼센터에서는 인터넷 · 스마트폰 중독 예방에 적극 대응하고자 전문강사를 학교나 수요기관에 파견하고 유아에서 성인에 이르기까지 대상별 인터넷 · 스마트폰 중독의 이해, 실태, 예방, 탈출법 등의 예방교육을 실시하고 있다.

5) 다문화 반편견 교육 프로그램

정보통신과 각종 미디어의 발달로 인하여 인류는 하나의 문화를 고집하던 시대를 뛰어넘어 '세계화'라는 명목으로 여러 가지 문화가 혼재된 지구촌시대를 살아가고 있다. 하지만 이렇게 다양한 민족, 인종, 문화가 함께 어울려 더불어 살아가는 환경은 자신에 대한 정체감과 타인에 대한 편견이 없는 이해를 바탕으로 가능하다(Robertson, 1992). 이러한 편견없는 다양한 시각과 포용력 있는 가치관은 현대인으로서 갖추어야 할 소양이며, 특히 미래를 짊어질 우리의 자녀들은 필수적으로 유아기부터 다양한 문화를 접하고 긍정적인 수용과 자신의 문화에 대한 정체성을 갖추는 교육이 요구된다(김이영 외, 2019).

편견이란 공정하지 못하고 한쪽으로 치우친 생각을 뜻하는 것으로 적절한 지식, 사고, 이성 등이 없는 상태에서 다른 사람이나 상황에 대하여 가지게 되는 태도나 의견 혹은 감정 등으로 결국에는 편견은 다른 사람이나 집단에 대하여 좋아하거나 적대시하는 판단을 하게 만든다(Jones & Derman-Sparks, 1992). 우리는 생활의 다양한 상황에서 편견을 경험하고 이때 느끼는 상처나 분노, 또는 죄책감 등을 외면하고 싶어한다. 하지만 부정적인 결과를 초래하는 편견에 대해 대처하는 능력을 배양하기 위한 교육, 즉 반편견 교육에 대해서는 상대적으로 소홀한 것이 사실이다. 그러므로 여러 가지 내적인 가치관이 형성되는 유아기부터 반편견 교육에 대한 교육계의 올바른 이해를 기반으로 편견에 대한 부정적 영향을 직시하여 편견이 배제된 가치관을 심어주는 교육이 필요하다. 반편견 교육에서 강조하고 있는 내용을 살펴보면 〈표 13-3〉과 같다.

표 13-3. 반편견 교육에서 강조하는 내용

- 유아기는 자기 정체감과 다른 사람에 대한 이해를 발달시키는 시기이다.
- 내가 누구이고, 네가 누구이며, 나에 대해서 어떻게 느끼는가를 생각하는 것은 3~5세 유아들이 열중하는 과제이다.
- 유아들이 그들 자신과 다른 사람에 대하여 신체적 특징이나 차이점에 대하여 질문하는 것은 자연스러운 일이다.
- 성이나 생식기에 대한 유아들의 질문에 진지하게 반응해 준다.
- 성역할 고정관념은 점차 변화되고 있으며 각자의 가능성을 최대한 살릴 수 있는 기회와 자원이 필요하다.
- 반편견 교육은 사람들의 서로 다른 차이점을 강조하며 이를 인간의 존엄성의 측면에서 접근하는 것이 바람직하다. 다른 사람에 대한 관심과 다른 사람과 기꺼이 함께 하고 싶어 하고 협동할 수 있도록 지원한다.
- 반편견 교육은 일상생활 중에서 우연히 일어나는 상황을 교육적으로 적절하게 개입하는 것이 좋다. 늘 유아들의 행동을 잘 관찰하는 것이 적절한 교육 기회를 포착하는 첫 단계이다.
- 유아들이 자기 민족이나 나라에 대하여 우월성이 아닌 긍지를 느낄 수 있도록 격려한다.
- 다른 사람의 삶의 방식에 대한 이해와 존중감을 발달시킨다. 이러한 이해를 기초로 다른 나라와 문화에 대한 존중감을 가지게 한다.
- 유아들이 우리가 공유하고 있는 신체적 공통점에 대하여 이해하도록 격려한다.
- 효과적이고 상호적인 가정과 학교와의 협력을 통하여 유아의 반편견 교육을 지원한다.

6) 장애통합보육 프로그램

장애통합보육이란 장애유아[4]의 교육을 일반 교육 속에 마련하는 것으로, 한 개인이 다른 개인을 위하여 희생을 하는 개념이 아니라 장애를 여러 가지 상황 중 단지 하나의 상황으로 받아들이고, 장애유아의 독특한 교육적 요구와 더불어 장애유아가 자신의 발달에 적합한 교육을 받는 것을 의미한다(이미정, 2008). 즉, 장애통합보육은 기본적으로 모든 유아가 어린이집과 지역사회에서 보육 받고 생활하듯이 장애유아들 또한

4) 장애유형에 대해 「장애인 등에 대한 특수교육법」에서는 10가지 장애유형, 즉 시각장애, 청각장애, 지적장애, 지체장애, 정서 · 행동장애, 자폐성장애, 의사소통장애, 학습장애, 건강장애 및 발달지체로 분류하고 있다.

비장애유아와 함께 보육 받으며 동일한 소속감과 동등한 가치를 인정받고, 동등한 선택의 자유를 누리며 생활하는 것을 말한다(신은희, 2017). 이는 장애유아가 비장애유아와 같은 사회적 · 심리적 · 교육적 경험을 할 수 있도록 실시하는 것으로, 의료, 복지, 교육 등 각 분야와 연계하면서 장애유아와 비장애유아를 함께 보육하여 장애유아의 전반적인 발달을 도모하는 것이라고 할 수 있다.

여기에서 말하는 장애유아와 비장애유아를 함께 보육한다는 것은 공간적인 것뿐만 아니라 모든 보육과정 등에 함께 참여할 수 있도록 도와주는 보호와 특수교육, 개별화 교육까지를 포함하는 개념을 말한다(김태숙, 2009). 이러한 장애통합보육은 장애유아의 발달을 도모하는 것뿐만 아니라 비장애유아도 장애유아에 대한 차별의식과 같은 태도가 긍정적으로 변화할 수 있으며, 장애유아와의 긍정적인 상호작용의 증가로 좋은 경험을 얻게 되어 비장애유아의 사회성을 최대한 발달시키는 효과가 있다(조희동, 2005).

통합보육의 원리는 정상화의 원리, 탈수용 시설화, 주류화, 최소제한의 환경 등과 의미상 유사한 점을 발견할 수 있으며, 이러한 원리들은 장애통합보육의 바탕이 된 원리들로 구체적으로 살펴보면 〈표 13-4〉와 같다.

표 13-4. 장애통합 보육의 원리

구분	내용
정상화 원리 (The Principle of Normalization)	정상화 원리란 문화적으로 정상적인 개개인의 특성 및 행동을 형성하고 유지하기 위해서는 가능한 한 문화적으로 정상적인 수단을 사용해야 한다는 철학적 믿음이다. 정상화 원리의 개념은 서비스를 다양하게 공급할 것을 강조하고 있는 반면, 다른 한편으로는 완전한 통합을 강조하기도 한다.
탈수용 시설화 (Deinstitutionalization)	1960년대와 1970년대를 거치면서 장애인을 시설에 수용하는 것을 강하게 비판하는 사회적 움직임이 일어나기 시작했는데, 사회운동의 일환으로 이들을 분리된 시설에서 지역사회로 이동시키기 위한 운동이 탈수용 시설화이다.

구분	내용
최소제한환경 (The Least Restrictive Environment)	최소제한환경의 원리란 장애유아들에게 제공되는 환경이 제한되거나 빈약해서는 안 되며, 불가피하게 어쩔 수 없이 주어지는 제한 또한 최소화시켜야 한다는 환경적 전반에 관한 문제를 강조한 개념이다.
주류화의 원리 (The Principle of Mainstreaming)	주류화란 장애유아와 비장애유아들을 함께 배치하는 것을 의미하며, 장애유아를 분리된 학급에 배치, 편성하지 않고 정규 일반 학급에 편성하여 일반유아와 함께 교육받는 것을 포함한다. 또한 분리교육으로 제공되는 장애유아의 제한적 환경을 최소화시키려는 하나의 대안으로 장애유아의 요구에 따라 최대한 정상의 적절한 교육 기회를 제공하는 것이다.
일반교육 주도 (Regular Education Initiative)	어린이집 밖에 있는 특수교육 프로그램을 일반 어린이집 안으로 끌어 들여 일반교사들이 특수교사 역할까지 맡아서 교육하는 것을 말한다. 하지만 가능한 한 일반교사로부터 교육을 받으며 부득이할 경우에만 특수교사로부터 보조교육을 받기 때문에 완전통합과는 거리가 있다고 할 수 있다.
완전통합 (Full-Inclusion)	완전통합은 장애유아가 일반 보육은 물론 특수교육까지 함께 받는 것을 의미한다. 이는 일반 학급 내에 보육교사와 특수교사가 서로 간에 협동하여 가르치는 것으로 장애유아를 위한 도덕적 · 윤리적이고 가장 인간적인 교육의 장이라는 점에서 주목받고 있다.

7) 시간제보육 프로그램

보육은 영유아를 건강하고 안전하게 보호 · 양육하고 영유아의 발달 특성에 맞는 교육을 제공하는 것을 말한다. 기존의 어린이집 보육은 반일반이나 종일반 등으로 보육하였으나 정부의 맞춤형 보육 정책시행으로 다양한 보육서비스를 제공하게 되었다. 시간제보육이 그 중 하나로 가정양육 시에도 지정된 제공기관에서 시간단위로 보육서비스를 이용하고 이용한 시간만큼 보육료를 지불하게 된다.

시간제보육은 수요자 맞춤형으로 제공하는 비정기적인 보육으로 부모나 양육자가 긴급하거나 일시적인 사정으로 보육이 필요한 영아를 지정된 시간 동안 제공하는 보육서비스이다. 시간제보육은 2013년 7월에 시범사업으로 보호자의 부득이하고 긴급한 상황에 일시적으로 보육서비스를 제공하는 일시보육으로 시작되었다. 2014년 7월부터는 시간제보육으로 명칭이 변경되었고, 맞벌이 부모와 시간제 근로자를 위해 이용대상을 기본형과 맞벌이형으로 구분하였다. 그러나 2018년에는 기본형과 맞벌이형의 구분을 없애고, 지원대상의 유형에도 차이를 두지 않고 실시하고 있다. 또한 시간제보육의 지원시간은 유형의 구분 없이 80시간으로 동일하게 지원하고 있다.

시간제사업의 법적근거는 「영유아보육법」 제26조의2, 「동법 시행령」 제21조의3, 「동법 시행규칙」 제28조의2이다(〈표 13-5〉). 시간제보육서비스의 이용대상은 6개월 이상~36개월 미만의 영아이다. 시간제보육의 사업 기관은 시 · 군 · 구로부터 시간제보육제공기관으로 지정받은 어린이집, 육아종합지원센터 등이다. 시간제보육의 관리기관은 시 · 도 육아종합지원센터(또는 시 · 군 · 구 육아종합지원센터)이며, 이러한 서비스는 제공기관으로 지정되기를 희망하는 기관의 요구에 의해 시 · 군 · 구의 지정으로 운영된다.

표 13-5. 시간제 보육의 법적 근거(「영유아보육법」)

제26조의2(시간제보육 서비스)

① 국가 또는 지방자치단체는 제34조에 따른 무상보육 및 「유아교육법」 제24조에 따른 무상교육 지원을 받지 아니하는 영유아에 대하여 필요한 경우 시간제보육 서비스를 지원할 수 있다. 이 경우 시간제보육 서비스의 종류, 지원대상, 지원방법, 그 밖에 시간제보육 서비스의 제공에 필요한 사항은 보건복지부령으로 정한다.

② 특별자치시장 · 특별자치도지사 · 시장 · 군수 · 구청장은 다음 각 호의 어느 하나에 해당하는 시설을 시간제보육 서비스를 제공하는 기관(이하 이 조에서 "시간제보육서비스지정기관"이라 한다)으로 지정할 수 있다.

1. 육아종합지원센터
2. 어린이집
3. 그 밖에 시간제보육 서비스의 제공이 가능한 시설로서 보건복지부령으로 정하는 시설

③ 보건복지부장관, 시 · 도지사 또는 시장 · 군수 · 구청장은 시간제보육서비스지정기관에 예산의 범위에서 시간제보육 서비스의 제공에 필요한 비용을 보조할 수 있다.

④ 시장 · 군수 · 구청장은 시간제보육서비스지정기관이 다음 각 호의 어느 하나에 해당하는 경우에는 제2항에 따른 지정을 취소할 수 있다.

1. 시간제보육서비스지정기관이 지급받은 보조금 및 비용을 목적 외의 용도에 사용하였을 경우
2. 시간제보육서비스지정기관이 거짓이나 그 밖의 부정한 방법으로 보조금 및 비용을 지급받았을 경우
3. 그 밖에 대통령령으로 정하는 사유가 있는 경우

⑤ 시간제보육서비스지정기관의 안전사고 예방 및 사고에 따른 영유아 생명 · 신체 등의 피해 보상에 관하여는 제31조의2를 준용한다. 이 경우 "어린이집"은 "시간제보육서비스지정기관"으로, "어린이집의 원장"은 "시간제보육서비스지정기관의 장"으로 본다.

제21조의3(시간제보육서비스지정기관 지정 취소의 사유)

법 제26조의2 제4항 제3호에서 "대통령령으로 정하는 사유"란 다음 각 호의 어느 하나에 해당하는 사유를 말한다.

1. 거짓이나 그 밖의 부정한 방법으로 지정을 받은 경우
2. 법 제26조의2 제2항에 따른 시간제보육서비스지정기관(이하 "시간제보육서비스지정기관"이라 한다)의 장 또는 직원이 「아동복지법」 제71조 제1항에 따른 처벌을 받은 경우
3. 정당한 사유 없이 지정을 받은 날부터 3개월 이내에 시간제보육 서비스를 제공하지 않은 경우
4. 안전, 위생, 보육환경, 보육과정 운영 및 보육인력의 전문성 등 시간제보육 서비스를 제공하는 데 필요한 요건을 갖추지 못했다고 특별자치시장 · 특별자치도지사 · 시장 · 군수 · 구청장이 인정한 경우
5. 시간제보육서비스지정기관의 장이 해당 기관을 폐지하거나 정당한 사유 없이 3개월 이상 운영을 중단하는 등 시간제보육 서비스를 제공하는 것이 불가능한 경우
6. 시간제보육서비스지정기관의 장이 지정의 취소를 요청하는 경우

제28조의2(시간제보육 서비스 지원 방법 등)

① 법 제26조의2 제1항에 따른 시간제보육 서비스의 종류는 다음 각 호와 같다.

1. 일반 시간제보육 서비스: 시간 단위로 정기적으로 이용할 수 있으나, 그 이용일 및 이용시간이 별표 8 제2호다목1) 본문에 따른 기준(운영일 및 운영시간)에 못미치는 시간제보육 서비스
2. 긴급 시간제보육 서비스: 긴급한 시간제보육 서비스 수요가 발생한 경우 비정기적으로 이용할 수 있는 시간제보육 서비스

② 시간제보육 서비스의 지원대상은 생후 6개월 이상의 영유아 중 보건복지부장관이 정하는 영유아로 한다.

③ 법 제26조의2 제1항에 따라 시간제보육 서비스 지원을 받으려는 영유아의 보호자는 특별자치시

장 · 특별자치도지사 · 시장 · 군수 · 구청장에게 시간제보육 서비스 지원을 신청하여야 한다.
④ 특별자치시장 · 특별자치도지사 · 시장 · 군수 · 구청장은 제3항에 따라 시간제보육 서비스 지원을 신청한 사람 중 제2항에 해당하는 영유아의 보호자에게 시간제보육 서비스 이용권을 지급할 수 있다.
⑤ 시간제보육 서비스 이용권의 신청 및 발급 등에 관하여는 제35조의3을 준용한다.
⑥ 법 제26조의2 제2항 제3호에서 "보건복지부령으로 정하는 시설"이란 비영리법인 또는 단체가 설치 · 운영하는 보육 관련 시설을 말한다.
⑦ 제1항부터 제6항까지에서 규정한 사항 외에 시간제보육 서비스 제공에 관하여 필요한 사항은 보건복지부장관이 정한다.

부모들의 수요자 중심의 보육지원서비스에 대한 요구가 증가하고, 보육의 공공성이 강조되면서 높은 보육의 질과 다양한 보육서비스의 맞춤형 보육에 대한 관심이 높아지고 있다. 어린이집은 하루 12시간을 기본으로 운영되고 있으나 야간보육, 휴일보육, 24시간보육 등의 시간연장형 보육과 비정형적으로 일정 시간 이용하는 시간제보육 등 다양한 보육서비스를 실시하고 있다. 이러한 다양한 보육서비스 중에 시간제보육 서비스에 대한 부모의 욕구가 가장 높은 것으로 나타났다(서문희, 박수연, 2009). 현대 사회는 핵가족화와 개인주의적인 특성으로 양육지원이 필요한 상황에서 도움을 요청하기가 어렵고, 취업모보다 가정에서 자녀양육을 전담하는 미취업모의 양육스트레스가 높다는 연구결과를(권미경, 2012; 손수민, 2012) 통해 시간제보육의 필요성을 알 수 있다. 또한 최근에는 노동형태가 다양해져서 전업주부들의 사회 활동의 기회가 많아지고 있으며, 육아갈등이나 주 양육자의 갑작스러운 사고나 질병발생 시 보육을 제공받을 수 있어 시간제보육의 필요성이 증가되고 있다.

8) 시간연장보육 프로그램

보육은 단순한 보호가 아닌 영유아와 그 가족이 안고 있는 생활상의 문제에까지 적극적으로 개입하는 사회복지서비스이다. 최근 들어 여성들의 사회 진출과 맞벌이 부부의 증가로 야간근로여성, 시간제 근무와 근무형태가 다양해지면서 이에 따른 보육 형태 또한 다양하게 요구되고 있다. 이러한 요구를 반영하여 「영유아보육법 시행규칙」 제28조 제4호에 의하면(<표 13-6>), 시간연장형 보육이란 기준 보육시간 외에 시간을 연장하여 보육서비스를 제공하는 것이라고 정의하고 있으며, 시간연장보육, 야간보육, 24시간보육, 휴일보육 등을 포함하고 있다. 즉, 기준 보육시간에 귀가할 수 없는 영유아들을 대상으로 부모를 대신하여 가정과 같은 안락한 환경을 만들어 보호자인 부모가 자녀들을 방치하는 현상을 방지하고, 영유아를 둔 부모가 안심하고 생업에 종사하며 사회참여를 통하여 자아를 실현할 수 있도록 하는 데 의의가 있다(전연희, 2011).

표 13-6. 「영유아보육법 시행규칙」 제28조

제28조(취약보육의 종류)

① 법 제26조 제1항에 따른 취약보육은 다음 각 호의 보육을 포함한다.
1. 영아 보육: 만 3세 미만의 영아를 대상으로 보육서비스를 제공하는 것
2. 장애아 보육: 「장애인복지법」 제32조에 따라 장애인으로 등록된 영유아 등에게 보육서비스를 제공하는 것
3. 다문화아동 보육: 「다문화가족지원법」 제2조 제1호에 따른 다문화가족의 영유아 등에게 보육서비스를 제공하는 것
4. 시간연장형 보육: 기준 보육시간 외에 시간을 연장하여 보육서비스를 제공하는 것

② 취약보육의 정원 책정 등 취약보육에 대한 구체적인 사항은 보건복지부장관이 정한다.

시간연장보육은 기준 보육시간(07:30~19:30)을 경과하여 최대 24:00까지 시간을 연장하여 보육하는 것을 의미하며, 24시간보육(종일보육+시간연장보육+새벽보육), 시간연장보육,

야간보육(시간연장+새벽보육), 휴일보육을 포함한다(보건복지부, 2014). 이 중 시간연장보육 어린이집의 경우 시작 시간인 19시 30분 이후 시간연장 영유아가 2명 이상 보육할 경우 인건비가 지원되며, 국 · 공립 어린이집 및 정부지원 비영리법인 어린이집의 경우와 직장어린이집 중 공공기관 및 고용보험기금 지원시설은 보육영유아가 1명인 경우에도 인건비가 지원된다. 또한 해당 시간연장반 전체 영유아의 시간연장보육시간의 총 합이 월 20시간 이상일 경우에만 인건비가 지원된다. 지원방법은 두 가지가 있는데, 그 중 한 가지는 시간연장반 보육교사 인건비를 지원하는 경우로 보육교사를 별도로 채용한 경우에만 해당된다. 또 다른 지원 방식은 주간 보육교사(보육교사 겸임 가능한 원장도 포함)의 초과근무 형태로 시간연장보육을 한 경우 또는 단시간 보육교사를 채용한 경우로 이들 교사에게는 일정 수당을 지급하게 된다.

2. 국외 영유아 프로그램

1) 프로젝트 접근법

프로젝트 접근법은 한 명 또는 그 이상의 유아들이 특정 주제를 깊이 있게 탐구하고 연구하는 방법이다. 다양한 방법으로 유아교육과정에 통합될 수 있고, 내용뿐만 아니라 가르치고 배우는 과정을 포함한다는 의미에서 'project approach'라고 불리고 있다. 프로젝트 접근법의 이론적 토대는 1886년 듀이(Dewey)에 의해 설립된 실험학교에서부터 비롯된다. 듀이는 교사에 의해 주도되는 수동적인 교육이 아닌 경험을 통한 학습을 실현하고자 아동의 능동적 참여와 적극적인 활동을 강조하는 프로젝트 형식의 수업을 시도하게 되었다. 듀이에 이어 프로젝트에 의한 학습 활동은 1919년 킬패트릭(Kilpatrick,

1918)이 '프로젝트법(project method)'이라는 논문을 발표하면서 구체적으로 체계화되었다. 하지만 탐구학습과 발견학습을 바탕으로 한 킬패트릭의 프로젝트 방법은 유아 및 학습에 대해 지나치게 낭만주의적으로 간주한다고 듀이를 비롯한 많은 교육학자로부터 비판을 받기도 하였다. 특히 그 당시 프로젝트 방법은 교육과정 수립 및 전개과정에서 교사의 전문성을 외면하고 유아의 흥미에만 치중함으로써 교육적 역할을 제대로 해내지 못했다고 지적되었다.

이러한 프로젝트에 의한 교수법은 1950년대 학문중심 교육과정이 대두되면서 쇠퇴하였다가 1960년대 후반에 들어 인간 중심의 교육에 대한 요구가 높아지면서 다시 관심을 받게 되었다. 프로젝트 접근법의 가치는 1980년대 말부터 영국의 열린교육 및 통합교육에 직접적인 영향을 받은 캐츠(Katz)와 차드(Chard)에 의해 재조명되기 시작하였다. 1989년 캐츠와 차드는 〈Engaging Children's Mind: The Project Approach〉라는 책을 출판하여 프로젝트 접근법을 유아들의 흥미와 지식, 경험에 기초한 통합적 교수학습방법의 모범적인 사례로 소개하였다. 그 이후 미국과 캐나다를 중심으로 프로젝트 접근법이 세계 각국의 유아교육과 초등교육계에 소개되면서 널리 알려지게 되었다.

프로젝트 접근법의 교수학습 방법은 몇 가지 진행단계를 거친다. 크게는 계획 및 준비를 하는 주제선정의 단계와 도입의 단계, 탐색과 표상활동을 통한 전개단계, 마무리 및 평가 등의 3단계로 나눌 수 있다(전남련 외, 2013). 프로젝트 활동을 진행하기 위해서는 적절한 주제를 선정하는 것이 중요하다. 그 주제는 유아의 일상생활과 밀접한 연관이 되어 있으며 친숙한 주제여야 하고(지옥정, 2000), 유아의 흥미와 관심을 끌 수 있어야 하며, 충분한 학습 가능성이 있어야 하고 자원이 풍부하며 자원활용이 용이하여야 한다(전남련 외, 2013).

그 다음 도입단계에서는 주제를 선정하는데, 이때의 주제는 구체적이고 지역적이며 현재에 관한 것이고 소규모의 것이 되어야 하며 프로젝트에서는 이러한 주제를 Topic

이라고 한다(전남련 외, 2013). 주제에 대한 예비 학습망을 작성하기 위해 교사는 유아와 브레인스토밍을 하여 교사-유아 공동의 주제망(Web)을 완성한다(〈그림 13-3〉). 이 과정에서 유아가 궁금해 하는 것에 대한 질문목록을 작성하고 필요한 자원을 조사하고 준비한다. 이러한 준비단계에서 교사는 학부모에게 프로젝트에 대해 구체적으로 알림으로써 프로젝트의 자원을 준비하는 데 도움을 받을 수 있다.

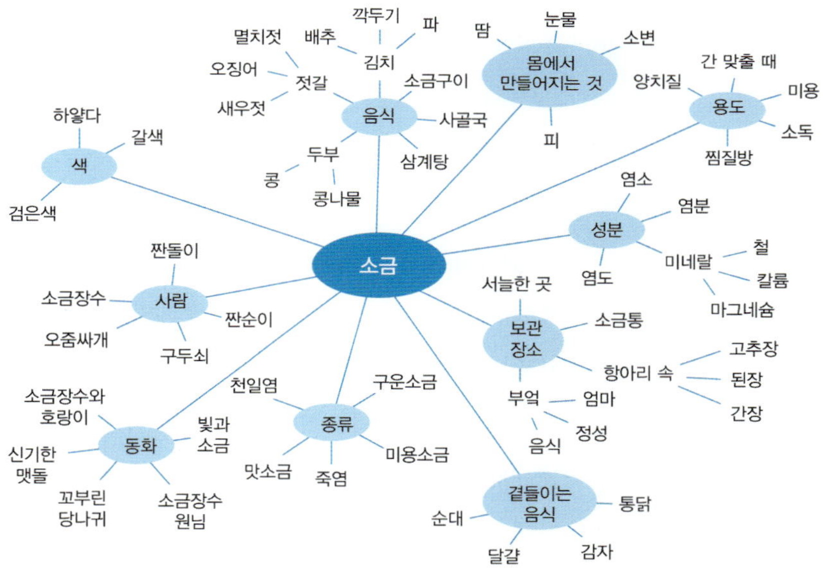

그림 13-3. 소금 프로젝트에서 완성된 주제망

출처: 전남련 외(2011). 영유아 교수학습방법. 신정.

전개단계에서는 집단토의, 조사활동, 현장견학활동, 표현활동 및 전시 등을 진행한다. 상황에 따라 전문가의 방문활동이 이루어지기도 한다. 마지막으로 프로젝트의 마무리단계에서는 그동안의 결과물이나 성취물을 가지고 전시회를 하거나 발표회를 개최할 수 있다. 발표회 및 전시회가 종료되면 전체적인 프로젝트 학습에 대한 반성 및 다음 학습에 대한 피드백을 제공한다.

2) 레지오 에밀리아 접근법

Loris Maaguzzi

레지오 에밀리아 접근법(Reggio Emillia approach)은 1946년경 이탈리아 북부의 레지오 에밀리아 지역에서 시의 재정적 지원으로 시작된 유아교육 프로그램을 의미한다. 제2차 세계대전 직후, 레지오 에밀리아 시의 에밀리아 로마나(Emillia Romagna) 지역에서 부모들이 유아기 자녀들을 위해 학교를 설립하게 되면서 시작되었다. 1967년에는 부모가 운영하던 모든 유아학교가 레지오 에밀리아 시의 관리로 통합되었다. 이러한 레지오 에밀리아 시립 유아교육 체제는 뉴스위크지(Newsweek, 1992)에서 '세계에서 가장 좋은 10대 학교'로 지목되어 '어린이들의 창의성과 예술적 표현'에 찬사를 받은 바 있다(Edwards, Gandini & Forman, 1993, 1996). 오늘날 0세부터 3세 영아를 위한 학교와 3세부터 6세 유아를 위한 학교로 체계화되어 운영되고 있다.

레지오 에밀리아 접근법의 이론적 기초는 유아의 개성과 흥미, 욕구, 자발성과 적성 등을 교육의 중요한 원리로 삼고 전통적인 권위주의와 성인 중심의 교육을 탈피하려는 진보주의 교육사상과 인지적 갈등을 통해 학습자가 스스로 지식을 구성한다는 피아제(Piaget)의 구성주의 이론, 인간은 사회적 · 문화적 세계의 산물이라고 보는 비고츠키(Vygotsky)의 사회적 접근법뿐만 아니라 가드너(Gardner)의 다중지능이론에서 프로젝트 학습활동을 통해 서로 다른 상징 매체의 표상적 잠재력을 활용한 다상징적 표상방법에도 영향을 받았다(양옥승 외, 2015).

레지오 에밀리아 접근법에서 유아의 교육적 욕구나 흥미는 임시적이고 유동적이기 때문에 이를 사전에 체계적으로 계획하는 것은 아무런 의미가 없다. 따라서 교육목표 및 내용을 미리 선정하는 것은 유아의 잠재 가능성을 방해할 수 있으며, 그들의 유동적인 교육적 요구에 부응하지 못한다고 본다. 즉, 유아의 흥미를 바탕으로 하여 발현적으로 주제를 선정하기 때문에 교육내용을 미리 계획하지 않는다. 이러한 특성이 전 교육과정에 반영되기 때문에 레지오 에밀리아 접근에서는 이를 발현적 교육과정이라고 한다.

레지오 에밀리아 접근법의 가장 대표적인 수업방식으로는 상징화의 주기를 들 수 있다. 상징화의 주기는 표상활동을 주기적으로 반복하면서 표상을 해석하여 학습에 반영하고, 그 결과 나온 생각을 재표상하여 이해의 깊이를 더해 가는 것이다. 표상이란 "눈앞에 보이지 않는 사물에 대한 아이들의 생각을 눈에 보이는 상징으로 표현하는 것"을 말한다. 표상활동의 목적은 회화적 · 심미적 가치에 있지 않고 아동들이 생각을 표현하고 교사가 아동들의 생각을 이해하는 학습의 도구로 활용하는 데 가치가 있다.

아동들은 그림, 기호, 몸짓, 점토 등의 다양한 매체를 가지고 자신의 생각을 표상한다. 한 가지 주제나 개념을 이해하기 위해 탐구과정에서 사용할 수 있는 매체는 매우 다양하며, 각 매체는 서로 다른 인지 조직적 특성으로 통합되고 축적되어서 결국 주제에 대한 학습이 나선형적으로 심화되어 간다.

3) 몬테소리 프로그램

Maria Montessori

몬테소리 프로그램은 이탈리아의 교육학자였던 몬테소리(Maria Montessori, 1870~1952) 이론에 기초한 프로그램이다. 1896년 26세에 이탈리아 최초의 여성 의사였던 마리아 몬테소리는 로마의 의과대학을 마치고 한 정신병원에서 아동을 치료하면서 아동교육에 관심을 가지게 되었다. 그녀가 맨 처음 전문적인 관심을 보였던 것은 지적장애 분야였는데 시설에 수용된 지체아들이 경험에 굶주려 있는 것을 관찰하게 되면서 올바른 방법을 사용한다면 그들을 가르칠 수 있다는 확신을 갖게 되었다. 1907년 몬테소리는 로마에 사는 3~7세의 빈민 유아들을 대상으로 어린이집(Casa dei Bambini)을 설립하였는데, 이 어린이집에서 지적장애아 교육에 실제적으로 참여하였다.

몬테소리 프로그램은 개별 유아에 대한 존중을 강조하고 유아들은 계획적으로 준비된 환경에서 지식을 직접 흡수하면서 저절로 학습 가능한 흡수정신을 갖고 있다고 보았다. 흡수정신은 무의식적 단계와 의식적 단계로 나눌 수 있다. 무의식적 단계는 0~3세의 영유아기로 이 시기의 영유아는 주위환경에서 접하는 모든 정보를 거의 무의식적으로 흡수한다. 의식적인 단계는 3~6세의 유아기에 해당하며 이 시기의 유아는 의식적이고 계획적으로 환경과 상호작용하며 다양한 정보를 선택적으로 경험하고 학습한다(이기숙 외, 2008). 정상화란 몬테소리 교육의 목적이라 할 수 있는데, 유아가 작업(work)을 통해 자신감을 발달시키고 몸과 마음과 영혼이 온전히 회복되는 것을 말한다(양옥승 외, 2015).

교육내용은 일상생활, 언어, 감각, 수학, 문화 영역으로 나누어 이루어진다. 몬테소리 교육에서 중요하게 다루는 것 중 하나인 교구는 각 영역에서 유아가 자발적으로 활용하면서 학습할 수 있도록 고안되어 있다. 다만 유아가 개별적으로 특정 교구를 특정 방식으로만 사용하도록 하여 유아의 창의성 및 자율성과 사회성 발달을 돕는 측면이 약하다는 평가를 받고 있다(문미옥, 2013).

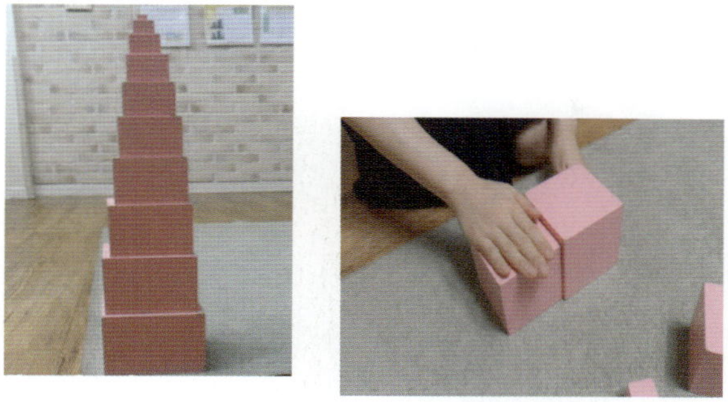

그림 13-4. 몬테소리 감각교구 분홍탑(pink tower)의 활용

출처: 김이영 외(2019). 유아교육개론. 양성원.

4) 발도르프 프로그램

Rudolf Steiner

발도르프(waldorf) 프로그램은 제1차 세계대전으로 인한 사회적 · 경제적 혼돈 속에서 오스트리아 루돌프 슈타이너(Rudolf Steiner, 1861~1925)가 1919년 남부 독일 슈투트가르트(Stuttgart)에서 발도르프 아스토리아 담배공장 노동자 자녀들을 위해 학교를 만들면서 시작되었다. 발도르프 학교 설립 이후에는 1926년 슈투트가르트에서 최초의 발도르프 유치원이 설립되었다. 발도르프 프로그램은 20세기 유럽에서 슈타이너에 의해 정립된 '인지학(人智, anthroposophy)'이라는 기본 철학을 기초로 이루어졌다. 인간을 신분과 계급으로 차별하지 않고 신체(body), 영혼(soul), 정신(spirit)의 통합적인 존재로 인식한 슈타이너의 인간관은 교육학, 의학, 건축학, 예술, 농업 등에 그 영향을 미치고 있다. 특히 교육학에 있어서는 인간에 대한 깊은 인식을 교육적으로 체계화하였다. 우리나라에는 1996년 스위스에서 열렸던 세계

교육부장관 회의에서 바람직한 교육 모델로 '발도르프 학교'가 소개되면서 알려지게 되었다.

발도르프 프로그램은 슈타이너의 인간발달론을 바탕으로 발도르프 학교에서 자연과 조화로운 삶을 경험하는 것을 강조한 교육을 실시하였다. 슈타이너의 인간발달론은 인간 본성에 대한 올바른 이해를 바탕으로 하여 인간을 정신적 · 육체적인 존재일 뿐만 아니라 우주의 정신성을 향해 탐구해 나가는 존재로 보는 관점이다. 슈타이너는 교육의 과정 중 영적인 차원에 관심을 갖고 유아들뿐만 아니라 유아를 교육시키는 과정에 참여하는 성인들을 위한 많은 아이디어를 제안하였는데, 중심적인 철학은 바로 머리, 손, 가슴이 있는 전인적인 유아로 가르쳐야 한다는 것이다(우수경 외, 2015).

발도르프 프로그램에서 중요한 개념은 특정 종교적 전통 등에 얽매이지 않고 인간 내면의 영적인 작업에 관심을 두고 있다는 것이다. 또한 개별유아의 발달단계에 적합한 교육과정을 강조하고 학습에 예술적 동작 활동을 활용한 다양한 예술분야를 포함한 교육과정을 운영하는 데 초점을 맞추고 있다.

5) 하이-스코프 프로그램

하이-스코프 프로그램(High Scope Program)은 듀이(Dewey)의 진보주의 이론과 피아제(Piaget)의 인지발달이론을 기초로 하고 있다. 하이-스코프 프로그램의 주요 개념은 "능동적인 학습, 균형 잡힌 일과계획, 핵심경험"으로 정리할 수 있다(High Scope Educational Research Foundation, 1989). 하이-스코프 프로그램에서는 유아들이 능동적으로 교육활동을 선택하고 활동하며 평가한다. 개별유아에게 적합한 균형 잡힌 일과계획을 제공하고 유아들의 발현적인 능력을 확장시키고 지원하는 '핵심경험'을 할 수 있도록 발달적으로 연속된 목적과 교구를 제공한다. '핵심경험'에는 수학, 언어, 예술, 사회학교육 등이 포함된다(우수경 외, 2016).

6) 카미 드브리스 프로그램

카미 드브리스 프로그램(Kamii & DeVries Program)은 하이-스코프 프로그램과 같이 피아제 이론에 기초한 '구성주의 유아교육' 프로그램이다(Kamii & DeVries, 1994). 유아의 일상생활을 교육활동에 도입하고 인지적 영역만 다루던 후기 피아제식 유아교육에서 벗어나 균형 있는 발달을 통해 유아의 전인격적인 성장을 교육목표로 제시하였다. 이러한 목표를 달성하기 위해 인지적 목표와 사회 · 정서적 목표 영역으로 나누어 제시하였다. 두 영역이 서로 병치하는 것이 아니라 사회 · 정서적 영역의 발달이 선행되어야 인지적 발달 영역의 발달이 이루어지며, 서로 상호 관련 속에서 통합적으로 발달이 이루어진다고 강조하였다.

카미 드브리스 프로그램의 교육내용은 일상생활, 자발적 흥미를 가질 수 있는 활동, 피아제 이론에서 시사되는 활동, 즉 물리적 지식활동, 그룹게임, 사회 · 도덕적 토의 등의 활동들이다. 이 프로그램에서 유아는 자발적이며 주도적인 학습자이며, 교사는 유아가 스스로 학습의 의미를 발견하게 하며 유아의 흥미나 요구에 수용적인 태도를 취해야 한다. 또한 유아가 스스로 학습을 진행할 수 있도록 교구와 자료를 제공하여 유아의 아이디어를 발전시키도록 격려하고, 활동과정에 대한 진단평가와 더불어 적절한 반응과 도움을 줌으로써 영유아가 스스로 인지 · 사회 · 도덕적 지식을 구성하고 발달해 갈 수 있도록 도와준다. 이 프로그램의 교육방법인 물리적 지식활동, 그룹게임, 사회 · 도덕적 토의는 일반적인 영유아교육기관에서도 이루어지는 활동으로 지금까지도 그 활용가치를 인정받고 있다.

7) 다중지능 교육과정

Howard Gardner

가드너(Gardner)의 다중지능이론에 기초한 다중지능 교육과정의 교육목표는 영유아의 강점과 흥미를 찾아 개발하는 것이다(Gardner, 1993). 개인이 가지고 있는 탁월한 지능영역을 발견하여 집중적으로 발달시키고 강점지능 영역의 개념과 상징을 사용하여 약점지능 영역을 보완하고 향상시킬 수 있게 한다. 따라서 다중지능이론에 기초한 교육은 모든 지능영역을 균형 있게 발달시키는 전인교육이다. 이에 기초한 교육내용은 지능유형에 따라 흥미센터로 나누어 활동하고 결과를 기록에 남기고, 개인별로 어떻게 평가할 것인지를 포함한다.

교수 · 학습방법은 프로젝트를 수행하는 것이다. 프로젝트를 수행하는 데 있어 영유아는 플로우(flow) 상태를 경험한다. 플로우 상태는 영유아가 자신의 주변 환경을 전혀 인식하지 못하면서 활동을 즐기고, 활동에 온전히 몰입하는 것이다. 또한 교사와 영유아를 위한 집단형태로서 파즈(pods)는 강점과 흥미 있는 부분을 깊게 탐구하고 연구할 수 있도록 한다(신화식 외, 2015).

다중지능의 교육의 평가방법으로 프로젝트 스펙트럼이라는 수행평가모형에 의해 이루어진다. 프로젝트 스펙트럼 평가는 아동을 대상으로 지능 영역별로 이야기하기, 가설 검증하기, 수와 기초적 논리, 조합, 계산과 분석, 사회적 분석, 노래하기, 음악지각, 그리기, 창의적 움직임 등 10개의 활동과 스탠포드-비네 지능검사(Stanford-Binet Intelligence Scale)를 실시하여 아동이 가진 강점 영역을 판별해 내고 강점 영역의 발달을 촉진하도록 도와주는 혁신적인 방법이다.

8) 디스타 프로그램

디스타 프로그램(DISTAR Program)은 미국의 산업화에 따라 빈곤층 아동들의 교육기회의 불균형은 또다시 빈곤을 야기시키는 빈곤의 악순환을 해결하기 위해 1960년대 실시한 미국의 헤드스타트 프로젝트의 일환이다. 1964년 버라이터와 엥겔만(Bereiter & Engelman)이 유아기에 기초 교과기능을 충분히 익힐 수 있도록 하는 프로그램으로 저소득층 및 소수 민족의 자녀를 위한 유아교육 프로그램을 개발하였다. 이후 1967년 베커(Becker)가 참여하여 오늘날의 DISTAR(Direct instruction system for teaching acceleration remediation) 프로그램의 형태를 갖추어 발전시켜서 베커엥겔만(Becker-Engelman) 프로그램이라고도 한다(김춘경 외, 2015). 이 프로그램은 행동주의 이론에 바탕을 두고 있다. 놀이 활동보다는 교과기능 중심적이고 교구중심보다는 학습단원을 중심으로 교사가 주도적인 수업을 하며 각 기능을 배울 때마다 형성평가를 실시한다. 디스타 프로그램의 목적은 유치원에서 초등학교 3학년까지 아동들을 대상으로 읽기, 쓰기, 셈하기(3R's) 등의 기초 교과기능을 교육함으로써 초기 학교의 학업성적 부진을 해결하는 데 있다. 교육방법은 읽기, 쓰기, 셈하기의 내용을 난이도에 따라 책자로 구성하고 교사는 책자에 적힌 대로 수업을 진행하는 교사중심의 직접적인 교수방법을 주로 사용한다.

디스타 프로그램의 장점은 교육내용의 난이도에 따라 짜여 있어서 교사의 능력과 상관없이 일정한 교육수준을 유지할 수가 있다는 점이다. 다만 유아의 자율성과 창의성을 제한하고 있다는 단점이 있다. 하지만 놀이 중심의 학습 경험을 제공하는 경우에도 교육내용에 따라 디스타 프로그램에서 사용하는, 부분적으로 교사의 언어적 지도나 반복이 유용한 교육방법으로 활용될 수 있다(문미옥, 2013).

참고문헌

강경란(2015). 영유아보육프로그램 활동목표의 내용요소 및 진술방법 분석. 인하대학교 대학원 석사학위논문.

강혜경, 김이영, 김정신, 서예석, 손원경, 윤란호, 정정옥, 조메리명희, 최순자, 최진원(2020). **어린이집 장기 미종사자 직무교육**. 양성원.

고문숙, 권민균, 김명화, 김수영, 김수향, 임영심, 정정희(2014). **보육과정**. 양서원.

고문숙, 김수향, 이경하, 이용주, 임영심(2018). **아동관찰 및 행동연구**. 양성원.

과학기술정보통신부(2018). 연도별 · 대상별 스마트폰 과의존 위험군 현황.

곽노의, 이신영(2014). **누리과정과 연계한 숲체험 교육활동**. 창지사.

교육과학기술부(2009). **유치원교육과정 해설 1: 총론.**

교육부, 보건복지부(2020). **2019년 개정 누리과정 놀이운영사례집.**

권경아(2015). 영아반 교사의 놀이교수효능감과 직무스트레스가 교사-영아 상호작용에 미치는 영향. 연세대학교 교육대학원 석사학위논문.

권미경(2012). **유아교육정책의 성과와 과제**. 육아정책연구소.

권성민, 강명화, 공영미, 곽은복, 윤혜영, 최윤지(2019). **유아사회교육**. 양성원.

권화숙, 김선, 남현주, 박현숙, 윤혜영, 임미혜(2018). **부모교육**. 수양재.

김녹현, 김재현, 시옥진, 이우언, 이용환, 전대성(2018). **보육과정**. 양성원.

김대현, 김석우(1996). **교육과정 및 교육평가**. 학지사.

김명순, 이기숙, 이옥(2005). 한국유아교육 · 보육과정의 역사와 미래. 한국유아교육학회 정기 학술대회. 서울여자대학교.

김미량, 김수희(2019). **영유아 교육방법론**. 공동체.

김수향, 이경하, 이용주, 임영심(2015). **유아교육개론**. 공동체.

김신재(2019). 표준보육과정에 기초한 영아보육프로그램의 활동목표 분석. 부산대학교 교육대학원 석사학위논문.

김연진, 이상희, 고영자(2015). **영유아 보육과정**. 태영출판사.

김영심(2016). 표준 한국어 교재의 학습목표 진술 방식 분석. **국어교육연구**, 0(37), 65-94.

김월선(2019). 보육교사의 인성과 행복감이 교수-유아 상호작용에 미치는 영향. 인천대학교 교육대학원 석사학위논문.

김이영, 박경희, 이영미, 임미혜, 최윤희(2019). **유아교육개론.** 양성원.

김이영, 박남수, 송나리, 시옥진, 이찬숙, 최윤지(2019). **아동생활지도.** 양성원.

김정호(1997). **교육학개론.** 문지사.

김춘경, 민하영, 박경희, 송규운, 신인숙, 유승희, 이명환, 이미란, 이영미, 임영심, 조성자(2015). **유아교육개론.** 양성원.

김태숙(2009). 장애아 통합보육의 실태와 개선 방안 연구. 가야대학교 행정대학원 석사학위논문.

김흥식(2005). 교육과정에 제시된 교과 교육목표의 변화 경향성 분석. 한국교원대학교 대학원 석사학위논문.

남명자(1995). **어린이와 텔레비전 환경.** 나남출판.

덕성여자대학교 부속유치원 편(2000). **상호작용이론에 기초한 유아교육과정의 운영 및 활동의 실제.** 학지사.

문미옥(2009). **교육과 보육을 위한 영유아교육과정.** 창지사.

문미옥(2013). **교육과 보육을 위한 영유아교육과정.** 창지사.

박영신, 박은주, 석은조, 신은정, 오성숙, 이경하(2015). **영유아교육과정.** 창지사.

박찬옥, 김낙흥, 구수연, 이옥임, 노희연, 이선영, 이예숙(2015). **보육과정(개정판).** 정민사.

배성옥(2013). 5세 누리과정 교육내용과 교사용 지도서의 활동목표 분석. 경성대학교 대학원 박사학위논문.

백남진(2005). 교과 교육과정에서의 교육내용 진술의 구체화. **유아교육연구, 24**(2), 207-233.

보건복지부(2013). **제3차 어린이집 표준보육과정에 기초한 연령별 보육프로그램의 활용.**

보건복지부(2014). **시간연장형 보육프로그램 매뉴얼.**

보건복지부, 한국보육진흥원(2019). **어린이집 평가.**

보건복지부. **온종일 활기찬 어린이집운영안내.**

서문희, 박수연(2009). 보육시설 이용시간 다양화 방안. **육아정책연구, 3**(1), 35-59.

손수민(2012). 영아기 자녀를 둔 취업모와 비취업모의 양육 스트레스 비교와 관련변인에 관한 연구. **미래유아교육학회,** 331-357.

신은희(2017). **특별직무교육과정 장애아보육과정.** 에듀넷.

신화식, 윤선희, 최경숙, 정은주, 오은순, 이성희, 황현주, 박해미, 고은님, 박희숙(2015). **영유아 교과교육론.** 양서원.

신화식, 이영미, 이인용, 진성애, 김민석(2015). **영유아교육과정.** 양서원.

심성경, 조순옥, 이정숙, 이춘자, 이선경, 이효숙(2001). **개정 유아교육개론.** 창지사.

양애경, 최희양, 장원동(2018). **현장중심 보육학개론.** 공동체.

양옥승(2001). 유아교육과정 이론: 분석적 탐구. **교육학연구, 38**(1), 135-151.

양옥승(2009). **유아교육과정 탐구**. 학지사.

양옥승, 나은숙, 신은미, 조유나, 황혜경(2015). **유아교육개론**. 정민사.

양옥승, 최경애, 이혜원(2011). **영유아교육과정**. 학지사.

양옥승, 최경애, 이혜원(2015). **영유아교육과정**. 학지사.

오승아(2017). **아동기 장애와 아동건강교육**. 교육아카데미.

우수경, 김현자, 신선희, 유영의, 김호, 김현정(2016). **유아교육개론**. 학지사.

이기숙(1990). **유아교육과정**. 교문사.

이기숙, 김정원, 이현숙, 전선옥(2008). **영유아교육과정**. 공동체.

이미정(2008). 유아의 장애정도 및 유형에 따른 통합교육 효과성에 관한 교사의 인식 연구, 창원대학교 교육대학원 석사학위논문.

이영자(1992). **유아를 위한 교수매체**. 교문사.

이영자(1995). 유아교육의 전문화, 무엇을 준비해야 하는가?. 한국 유아교육의 과제와 전망. **한국유아교육학회**.

이정숙(2003). 교사경력과 유아연령에 따른 교사 유아의 상호작용. 계명대학교 교육대학원 석사학위논문.

이화여자대학교 사범대학 부속 이화유치원 편(2002). **이화유치원 교육과정**. 교문사.

임옥희(2006). 보육교사-영아 상호작용과 보육교사 신념 및 효능감 간의 관계. 전북대학교 대학원 박사학위논문.

임재택(1995). **현대 유아교육과정**. 양서원.

임재택(2010). **생태유아교육개론**. 양서원.

장영인, 최영신(2007). **보육시설의 시간제보육 서비스 제공 방안에 관한 연구**. 여성가족부.

전남련, 김기선, 성은숙, 이은임, 엄은옥(2011). **영유아 교수학습방법**. 신정.

전남련, 남궁기순, 이효수, 박은희, 권경미, 신미선, 권인양, 이종희, 백향기(2013). **구성주의 유아교육철학에 입각한 생태통합 프로젝트**. 신정.

전남련, 성은숙, 박은희, 김혜자, 안성실, 정경희, 이혜영, 국정일(2013). **누리과정과 초등학교 통합교과를 연계한 프로젝트 접근법**. 신정.

전남련, 황영옥, 강은숙(2009). **표준보육과정에 의한 주간교육계획안**. 양서원.

전연희(2011). 어린이집의 시간연장 보육실태 조사연구. 건국대학교 교육대학원 석사학위논문.

전찬경(2015). 한국 영유아 보육과정 구성체계 분석. 서울기독대학교 대학원 석사학위논문.

조희동(2005). 장애유아 통합합보육의 활성화 방안. 경원대학교 행정대학원 석사학위논문.

중앙대학교 사범대학 부속유치원 편(1993). **활동중심의 통합교육과정**. 양서원.

최선희(2008). 교사 유아 간 상호작용과 유아 부적응 행동 간의 관계. 경기대학교 교육대학원 석사학위논문.

통계청(2021). 출생아 수 추이.

통계청, 여성가족부(2021). 2021 청소년 통계.

한국보육진흥원(2017). 제3차 어린이집 평가인증 안내(통합지표).

한국보육진흥원(2019). 어린이집 평가 매뉴얼.

한국유아교육학회(1996). 유아교육백서.

홍순정, 최석란(2010). 아동관찰 및 행동연구. 교문사.

홍인혜(2006). 영유아보육 및 유아교육 정책 변천 연구. 성신여자대학교 대학원 박사학위논문.

홍후조(2013). 알기 쉬운 교육과정. 학지사.

황혜경, 김용희, 김지영, 심윤희, 김보영, 이희현(2017). 영유아보육과정. 양서원.

Almy, M. (1975). *Ways of Studying Children*. Columbia University Press.

Bloom, B. S. (1956). *Taxonomy of educational objectives*. Handbook 1: Congnitive domain. New York: MacMillon.

Bredekamp, S. & Rosegrant, T. (1992). *Reaching potentials: Appropriate curriculum and assessment for young children*, Vol 2. Washington, DC: NAEYC.

Crain, W. (2000). *Theories of development: Concepts and applications(4th Ed.)* Upper Saddle River, NJ: Prentice Hall.

De Kruif, R. E., McWilliam, R. A. & Ridley, S. M. (2000). Classification of teacher's interaction behavioesin early childhood classrooms. *Early childhood Research Quarterly, 15*(2), pp. 247-268.

Edwards, C., Gandini, L., & Forman, G. (Eds.). (1996). 어린이들의 수많은 언어 레지오 에밀리아의 유아교육 [*The hundred languages of children: The reggio emilia approach to early childhood education*]. (김희진, 오문자 역). 서울: 정민사. (원전은 1993년에 출판)

Gardner, H. (1983). *Frames of Mind: The Theory Of Multiple Intelligences*. New York: Basic Books.

Gardner, H. (1993). *Multiple intelligences: Theory in practice*. New York: Basic Books.

Jones, E., & Derman-Sparks, L. (1992). Meeting the challenge of diversity. *Young Children, 47*(2), 13.

Kamii, C., & DeVries, R. (1978). 물리학지식활동 피아제이론이 암시하는 과학교육. 이 경우, 문미옥 역. 창지사.

Kilpatrick, W. H. (1918). The project method. *Teachers College Record, 19*, pp. 319-335.

Levin, D. E. (1998). *Remote control childhood?: Combating the hazards of media culture*. NY,

Washington, D.C.: NAEYC.

Montessori, M. (1967). The discovery of the child. (Trans) M. J. Costelloe. New Yock: Ballantine Books, Inc.

NAEYC. (1991). *Guidelines for appropriate curriculum content and assessment in programs serving children ages 3 through 8*. Young Children. Melbourne.

OECD(2020). Labour Force Statistics 2020.

Piaget, J. (1962). *Play, dreams and emotion in childhood*. New Yock: Norton.

Piaget, J. (1970). *Genetic epistemology*. New Yock: Norton.

Robertson, R. (1992). *Globalization; Social theory and global culture*. London: Sage Publication.

Schwartz, S. L. & Robinson, N. F. (1982). *Designing curriculum for early childhood*. Boston. MA: Allyn & Bacon.

Singer, D. G. & Singer, J. L. (1979). *Television viewing, family style and aggressive behavior*. Washington, D. C.: Yale Univ., New Haven, CT.

Spodek, B., Saracho, O. N. & Davis, M. D. (1985). *Foundations of early childhood education*. Englwood Cliffs; Prentice-Hall Inc.

Spodek, B., Saracho, O. N. & Davis, M. D. (1995). *Foundations of early childhood education*. Englwood Cliffs; Prentice-Hall Inc.

Tyler. (1949). *Basic Principles of curriculum and instruction*. Chicago: The University of Chicago Press.

Vygotsky, L. S. (1978). *Mine in society: The development of higher psychological process*. Cambridge, MA: Harvard University Press.

Williams, L. R. (1987). Determining the curriculum. In Seefeldt, C.(Ed.). *The early childhood curriculum a review of current research*. New York: Teachers College Press.

Zuckerman, D. M., Singer, D. G. & Singer, J. L. (1980). Television viewing, children's reading, and related classroom behavior. *Journal of Communication, 30*(1), pp. 166-174.

찾아보기

인 명

내 용

ㄱ

ㄴ

ㄷ

ㄹ

ㅁ

저 / 자 / 소 / 개

■ 시옥진

대구가톨릭대학교 대학원 철학박사
현, 구미대학교 사회복지과 교수
〈논문 및 저서〉 영유아발달, 보육학개론 외 다수

■ 강성순

대구가톨릭대학교 교육대학원 석사
현, 국공립은풍어린이집원장,
경북전문대학교 사회복지과 겸임교수
〈논문 및 저서〉 보육학개론 외 다수

■ 김녹현

대구가톨릭대학교 대학원 박사과정 수료
현, 가톨릭상지대학교 사회복지과 교수
〈논문 및 저서〉 사회복지행정론, 장애인복지론 외 다수

■ 김재현

고려대학교 대학원 교육학박사
현, 호산대학교 휴먼복지학부 교수
〈논문 및 저서〉 보육학개론, 아동생활지도 외 다수

■ 남은영

계명대학교 유아교육대학원 교육학석사
현, 경북전문대학교 사회복지과 겸임교수
가톨릭상지대학교 사회복지과 강사
〈논문 및 저서〉 영유아교수방법론 외 다수

■ 이용환

한서대학교 대학원 사회복지학박사
현, 혜전대학교 사회복지과 교수
〈논문 및 저서〉 보육학개론, 정신건강론 외 다수

■ 이우언

계명대학교 심리학과 박사과정 수료
현, 수성대학교 사회복지과 교수
〈논문 및 저서〉 영유아발달, 정신건강론 외 다수

■ 전대성

단국대학교 대학원 행정학박사
현, 경북전문대학교 사회복지과 교수
〈논문 및 저서〉 사회복지법제론, 보육학개론 외 다수

[개정판]
보육과정

1판 1쇄 발행 — 2020년 8월 7일
2판 1쇄 발행 — 2022년 8월 19일

저 자 - 시옥진 강성순 김녹현 김재현
남은영 이용환 이우언 전대성
발 행 인 - 강철원
발 행 처 - 양성원
주 소 - 경기도 파주시 검산로 173번길 29-20
전 화 - 031-946-3861(代)
팩 스 - 031-946-3864
이 메 일 - tnwpub@naver.com
홈페이지 - tnwpub.co.kr
출판등록 - 2015년 8월 31일 제 2015-000211 호

ISBN 979-11-6126-473-8

정가 22,000원